Google AdSense 实战宝典

用谷歌广告联盟出海赚美元（第2版）

祁劲松 —— 著

电子工业出版社
Publishing House of Electronics Industry
北京·BEIJING

内 容 简 介

Google 推出 AdSense 已经 10 多年了，目前每年给全球网站的广告发布商带来超过百亿美元的收入，作者累计从 AdSense 赚取超过百万美元。

《Google AdSense 实战宝典——用谷歌广告联盟出海赚美元》出版于 2010 年，本次改版删除了过时的内容、添加了新鲜的素材，作者将多年 AdSense 经验的点点滴滴融于本书中，本书的特点是有大量实战经验和案例说明，涵盖了 AdSense 从入门到精通的各个环节，既有帮助新手入门的详细步骤说明，又有帮助站长马上将收入大幅提高的秘诀，还有保障网站稳定赚钱的措施和建议。

本书适用于已经加入 AdSense、正为网站收入太低而苦恼的发布商，也适用于没有加入谷歌广告联盟而希望提高收入的网站运营者，以及准备投身互联网行业赚钱创业的读者。

图书在版编目（CIP）数据

Google AdSense 实战宝典：用谷歌广告联盟出海赚美元 / 祁劲松著. —2 版. —北京：电子工业出版社，2019.1

ISBN 978-7-121-35722-0

Ⅰ. ①G…　Ⅱ. ①祁…　Ⅲ. ①互联网络—广告　Ⅳ.①F713.8

中国版本图书馆 CIP 数据核字（2018）第 275069 号

责任编辑：石　悦

印　　刷：涿州市般润文化传播有限公司

装　　订：涿州市般润文化传播有限公司

出版发行：电子工业出版社

　　　　　北京市海淀区万寿路 173 信箱　邮编：100036

开　　本：720×1000　1/16　印张：20.75　字数：382 千字

版　　次：2010 年 6 月第 1 版

　　　　　2019 年 1 月第 2 版

印　　次：2024 年 7 月第 11 次印刷

定　　价：79.00 元

凡所购买电子工业出版社图书有缺损问题，请向购买书店调换。若书店售缺，请与本社发行部联系，联系及邮购电话：（010）88254888，88258888。

质量投诉请发邮件至 zlts@phei.com.cn，盗版侵权举报请发邮件至 dbqq@phei.com.cn。

本书咨询联系方式：（010）51260888-819，faq@phei.com.cn。

前言

0.1 关于再版

0.1.1 首版情况

本书第 1 版于 2009 年年底开始撰写，2010 年上半年出版，成为国内第一本关于 Google AdSense 的书籍，不久后荣登当当网上书店科技畅销书排行榜，并再次印刷，我也应邀参加了 Google 在北京、上海和广州三站 AdSense 发布商交流活动，并多次参加出版社和其他媒体组织的宣传、访谈等活动，很荣幸帮助了不少朋友了解和使用、优化 AdSense 广告，同时也获得了不错的收入。

遗憾的是在 2010 年以后 Google 退出了中国大陆市场，AdSense 后台在国内无法直接访问，AdWords 广告主减少，不少网站站长被迫放弃了 AdSense 而改用百度联盟等其他国内的广告联盟或者退出了该行业。本书第 1 版后来的销量也没有像刚开始预计的那样持续增加，销量逐渐减少，出版社重印一次后也就没有继续重印。

0.1.2 读者需求

已有的存量图书在网上逐步销售完以后读者就再也买不到了，有很多人给我发邮件询问如何能买到第 1 版或者什么时候出版第 2 版。

我在写第 1 版的时候就规划了后续要接着写第 2 版，但因为后来在国内越来越难访问 Google 及 AdSense 配套的相关网站，国内对 AdSense 的需求也低迷，所以我与出版社商量放弃了很快出版第 2 版的计划。

在此后的几年中，陆续有网友联系我说在网上已经买不到第 1 版，询问是否还会出版新版，特别是在一次业内聚会的时候，也有朋友当面表达了同样的想法，这说明还是真正存在读者需求的。

0.1.3　市场发展

在 Google 退出中国大陆后，我的网站收入受到一些影响，但我们后来还在持续开发外文网站内容，所以也一直关注 AdSense 的发展，特别是随着移动互联网的来临，也出现了很多新的产品形式和优化技巧，这在第 1 版里面都是没有的。

第 1 版里没有的内容还包括响应式格式广告、网页级广告、广告平衡、AMP 广告、匹配内容、信息流广告等。在本书撰写的过程中，2018 年 Google 还推出了自动广告，此外 HTTP 转 HTTPS、AMP/MIP、ads.txt、百度熊掌号等也是新鲜事物。

所以，如果只是第 1 版的再次印刷已无法适应当前市场需求，所以必须根据市场变化重新撰写第 2 版才能更好地满足读者需求。

0.1.4　新版简介

新版本在保留了原有框架和有效内容的基础上，增加了以下内容：

（1）大量新鲜内容。例如，文章内嵌广告、信息流广告、匹配内容、自动广告（原网页级广告）。

（2）一些政策的变化。例如，每个页面广告数量限制从以前的 3 个改为不超过页面全部内容的一半；以前西联汇款取款的收款人姓名改动需要联系 Google 工作人员处理，现在可以自己在后台修改；以前警告和处罚针对整个账号或者部分域名、路径，现在可以细化到每个页面。

（3）新积累的一些优化经验。例如，通过 AMP 版本优化手机用户体验，获取更多来自手机搜索 Google 的流量和广告收入；重视运营维护，补充了这方面的内容，这些年我也长期观察数据、不断提升获利水平；针对国外用户提供的外文网站，在国内就可以足不出户地为全球用户提供信息内容服务。

另外，把以前以摘录内容为主的一整章《相关资源列表，帮助信息索引》删除了，其中的有用内容以问答形式放在其他章节，再根据与网友交流的情况大幅增加了《汇总常见热点，解答相关问题》里面的问答内容。

所以，第 2 版新增和修改的内容占有较大篇幅，可以反映目前技术和市场的发展情况，对现在正在做 AdSense 或者希望了解 AdSense 的朋友更有帮助。

0.2 不同类型读者的收获

0.2.1 已有网站，正在做 AdSense 广告的发布商

最需要本书的人是已经采用 AdSense 的发布商，无论是刚刚申请、还没有拿到过一次广告费的站长，还是和我一样做过多年、已经收入不菲的站长，也不管是个人站长还是单位运营网站管理者，相信在阅读本书后，都可以收获很多。如果没有专门针对 AdSense 优化过广告和网站，那么在采取本书中的一些技巧后，网站的收入会戏剧性地增长，所以本书对于 AdSense 发布商是最有帮助的。

这一类已经加入 AdSense 的站长在国内有数十万个，其中有很多发布商的 AdSense 收入还不够网站运营的成本或者好几个月凑起来才能达到 100 美元的最低支付标准，还有一些发布商因为没有留意 AdSense 项目政策而被警告或者账号"被 K"（被停用）。我认为他们最应该购买本书，让自己学习借鉴别人的经验和教训，真正让

AdSense 成为一项重要的收入来源。

我虽然早就是谷歌公司 AdSense Team 直接联系的重要发布商，经验很丰富了，但只要有现场的交流会、网上的培训资料等信息，就都会去学习，每次都有收获，然后不断优化广告、改进网站，收入也会随之提高。所以即使收入大大超过我的 AdSense 发布商，也有必要购买本书，仔细阅读，相信一定会有收获，因为原有收入基数大，对网站进行改进后获得的收益与几十元的购书费用相比投入产出比太高了！

📑 诀窍

多学习别人的经验教训，在自己的网站中合理实施，肯定可以大幅提高 AdSense 收入！

0.2.2　已有网站，没有加入 AdSense 的网站运营者

做了网站但还没有采用 AdSense 的站长在看了本书后，会全面了解 AdSense 的情况，从我的实例以及其他实例中感到 AdSense 是可以实实在在带来收入的，按照本书的介绍从头申请 AdSense，并一步一步按照本书的指导来做，可以获得以前没有的收入。

这一部分站长的人数在国内应该超过百万，他们中很多人都是凭兴趣做网站的，不知道如何获取收入，如果购买本书，按照这些办法去做，在思路上、经济上受益会很大，网站也能长期发展。

我很早以前利用业余时间做了一个长途电话区号查询的网站，大约有 6 年时间没有获得任何经济回报，而一旦开始加入 AdSense 马上就可以看到以前积累的网站流量每时每刻都在变成美元，从而投入更大的力量、更多的资源把网站做得更完善，为网友提供更多、更好的服务，与此同时也会看到 AdSense 收入在不断提高，形成良性循环。

即使你的网站已经有 AdSense 以外的广告收入或者其他增值服务收入，但也并不妨碍加入 AdSense 试用一下，也许会发现以前忽略的金库。

诀窍

> 网站的发展与资金投入密切相关，多一份来自 AdSense 的收入就可能让网站迈入新的发展快车道。

0.2.3　目前没有网站而希望在网上创业赚钱的朋友

除了以上两类网站站长之外，本书更大的潜在读者群是还没有做网站而希望了解网上赚钱、网上创业的年轻人群，本书会通过具有冲击力的实例告诉他们，通过正规地做网站、运营 AdSense 广告，购车、买房、收获第一桶金都是完全有可能的。这无疑对年轻的上网一族具有很大的诱惑力！

很多人上网只是聊天、打游戏、浏览信息、打发时间，泡在网上花钱或者无所事事，这种状态可以用一句网络流行语形容："哥上的不是网，上的是寂寞"。

他们可以利用本书教授的技巧通过自身的努力获得不菲收入，"日赚数百美元"的前景绝对值得尝试。做网站不需要社会关系、不需要工作经验，技术门槛也很低，各个专业的学生都可以加入。从微观上来说，个人和家庭受益；从宏观上来说，为国家解决了就业难题。

我看到过网上有不少"网络致富信息""快速赚钱秘籍"等，听上去很有诱惑力，但实际上教授的办法大多是 QQ 挂聊天室引流量、用虚假诱惑内容骗流量、类似传销的办法拉流量、搞盗链、开私服、点广告等，我感觉这些都太偏门甚至邪门了，不能持久、不能扩大规模。我在本书中讲述的 AdSense 是完全正规、合法的赚钱渠道，读者在本书的指导下，凭借自己的努力完全可以找到长久收入的来源。

提醒

> "君子爱财，取之有道"，网上五花八门的赚钱办法很多，但要看是否合法、是否能持续，做 AdSense 可以在保持"不作恶"的前提下赚钱。

以上 3 类人是本书的主要读者群，还有其他读者群，例如网络广告研究人士、电子商务专业学生、网络营销从业人员、网站建设业内人士，以及希望了解相关知识的大学生、办公室白领、企业管理人员等，读者群相当广泛。

0.3　关于本书

0.3.1　成书过程

我最早写书是在 1998 年，当时运作 FidoNet 的拨号 BBS 积累了不少经验，我曾经印刷过 Remote Access 中文手册和刻录建站光盘给需要的站长，后来在网友的帮助下，通过人民邮电出版社出版了《BBS 拨号上网 365 文》一书。此后几年，我在公司的工作太忙，一直没有时间停下来再继续写书，不过其间与网友和同事合作出版过几本计算机、网络方面的书籍。

2009 年下半年，我在网上购买过几批网络方面的书籍，有讲网络趋势方面的、有讲网络技术方面的，还有讲网络赚钱方面的，其中有几本讲网络赚钱的书都是 20 岁左右年轻人写的，看得出来很有闯劲，也很有成效。不过我觉得这几本书中的部分网赚办法不正规，很多都难以持续运营，无法大规模推广。一些偏门的办法（如挂 QQ 骗流量、群发垃圾信息）都不妥当，有些误导读者。

我想到自己这些年的网站运营经验，特别是近几年通过 AdSense 赚取广告收入的方式，可以算作一种正规的运营方式，完全可以作为一种在网上长久的赚钱办法推荐给读者。此前基本上没有中文方面的 AdSense 书籍出版，所以有了自己写书的想法。

这次写书没有通过任何熟人推荐，自己在网上搜索到电子工业出版社的博文视点公司，觉得在计算机技术方面相当专业，于是在线填写了选题登记表，没有想到第二天就接到策划编辑的电话联系，然后双方密切配合，我提供了作者介绍、目录、大纲等材料，半个月内就确定了选题、通过了审核、签订了合同，这样的合作速度是我没有想到的，庆幸自己选对了出版方。

从 2009 年 12 月到 2010 年 3 月的这段时间，虽然我计划用很多时间撰写，但是这期间正好遇到国家对互联网管理政策的重大调整，所以不得不腾出一些精力来做相应调整，致使进度有所滞后。好在大体上把握住了时间，能按时交稿。另外，这些年积累的经验为本书的写作做了充分的准备、积淀了丰富的素材，让我写作起来并不太费力。

在写作期间，我还申请独立域名做了一个配套网站（https://adsensebook.cn），在该网站上更新信息、与读者互动，并将收集、积累的信息留着为本书以后再版做准备。

在本书第 1 版发行后很快就有了第二次印刷，但随后 Google 退出中国大陆市场，国内用户无法访问 Google，发布商无法直接登录 AdSense 后台，广告价格也因为国内 AdWords 广告主减少而降低不少，导致 AdSense 在国内发展不顺，本书的需求降低。原来计划好的重印和更新再版就搁置下来。一晃几年过去，到 2017 年虽然 Google 依然在国外，但 AdSense 在国内依然有不少发布商采用，经过多年的实践考验，AdSense 还是有很强生命力的。我自己的 AdSense 账号收入在这几年中经历了从发展提升、下滑衰落到再次提升的过程，对网站运营和 AdSense 运用有了进一步的认识，并且近年来 Google 推出了信息流广告、Web 向 AMP/PWA 等新技术方向发展，感觉如果将这些内容整理再版，就会很符合时宜，可以给新老发布商朋友、网站运营者提供新的帮助。本来 2017 年上半年我就与出版社编辑联系再版事宜，出版社也非常支持，但因为个人事情太多（平时要抓紧工作，业余时间花在锻炼等爱好上），所以一拖再拖，到 2017 年年底我终于下定决心开始写出再版的目录、大纲和样章，与出版社敲定合作，在 2018 年推出第 2 版。

0.3.2　如何阅读本书

本书的编排体系基本是从基础到高级、从简单到深入。

（1）如果你是还没有建网站的朋友，那么建议你从头开始阅读，即从开始建站到申请 AdSense 账号、投放广告代码，然后到优化广告和完善网站。

（2）如果你是尚未加入 AdSense 项目的网站负责人，那么你可以从"加盟谷歌广告，快速掌握要领"这章开始看。

（3）如果你是正在投放 AdSense 的发布商，希望快速了解优化技巧，那么你可以从"优化设置技巧，大幅提高收入"这章开始阅读，一边阅读一边将学到的技巧运用到自己的网站中，这样更有针对性。

（4）如果你已经是相当有经验的 AdSense 发布商或者已经看过本书回过头来查阅资料，那么你可以直接阅读本书中自己感兴趣的部分。

国内很少有做 AdSense 的站长愿意分享自己的经验教训，我在此分享自己多年的真实经历，非常值得大家阅读、借鉴，无论是新手还是老手。因为 Google 退出了中国大陆市场，所以本书中有些网站在国内无法打开。

0.3.3 排版约定

在本书中有几种常用的特别信息，在各章节和段落中能起到画龙点睛的作用，排版的格式如下：

诀窍

告诉读者一些很有用的办法、窍门。

提醒

对一些需要注意的地方进行专门强调。

0.3.4 真诚致谢

本书在撰写过程中得到了各方的大力支持，在此表示衷心感谢。

感谢电子工业出版社博文视点互联网生态图书分社社长张彦红、策划编辑石悦等朋友，他们对本书的策划申报、写作指导、审核校稿等各方面给予了我极大的帮助，与张老师的合作跨越 8 年时间。

感谢 Google AdSense 团队的鲍珍娜、骆斯璐、飞达、Van Vuong 等朋友，你们的工作态度和能力代表了 Google 一贯的高水准，发布商支持你们。

感谢我搜公司丁勇、龚胜峰的合作支持，牛迎才、李洋提供的本书 ADX 介绍素材及案例。

感谢舒小刚、杨杨、张鹏等 AdSense 发布商，以及龙威廉、卢松松等业内朋友，在与你们的交流中我受益匪浅。

感谢家人、朋友对我工作和生活的理解和宽容，母亲陶凤兰、妻子阮汉利、儿子祁元及各位亲朋好友提供了各种帮助和支持。

感谢劲捷公司王丹、骆小文、明鑫、何胜友、骆佳倩、辛莎莉、胡艳、丁雪莉、张焱、李雪超，多库公司李红燕、荆姝妮、高驰、徐天赐等同事们的大力协作，大家多年一起创建和运营网站，经常分析网站流量和收入，不断改进工作，为本书的写作积累了丰富素材。

轻松注册成为博文视点社区用户（www.broadview.com.cn），扫码直达本书页面。

- **下载资源**：本书如提供示例代码及资源文件，均可在 下载资源 处下载。
- **提交勘误**：您对书中内容的修改意见可在 提交勘误 处提交，若被采纳，将获赠博文视点社区积分（在您购买电子书时，积分可用来抵扣相应金额）。
- **交流互动**：在页面下方 读者评论 处留下您的疑问或观点，与我们和其他读者一同学习交流。

页面入口：*http://www.broadview.com.cn/35722*

目录

作者提示

　　我看到过很多想走捷径做 Google AdSense 的人，有很多人尝试作弊，经过一段时间后账号被封，既没有赚到钱，网站的内容和网络技术又没有得到改进，不仅备受打击，而且有苦说不出。

　　如果想了解做 Google AdSense 的必备知识，那么首先要了解我定义的"做 AdSense 的第一原则"：

不作弊

- 只有不作弊，你才不用担心被封号，从而长期获得收益；
- 只有不作弊，你才能潜心研究用户，从而专注网站内容；
- 只有不作弊，你才能光明正大发展，从而内心坦荡赚钱。

　　我做 AdSense 这么多年，没看到过能靠持续作弊赚大钱的人，但是看到过不少通过辛勤耕耘而收获颇丰的朋友。所以在这里，我专门用一个页面来提醒想做 AdSense 的新人。

- 如果你原来想作弊但是现在正规做，那么恭喜你正走向成功；
- 如果你还想着作弊，那么本书的内容帮不上你的忙；
- 如果你根本没想过作弊，那么请忽略本页继续阅读。

第 1 章

真人真事案例，
榜样启发故事

本章要点：

■ 我的 AdSense 历程

■ 采访案例

■ 官方力推的成功案例收集分析

■ 我了解的 AdSense 高收入群体

■ 我了解的网站的普通收入群体

国内做 AdSense 的站长一般都不愿意分享自己的例子，甚至不愿意公开自己的网址，以免受到网络攻击、采集抄袭、恶意点击等影响。为了让新老站长都有学习借鉴的机会，我分享一下自己多年的经历和收集的其他站长的一些案例。其中包含我的 AdSense 历程、采访案例、官方力推的成功案例收集分析、我了解的 AdSense 高收入群体、我了解的网站的普通收入群体，每节又分为若干小节，涵盖了各种例子。之所以把本章放在本书开头的位置，就是为了避免一开始就是枯燥的技术内容，用活生生的例子让大家看到过程，找到自己可以借鉴的地方，以免走弯路。

1.1 我的 AdSense 历程

1.1.1 2005 年及以前：积累、初试

我在大学毕业后工作了几年，考虑到未来的发展又去读研究生。在 1996 年读研期间我发现当时国内流行拨号 BBS，于是自己搭建了一个业余站台——劲捷 BBS，并加入中国惠多网（Fido Net），那时候互联网在国内还没有开始接入，都是一些发烧友用 Modem 拨号连接 BBS，最多的时候几千名站友不断拨号把站台的 3 条电话线路占得满满的。国内有站台上百个，当时金山的求伯君、雷军以及腾讯的马化腾都是 BBS 站的站长，不过拨号 BBS 都是业余性质的，并没有人开办站台赚到了钱。

在 1998 年毕业前，我通过网络认识了福建的苏武荣先生（网名书林游子），与他合作出版了《BBS 上网建站 365 问》，然后与老同学蒋拥军一起投资成立了武汉市劲捷电子信息有限公司，主要从事那时候还很少有人提供的网站建设服务，后来还曾获得风险投资，运营数据中心业务。大约在 1999 年，我利用业余时间用 FrontPage 将一张黄页光盘上的 Access 数据做了两个网站：电话区号查询、邮政编码查询。这两个网站都是给网友提供服务的工具，我没有想过赚钱。我偶尔调整一些数据、回答网友提问，这样坚持了 6 年时间，期间曾有人给我打电话询问是否可以在网站上投放广告，我觉得很奇怪，怎么会有人愿意在这个网站上花钱投放广告呢？我并没有理睬。

2005 年 10 月，在几位活跃分子何萌、李达等的号召下，我们举办了一个互联网行业聚会，在会上我认识了嘟嘟网络的陈艺光、数码腾峰的陈雪涛、网络新人许强等，与他们交流了很多网站方面的事情，我决定把自己的工作重心从帮客户建设网站转移到自有内容网站的运营。最容易入手的运营网站尝试当然是以前就曾经有的电话区号查询、邮政编码查询网站，那时的广告联盟不多，我申请 Google AdSense 后很快就通过了，也很容易操作，在获得账号的当天晚上我从 AdSense 后台得到广告代码，复制、粘贴到网站的 HTML 代码中。

我记得很清楚，当第二天登录 AdSense 后台时，惊奇地发现不足 24 小时就有了 9 美元的收入，虽然数额不大，但毕竟是从网上广告得到的第一笔收入，我看到了做好网站内容在未来也会有很好的发展前途。于是，我就在网上告诉在国外学习的夫人，我找到了我的 AdSense "第一桶金"！图 1.1 为香港寄来的 Google AdSense 支票扫描件。

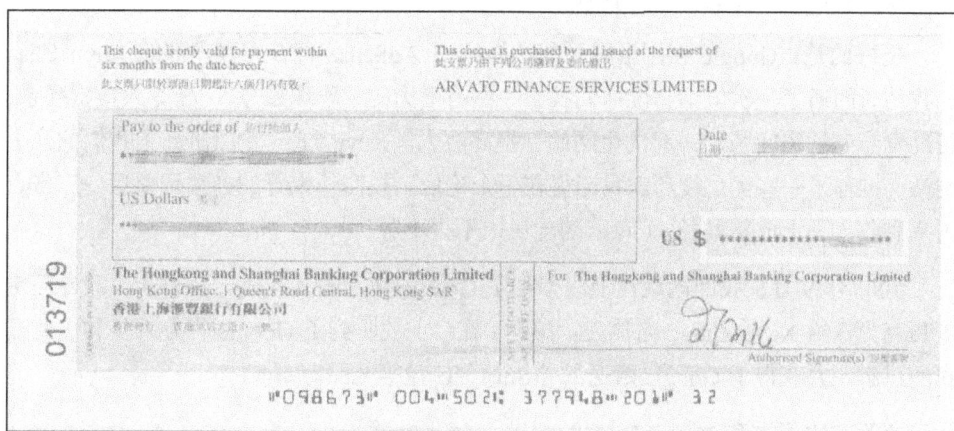

图 1.1

> **诀窍**
>
> 坚持做不求回报的事情，也许最后能"有心栽花花不发，无心插柳柳成荫"。

1.1.2　2006 年：优化、成长

鉴于两个查询类网站的例子，我所在公司专门组织人员和力量投入几个月时间集中开发了一把刀实用查询大全网站，将两个查询扩展到上百种实用查询独立子网站，分为 8 个大类：生活类、学习类、工作类、旅行类、休闲类、财务类、网络类和通信类。

2006 年年初，技术部同事用 Java 开发的 Web 网站基本出台，还做了一个供手机浏览的 WAP 版本。这时我发现流量并不容易获取，而且内容过多也容易分散精力，

所以每个查询功能都难以做到深入、精致，而网站结构、界面也需要技术人员配合不断修改、完善。2006 年上半年我们公司投入了大量资源，但是网站的流量增加情况却不理想，AdSense 收入在 20～30 美元/日徘徊。

这年夏天我和儿子一起办了出国手续，去德国看望在那里进修学习的夫人。在国外期间除了外出旅行之外，我每天都会上网联系国内同事远程工作，那时在网上找到一本美国人 Joel Comm 写的电子书 *ADSENSE SECRETS - What Google Never Told You About Making Money with AdSense*。这本书非常经典，我把书中内容在我们的网站上实施，马上看到收入明显增长！只是按照电子书的指导调整一下 Google AdSense 的颜色、位置就可以马上提高收入，当时我很惊讶，也很感谢作者。（希望读者能从本书中获得启发，同样马上提高自己的收入！）

更好的是，Google 在网上联系我，Google AdSense 官方大客户部的 Xuyu Zhao 和我约时间通了一次电话，说他们找了一些有潜力的"珍珠账号"，配专人负责联系，帮助发布商解决问题、一起优化网站、提高收入。Xuyu Zhao 专门研究了我们的几个网站，推荐了一些优化技巧。我记得在一个论坛上按照他推荐的办法调整后，广告点击率和收入马上成倍增长。（专家的建议，不得不服！）

2006 年 9 月，我回国后在上海参加了 Google 举办的 AdSense 巡讲会，我专门带了巧克力送给 Xuyu Zhao，向他表示感谢。在会上我听到了 Google 官方人员和一些嘉宾的讲解，并获得了 Google 赠送的 T-Shirt、U 盘等礼品。

在那本电子书和 Xuyu Zhao 的帮助下，我们的网站收入提高了一倍，达到 40～60 美元/日，而到年底的圣诞节前后，因为拨打长途电话和邮寄贺卡的人多了起来，使用我们的实用查询工具的网友突然增多，曾经有一天 AdSense 的收入超过 100 美元，相当于收获了一个不错的圣诞礼物，稍后我还收到美国 Google 公司邮寄来的新年礼物——MP4 电子相框，如图 1.2 所示。

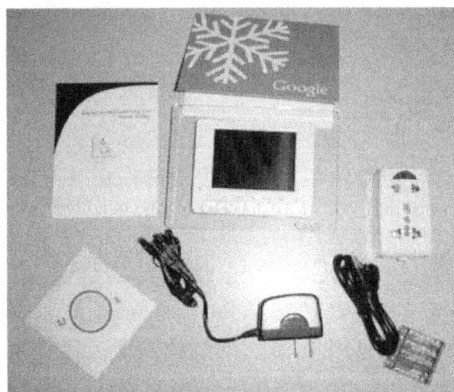

图 1.2

📋 **诀窍**

利用 AdSense 确实可以赚到钱，而且很有技巧性，掌握窍门能使收入翻番！

1.1.3　2007 年：挫折、教训

做网站不会一帆风顺，流量、收入波动是常态的，这需要我们长远考虑、专注目标、打好基础、持续坚持，只要感觉大的方向正确，就要一步一步努力积累。

有的时候遇到挫折、走错方向是难以避免的。不谈中小网站，就是大型网站、知名企业也一样会犯错，国内的 8848、博客网，国外的 Netscape、雅虎都是例子。

我们为了降低在网站运营中对程序开发团队的依赖，从 2006 年开始引入了开放源代码的 MediaWiki 系统，用于做维客（Wiki）网站平台，将实用查询也移植了一套 Wiki 版本，分为简体中文版、繁体中文版和英文版，MediaWiki 平台的引入从长期来说是一件好事情，可以作为我们发展的基础系统。

2007 年，Google 又组织了全国巡讲，其中有一站在武汉，Xuyu Zhao 事先在网上联系我让我上台做经验分享，于是我准备了一个 PowerPoint 文件。Xuyu Zhao 临时有事没有到场，由 Google AdSense Team 的高俊组织，在他和另外一位谷歌工程师演讲后就是我上台了，我演讲的题目为 "Google AdSense 使用经历、优化经验及感受"，是结合我自己的亲身经历讲的。在会后我得到一个 Google 熔岩灯作为演讲礼品（如图 1.3 所示），带回家后儿子很喜欢。

2007 年，我们贪大求全，希望在国内推广 Wiki 的应用，搭建 Wiki 网站群，将 Wiki 可以运用的各个方面都同时设立十多个网站。然后，我们去高校找协会开展合作，培训学生参加 Wiki 网站的编辑。这一年，我们花费了大量的时间和精力在这项工作中，但最后的结果很失败：网站虽然设立起来了，但是学生们的内容做得不好，流量少得可怜，新设立网站的 AdSense 收入惨不忍睹。这些网站在后期缺乏更新维护，沦为可有可无的东西，也可以称为垃圾，网站维持了 2 年，到最后整体删除，教训深刻！

⚠️ **提醒**

> 目标可以远大，但路要一步一步走，贪多求全、急功近利往往欲速则不达，反而浪费宝贵的时间和机会。

图 1.3

1.1.4 2008 年：稳定、发展

2007 年年底，我开始意识到设立十多个 Wiki 网站是错误的，重新设立了一个新的 Wiki 网站一把刀人工搜索，以热门关键词为主要编辑内容，为网友提供新鲜的资讯信息。公司对外招聘了网上兼职编辑，内部有专人负责编辑和审核工作，开始时模仿国外的人工搜索网站 Mahalo，后来因为纯粹是外部链接的内容所以效果不理想，就加入了摘要信息，又引入了 Google AJAX Search API，转做热门信息，逐步形成了一些自己的风格，在流量增加的同时 AdSense 收入也同步增加。

另外，把最早的电话区号查询和邮政编码查询两个网站更换了平台，把简单的 HTML 和 ASP 程序改为使用 MediaWiki 平台，虽然在转换中费力不少，但便于以后的扩展。

这一年的 AdSense 收入开始稳定，新网站的收入每月超过万元，与公司新增的投入相比基本能维持平衡。

2008 年 8 月，我和儿子一起去北京鸟巢看奥运会比赛，顺便提前预约了 Google AdSense 团队负责与我联系的新客户经理 Sophie Liu，去谷歌中国总部参观和交流。10 月，我接到邀请参加 2008 年 Google AdSense 发布商峰会，也见到很多收入远超过我们的发布商牛人。图 1.4 为我在北京参加 Google AdSense 发布商峰会时在茶歇期间玩下棋游戏。

诀窍

网上赚钱的机会很多，只要勤奋努力，如果方向没有错误，坚持下来就会获得回报。

图 1.4

1.1.5　2009 年：突破、坚持

2009 年是我们取得突破的一年，虽然刚开始时网站受到搜索引擎收录、展示方面的不利影响，但是我们始终坚持为网友提供所需信息，我们对网站编辑工作不仅没有泄气，反而想了很多办法提高浏览量和 AdSense 收入。我们坚持从辅助的 Google Analytics 分析后台（本书中有专门讲述）查看每天编辑、每项调整带来的效果，不断尝试、记录。图 1.5 为从 Google Analytics 后台查看某个网站 AdSense 月度收入的增长曲线。我们将单个网站的 AdSense 收入提高了数倍，AdSense 收入曾连续超过 100 美元/日。

我们把业余做出来的电话区号查询、邮政编码查询网站大规模升级，换用了独立域名、新的网站名称（查号吧 chahaoba.com 和邮编库 youbianku.com，在本书的网站起名中作为例子讲述），并根据网友的留言新设立了骗子号码曝光等特色栏目，在 AdSense 收入得到数倍提高的同时，也做了公益工作。

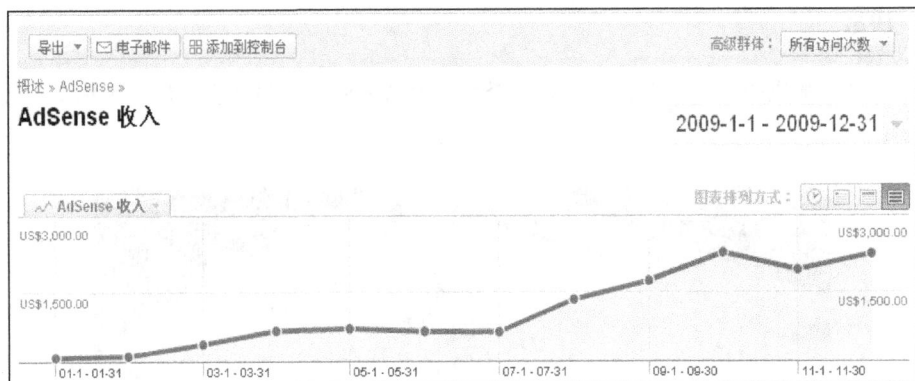

图 1.5

在网站的运营过程中，服务器的稳定、机房的速度也很重要。有些地方没有办法省钱，我们在 2009 年根据需要升级了服务器硬件、更换了互联网接入速度更快的机房。可以算一笔账，当每日 AdSense 收入超过 100 美元以后，如果因为服务器硬件设施落后、机房速度慢而使流量下降、中断的话，只要几天的时间，损失的钱就远超过为改善硬件和网络的投入。

要特别注意，在中国大陆运营的网站必须无条件地接受相关部门的监管，不要涉及敏感话题，在低俗、色情和内容版权方面也要注意，否则 AdSense 就不能继续做了，我们的网站曾数次被要求整改，有过重大损失，后来彻底调整编辑方向，再不去惹麻烦了。

📋 **诀窍**

网站的优化和完善没有终点，需要不断"折腾"，总结经验教训，以前看似难以达到的目标终能达到。

1.1.6　2010 年：分享、创新

经过几年的磨炼，2009 年我们有了新的突破，AdSense 年收入达到几万美元，也积累了很多经验和教训。下半年我们启动的一个"问版主"问答网站也是我们寄予厚望的新网站。2010 年我们还需要大胆实施有潜力的计划，投入更多的人力和物力，打

造精品网站，打造自己的特色，树立口碑、提高竞争门槛，将 AdSense 收入推向新高。

2010 年，另外一件重要的事情就是本书的出版。写书的过程其实是一个深入学习、总结知识的过程，有很多新的领悟，书写完了我的提升也很大，对网站收入也有很大促进。图 1.6 为我作为访谈嘉宾参加 Google AdSense 合作伙伴日活动。

图 1.6

2010 年年中，本书的第 1 版按期出版，获得了不错的口碑和销量，出版社马上进行了第二次印刷，当时在当当网排上了科技畅销书排行榜。图 1.7 为我和出版社编辑一起参加 Google 的 AdSense 活动，现场为读者签名售书。

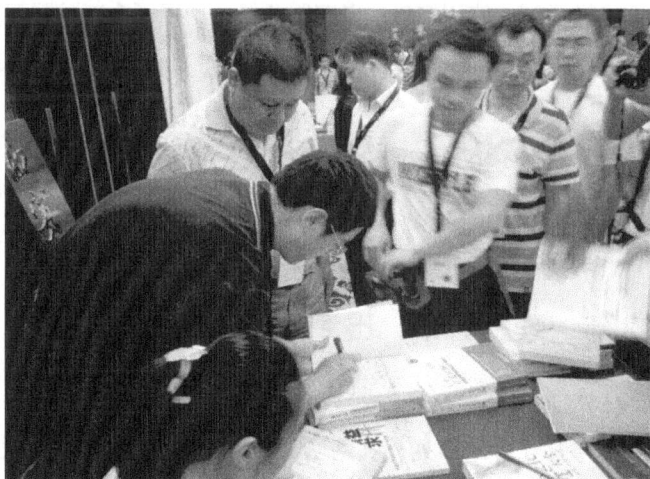

图 1.7

我希望读者朋友们能仔仔细细、认认真真阅读本书，不要看过一遍就扔在旁边，要不断调整、改进自己的网站，并反复查看本书中相关的说明，真正让本书发挥作用，促进你的收入提高。

📋 **诀窍**

有些人自以为懂得一些秘诀，不愿与人分享，实际上他们总也长不大、走不远。心态开放的人越帮助别人，越能得到提高和回报。

1.1.7 2011 年：遭遇挫折、从头再来

由于我们的网站做的热门内容容易触碰管制，在当时国内严管、Google 退出中国大陆的大环境下，我们删除了原网站的大批内容，网站流量大幅减少，收入也从高峰下跌。

我们还有一个问答网站，需要人工编辑问题及答案，虽然内容质量有保障，但是效率很低，覆盖面不广，因为需要时间慢慢积累，所以我们后来放弃了。

这时，有的同事离开了团队，我们被迫重新选题，后来决定做企业黄页，购买了初始的一批数据，用以前熟悉的 MediaWiki 搭建，先从国内信息做起，再开始做外贸及纯国外的信息。我一个人经过半年时间的前期摸索，才获得了一些流量和广告收入。我开始看到一些希望，让更多的同事参与。

后来，我们尝试数据销售，逐步走出一条新路。

这一年我们更换了已经使用多年的老旧服务器，购置了全新的强配置服务器、添加了扩展内存硬盘。在年底的时候我们把网站平台改为 Drupal，便于做多语言海量信息。

📋 **诀窍**

做 AdSense 与做其他的事情一样都不会一帆风顺，遇到挫折在所难免，要用积极的心态面对。

1.1.8 2012 年：埋头苦干、出海发展

2012 年，我们增加了数据量，特别是国外数据，出海发展。通过购买数据、下载免费数据，我们添加了多个系列外文网站、中文网站，数据量达到数千万条。

我们在技术上进行了改版、添加微标记等，关注移动端的发展，开始做网站的手

机版本，在 MediaWiki/Drupal 平台上都添加了手机版、添加了多语言。

这一年下来我们获得了不错的收益，要感谢某些因素逼着我们转型。有的时候遇到挫折不一定是坏事，要想办法把坏事变成好事。

另外，谈点题外话，做网站、IT 行业的人因为工作性质，所以需要常年坐在电脑前、静的时候多、动的时候少，再加上工作忙、需要经常加班，运动时间也不足，容易得体重超标的"职业病"。

我在学生时代喜欢运动，但工作后太忙，无暇锻炼，白天和晚上都要坐在电脑前，平时开车代替了步行、坐电梯代替了爬楼梯，导致体重上升、得了脂肪肝、血脂超标，即使吃药都难以正常。2011 年，我痛下决心，开始到健身房锻炼，只用了三个月时间体重就下降了 15 公斤，再去复查，脂肪肝消失、血脂指标正常。为了避免体重反弹，我从 2012 年开始跑步、参加马拉松比赛，从此把运动、锻炼当成了生活方式之一。图 1.8 为我第一次参加马拉松比赛的成绩证书。

图 1.8

⚠️ **提醒**

工作、事业只是人生的一部分，不能为了赚钱而牺牲健康。适当锻炼后身体更好、心情更佳，可以用更少的时间得到更大的收益。

1.1.9　2013 年：适应移动、开拓发展

2013 年，我们的网站流量和广告收入逐步增加，数据销售也有起色，收入比 2012 年有一定提高，达到了年度计划目标，在这几年里第一次完成目标。

我有半年时间不在国内，通过远程办公与国内同事联系，AdSense 收入反而创下新高，个人的 5 万美元年度结汇已经不够，需要更换多人收取西联汇款、结汇。图 1.9 表示 Google AdSense 的西联汇款收款、结汇都可以通过网上银行操作。

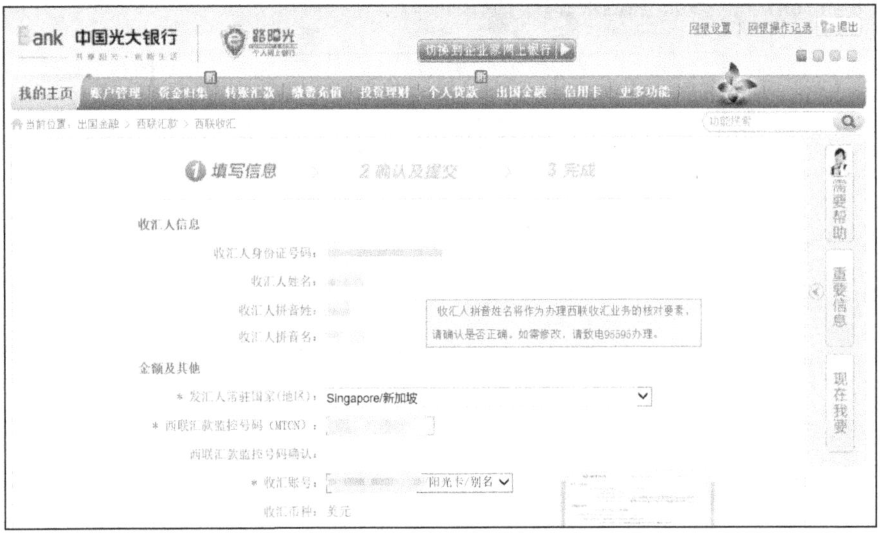

图 1.9

项目主要以名录为主，偏重英文名录和多语言扩展，我们继续添加中英文名录，添加手机版和多语言，购置大量国外服务器分摊负载。

除了广告以外，有一家北京的公司与我们合作推出了企业调查报告服务，把推广链接放在我们的网站上，如果有客户购买需要的报告，双方就按照一定的比例分账。这项合作初见成效，有十几个报告销售，但总体数量太少，分成金额不大。

另外，我们启动的一项称为爱微梦的项目，虽然花了很大力气做了网站、开发了App，发动全员参与推广、运营，但实际效果不佳，花销应该有几十万元，而回报基本可以忽略，算是一个惨痛的教训。

⚠️ **提醒**

在某些领域的网站内容取得突破后，应该继续扩大优势、深入挖掘和相邻扩展，而在人力不足的情况下贸然开发新的网站犯了不聚焦的错误，导致项目失败，打击了内部自信。

1.1.10　2014 年：新的高峰、不断壮大

2014 年，我们的全年收入比 2013 年略有增长，但与计划有差距，支出增长明显，利润开始下降。

2014 年下半年，Google 网站在国内不能访问，对我们有影响，AdSense 收入下降。这时百度联盟趁机在国内大力发展，给站长更好的分成比例，各地巡回讲座，大量站长转投百度联盟。我们以前就有百度联盟账号，但很少投放广告，从这一年开始投放百度联盟的广告，来自百度的广告收入上升很明显。图 1.10 为 2013 年 10 月后百度联盟的广告点击率、eCPM 有很大提高。

图 1.10

在合作报告方面我们虽然尝试了投放 AdWords 广告、改进网站、增加链接，但是依然没有特别好的进展。

在服务器优化、网站优化方面我们做了大量尝试，其中 MemCache 和 APC 效果明显。

2014 年年底，我们还把以前常年利用个人业余时间打理的查号吧、邮编库网站独立，专门成立了武汉多库科技公司来运营、发展，百度联盟收款从个人改为公司，避免了更高的个人劳务收入代扣税赋。

1.1.11 2015 年：忙于平台、遭遇瓶颈

我们在前几年购买的配置很高的服务器在运行几年后逐渐出现硬件问题，电源、硬盘这样带有风扇、机械装置的硬件在运转一定时间后出现磨损以致损坏，多次因为硬件问题导致网站中断，技术人员赶到机房检查、维修，遇到需要购买配件时还要等几天，只好临时把网站转移到其他服务器，为此花费的时间和精力很多。

此时，云计算平台逐步发展，阿里云在国内也大力宣传、扩张，我们在了解情况后决定逐步把自己购买的服务器转移到阿里云上，于是在这一年陆陆续续转移，把以前的 Web 服务转到阿里云的 ECS，把以前的 MySQL 服务转到阿里云的 RDS，虽然价格比以前自己的服务器托管要高，但稳定性加强、技术架构先进、有客服支持，把这些综合起来看阿里云的性价比更高。

但这一年中我们把服务器迁移到阿里云花费了大量时间和精力，并同时把 Drupal 系统全部升级到版本 7，一些数据量大的网站升级起来很费劲，Drupal 自带的升级程序无法顺利运行，只有靠自己摸索，有些需要逐个字段迁移。

因为在这一年我们有太多的时间和精力花费在网站的软件、硬件改进上，所以核心的网站内容增加不多、更新不及时，流量和收入开始下滑。到年底一盘算，广告收入比 2014 年下滑不少，也低于 2013 年，略高于 2012 年，也就是说几乎倒退了 2 年。

虽然我们采取了一些措施，例如重新开启留言、解决垃圾留言问题，但是没有给流量提升带来实质性帮助。

我们还有一个新搭建的方言平台，虽然同事们一起做了不少工作，但是流量很少，后来分析得出的结论是初始策划分析得不够，虽然内容做得好，但有需求的用户少。

除了广告收入下降之外，新数据获取很少，渠道有限，老数据过时，数据销售业务下降也很明显。

⚠️ **提醒**

流量的关键在于内容，不应该在软件、硬件和升级等辅助性工作上花费过多时间和精力，而忽略了内容的更新、用户的分析。

1.1.12　2016 年：更新不力、持续下降

在这一年中，内容逐步老化，更新不及时，流量和收入继续明显下滑。

英文站流量大幅下降，广告收入减少，给对应的数据销售站带来的流量减少，销售额下降明显。

百度联盟的广告收入受到魏则西事件影响大幅下降，我们把这部分广告又转为 Google AdSense 广告。

我们完成方言平台录音，虽然增加了 App、公众号，但流量很低。新增一个 IP 查询项目，但流量一般，原因是已经有很多相关领域的网站，竞争激烈，我们作为后来者难以脱颖而出。

我们没有停过以前一些流量低的网站，但从这一年开始我们停掉了部分英文、中文网站系列，毕竟网站是有生命周期的，没有用户的网站就没有必要继续留存了。

经过几年智能手机终端迅猛发展，网站的移动化发展迅速，我们把原来网站的手机版与电脑版合并为响应式设计网站。

在技术上我们还把 HTTP 改为 HTTPS、用 DrupalGap 制作 App，并且开始尝试微信小程序。

⚠️ **提醒**

尝试更多新领域、新技术是有必要的，但事先的调查分析更重要，有限的时间和精力分散后容易导致浅尝即止，中小团队、个人站长要更聚焦在能取得实在效果的工作方面。

1.1.13 2017 年：关注细节、触底反弹

这一年我们在原来的基础上改进老网站内容，并重新添加新的内容。我参加 AdSense 的研讨活动，大力更改网站广告投放，提高可见率，尝试原生广告，收入再次明显回升。

我们在年初尝试微信小程序，第一批推出几个词典，虽然我们得到了一定的流量、口碑，但是没有收入，只是先让大家免费用。

然后，我们启用了一个以前闲置的域名，花了几个月时间增加了系列词典网站，但一年下来百度收录很少，带来的流量很少，究其原因也是竞争激烈，各个词典网站竞争激烈，我们自己做得不够深入。

我记得以前几乎每天都要登录 AdSense 后台查看数据变化情况，但 2015—2016 年登录少了，收入一直下降让人产生泄气的感觉。从 2017 年开始，我们关注微信小程序、PWA、AMP、MIP 等新技术发展，为原来的网站添加 AMP、MIP 版本。上半年 Google 来了新的 AdSense 客户经理 Juliana，邀请大家去北京参加活动，我也时隔多年以后再次参加 Google 的活动。我没有想到交流的结果非常好，了解到 Google 提倡重点关注广告可见率，会后与其他发布商交流也很受启发。

我在会后全面修改 AdSense 广告放置，大幅提高可见率，收入有了明显回升。此后我又恢复几乎每天查看 AdSense 后台，密切观察变化情况。

我们在这一年招聘了前端技术人员做词典系列的 WebApp 和 App 封装，又开发了 API 查询尝试 API 市场，以原有系列网站为来源带来一些流量，客户付费查询有一定成效。

我们算是从原来的数年持续低迷中逐步走出来了。

📄 **诀窍**

回归用户体验，发现问题马上改进可以快速提高广告收入，注重数据分析、内容扩展，AdSense 再次走上复苏之路。

1.1.14 2018 年：海外拓展、冒险转型

2017 年，儿子大学毕业后到美国读研，我于 2018 年年初也到加利福尼亚州圣地

亚哥待了一段时间，进一步体验国外的生活。此时，公司内部有一些人员变动，我下决心进行大的变革，回国后大力开展新的出海开拓，专门招聘英语以及小语种专职人才和实习生，采取比较激进的做法探索新发展。

公司一直延续多年的外包业务逐步减少，转型为内部运营项目，摆脱低水平的激烈竞争环境，扩展新的业务和收入模式。

另外，我也改变了在以前个人做站、少数几个人做站时事必躬亲的做法，从发展方向、人才招聘、人才培养等方面多做工作，即使转型有风险也要尝试。

图 1.11 为我在上海参加 2017 年 Google Developer Days 活动。

图 1.11

诀窍

这个时代唯一不变的就是变化，变化中有风险也有机遇，做网站的过程也是体会人生跌宕起伏的过程，感谢 Google 给我们带来的支持，AdSense 收入是一个不错的发展衡量指标。

我自己的案例就先讲到这里，每个人的情况不同，无法生搬硬套，但可以借鉴，上面写的经历有经验也有教训，有顺境也有逆境，都是真实情况，我可以肯定目前国内还没有第二个人愿意做这么详细的分享，只希望给大家更多信心并让大家少走弯路。

如果以后本书还有第三版，那么再补充记录、总结。

1.2 采访案例

杨杨是一位大连的朋友，我在一个 AdSense 微信群里认识了他，他为人很热情、诚恳，我和他一直保持着交流，他的 AdSense 业务发展非常快，从一个人发展到团队，收入更是增加得吓人，下面是他写的分享内容：

从 2007 年 9 月开始了解 AdSense，直到 2008 年 5 月收到第一笔收入，我用了 8 个月。在这期间我没有一分钱收入，当时我身边没有任何人做这行。可想而知，我当时面临的巨大压力。几乎所有人都无法理解"你坐在家里不出门就有美国人给你发美元"这个事实。

不管怎样，我还是坚持了下来。从注册域名、开通空间、选择 CMS、部署广告代码，再到选择主题、关键词分析、SEO 优化等，这些对我来说每一步都是全新的。这里不得不提一下我的授课老师"百度"，是她把我从一个不懂英文、不懂程序、不懂做网站的小白，打造成了现在的我。

其实做 AdSense 的人都有同感，就是选择这个行业是对的，方向是对的。可是如何把自己手里的网站做好——创作好的内容、获取对的流量、转化对的点击，最后获得实实在在的收入，这些恰恰又是最难做的。

我做这个行业 10 年了，我把这 10 年分成 3 个阶段。

1. 第一个阶段：2008—2012 年

当时运气不错，因为我喜欢玩 PSP，所以我就做了一个 PSP 的游戏下载站。我做了我的第一个网站，通过提供游戏介绍、截图，以及 BT 种子，经过了 3 个月网站流量开始逐步增加，并且回访率与访问深度都达到我认为的"变态"水平，那会儿实现了我的"日入百刀"（这个"日入百刀"的概念来自祁劲松老师出版的《Google AdSense 实战宝典》，如图 1.12 所示）。

图 1.12

2．第二个阶段：2012—2016 年

2012 年 4 月，Google 推出企鹅算法，这也是我噩梦的开始，把我之前一切努力毁于一旦。这个时候我还没有领悟到做 AdSense 的真理，主导我的还是侥幸与投机心理。

在企鹅算法之后我做起了聚合，从那时开始进行内容采集、快速建站，但网站被搜索引擎降权、AdSense 账号被封，重新注册域名再次被封，陷入这样的恶性循环无法自拔，结果就是没赚到钱，但是身心却经历了巨大的考验。我曾考虑过要不要改行（相信很多人都跟我一样有过失眠的情况，每 1～2 个小时就要看一次数据，像中毒一样，不看就浑身不舒服）。

3．第三个阶段：2016 年—现在

2016 年，我的想法有了重大转变，是因为我理解了天花板这个概念，就是说在我之前知识水平的基础上我已经发挥了我最大的能力，很多时候我想实现的东西已经远远地把我能做到的东西甩得无影无踪了。于是我开始用 7 个月学习 Java 编程，用 3

个月去菲律宾语言学校学习英语，回来后又用 2～3 个月跟曾亮学习 SEO。在菲律宾期间整个学校的几百个人都是韩国、日本、中国台湾等国家和地区的中学生、大学生。唯独我是一个奇葩，35 岁的大叔、带着小自己 13 岁的老婆，每天背单词、学语法。很多人问我老婆，你为什么跟杨杨在一起，他那么老，人又不帅，他是不是很有钱啊。图 1.13 为本案例主角杨杨与老婆在菲律宾语言学校的合影。

图 1.13

在将近两年的时间里，我学习各种知识、提升能力（为了筹集这期间的学费、旅行费、生活费，我和老婆卖了车、刷信用卡做分期付款）。终于在 2017 年 9 月，我做出了第一个不用担心就可以给我赚钱的网站 Niche（原创内容+健康流量+高转化率）。

现在我依然坚持学习、每天用一半的工作时间做数据分析。我始终相信这条路会给我带来更加美好的未来。

我自己目前还没有出书的资格，只是借此机会向所有 AdSense 追随者说出我的观点：

（1）如果你有工作，只是把 AdSense 当成收入的一个补充，那么你不适合做

AdSense。如果你把做 AdSense 的精力拿回去做你的主业，那么你可能会获得更好的收益。我始终坚信一心不可二用（这类人是这几年消失的 AdSense 个人站长的最大群体）。

（2）如果把 AdSense 当成短期的、投机的赚钱工具，那么你也不适合做 AdSense。我认为你要想把一件事情做好，就必须投入时间和精力钻研，这会耗费大量时间、精力和财力。

（3）诚信经营是不二法则。不能想着骗取流量、鼓励点击等小把戏，我始终坚信以我的智商和能力是无论如何也斗不过谷歌那些几十万甚至上百万美元年薪的工程师的。

（4）要想做好这行就要多学习。你要多看国外的网站（目标市场），在看多了以后你自然会了解美国人的上网习惯（这点可以用在任何一个目标市场，如果你不了解你的访客，那么他们怎么会来你的网站呢）。

（5）要有自己的思路，不要在群里求带，找答案。就算有人带你了，那也都是别人玩剩下的，永远跟在别人的后边。这个行业没有技术壁垒，可复制性太强。很多人都是做好了闷声发大财的。我亲身经历过，我把我的好的经验分享给了我最信得过的朋友，而他却拿着我的成果和我竞争，并且向我隐瞒数据。

（6）要有梦想、万一实现了呢。所有的艰辛与困难都会被我们踩在脚下，成为我们走向成功的阶梯。我今年 38 岁，我还有机会为了梦想继续攀登。希望看到祁劲松老师新书的读者，不管你将来做得如何，都能怀揣感恩。毕竟不是每个 AdSenser 都会像他这样把自己所学、所识以如此详尽的方式展示给大家。

诀窍

> 杨杨的分享很励志，他的转变、经验、教训都是真实的，值得做 AdSense 的朋友借鉴。抱怨收入不理想的朋友看后可以比较一下，看看自己是否有杨杨那么用心去拼呢？

1.3　官方力推的成功案例收集分析

下面是我从 Google AdSense 官方帮助中心里面摘录、编辑的一些成功案例。

1.3.1 木工技能 BuildEazy

Les Kenny 创办了一个网站教人们制作东西。利用 AdSense，他选择退休并成了全职的木匠。Google 官方网站中该案例的配图如图 1.14 所示。

图 1.14

这是一个英文网站（https://www.buildeazy.com/），Alexa 排名大约为第 28 万位，里面提供了大量木工项目图纸，用户可以免费浏览，也可以用 5 美元购买可下载的 PDF 文件，免费页面带有 AdSense 广告。

1.3.2 学前教育 Educación Inicial

一位学前班教师创建了一个记录学校课程的网站，并出乎意料地吸引了超过 500 万个教师和家长。借助 AdSense，她将继续启蒙全球各地的儿童。Google 官方网站中该案例的配图如图 1.15 所示。

图 1.15

这是一个西班牙语网站（https://www.educacioninicial.com/），Alexa 排名大约为第 7.9 万位，用户主要在拉丁美洲的阿根廷、墨西哥、哥伦比亚、秘鲁、委内瑞拉等，网站内容包含幼儿用品、训练、游戏、科学、音乐等各个方面。

1.3.3　日本时报　Japan Times

作为日本历史最悠久的英文报纸，Japan Times 每天发行报纸的传统已坚持了一个多世纪。在 AdSense 收入的支持下，它将继续提供纸质阅读体验。Google 官方网站中该案例的配图如图 1.16 所示。

图 1.16

这是一个日本的英文网站（https://www.japantimes.co.jp/），Alexa 排名大约为第 4700 位，是一个日本的新闻门户网站，包括日本新闻、国际新闻、观点、生活、社区、文化、运动、城市指南等。

1.3.4　味蕾和瞳孔 Papilles et Pupilles

一位法国美食博主放弃了金融业的全职工作，专心从事她的最爱：与世人分享食谱。AdSense 让她可以专注于为自己的网站制作内容，同时她还能云游四海结识其他美食家。Google 官方网站中该案例的配图如图 1.17 所示。

图 1.17

这是一个法语网站（https://www.papillesetpupilles.fr/），Alexa 排名大约为第 8.2 万位，里面有各种食谱，包括正餐、甜品、面包、饮料、特殊食品，还有各地旅行及餐厅信息。

1.3.5 导航系列 Navi Series

这个日本的在线目录帮助人们拓展日本国内业务和创建社区。使用 AdSense 后该网站创使人 Kenji Shinjo 能够专注于网站内容让业务不断发展。Google 官方网站中该案例的配图如图 1.18 所示。

图 1.18

这是一个日文网站（https://www.navitime.co.jp/），Alexa 排名大约为第 4100 位，提供日本各地地图、公交、地铁、自行车、飞机、时刻表、车辆换乘、旅行、生活、美食等方面的信息。

1.3.6　维基问答 wikiHow

wikiHow 从第一天开始就使用 AdSense。从 AdSense 中获得的收入帮助他们从 2 个人扩展到 24 个雇员。Google 官方网站中该案例的配图如图 1.19 所示。

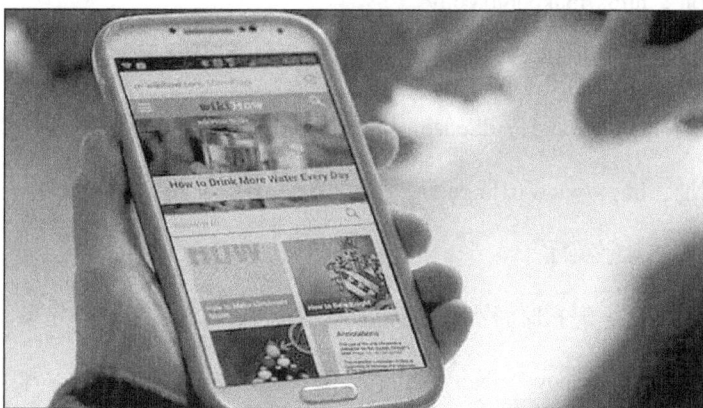

图 1.19

这是一个英文网站（https://www.wikihow.com/），我以前很关注 Wiki 类网站，我的网站是看着这个问答网站发展起来的，现在 Alexa 排名达到惊人的第 185 位，语言也拓展到十多种，问答内容就是关于"如何做一件某某事情"，回答非常有条理、认真、配图美观。这类对人们有帮助的网站流量非常大，AdSense 收入可想而知也是很吓人的。

延伸：Google 网站上的 AdSense 英文版成功案例的网址为 https://www.google.com/adsense/start/success-stories/；中文版成功案例的网址为 http://www.google.cn/intl/zh-CN/adsense/start/success- stories/。

1.4　我了解的 AdSense 高收入群体

我把 AdSense 高收入群体分成以下几类。

1.4.1　Google 推出的正规好榜样

除了上面的一些国外的成功案例以外，国内也有一些成功案例，Google 在 2011 年印刷的一批宣传页介绍了以下一些案例：

（1）案例标题：从商业利益到共同成长，Google AdSense 成就马可波罗发展之"道"

网站网址：http://makepolo.com/

网站名称：马可波罗

（2）案例标题：Google AdSense 帮助数字英才网实现全面突破，广告增收 30%

网站网址：http://www.01hr.com/

网站名称：数字英才

（3）案例标题：海报时尚网借 Google AdSense 让时尚创业梦想起飞

网站网址：http://www.haibao.com/

网站名称：海报时尚网

（4）案例标题：收益的事交给 Google，我们只需专注技术

网站网址：http://www.bokecc.com/

网站名称：CC 视频

（5）案例标题：爆米花网之完美蝶变，Google 视频广告将流量变现进行到底

网站名称：http://www.baomihua.com/

网站名称：爆米花网

（6）案例标题：盈利之外：Google 助力 GO007 实现盈利+管理双重提升

网站网址：http://www.go007.com/

网站名称：城际分类

（7）案例标题：Google AdSense 新界面，聪明做广告

网站网址：http://www.61ertong.com/

网站名称：六一儿童网

这类网站基本上已经做到了一定规模，本身已经有相当大的名气和相当多的流量，在某个行业深耕多年，收入不只依靠 Google AdSense。

上面的这些网站现在依然还存在而且 Alexa 排名都很高，流量不错，这些年从 AdSense 获得了持续的收入。

延伸：以上的案例来自 Google 官方在 2011 年印刷的宣传页，每个案例都有正反两个页面详细介绍。

1.4.2　细分领域的低调网站

与上面的网站类似，这些细分领域的网站都是正规的网站，只是平时都比较低调，只在自己所在的领域有名气，我在参加 Google 组织的 AdSense 活动时遇到的一些站长多是这种类型。举例如下：

（1）某教育网站。它深耕多年，积累了题库、教师资源，有自己独特的运作方式、推广方式，流量非常大，AdSense 只是它收入的一小部分。

（2）某食品行业网站。它拥有线下资源，举办相关行业展会，有纸质刊物发行，在特定领域有很大的影响力。

（3）某英语学习网站。它已经运作多年，从个人网站发展到 10 多个人的团队操作，目前更多地在运营微信公众号，收入来源多样化。

（4）某汽车驾驶培训考试网站。它也发展了很多年，抓住了国内驾驶员考试人员增长最迅猛的时期，网站用户量、流量、收入都非常可观。

（5）某智能手机 App 介绍网站。它针对国外用户提供英文 App 介绍，但是不提供下载，只做文字介绍、图片展示、链接，加上 AdSense 广告也可以获得不少流量和收入。

它们的特点如下：

（1）专注：根据自己的特长、爱好、已有资源，选择某一个细分方向，然后紧盯着不放。

（2）突破：全力以赴做得比别人更好，细节决定成败，想用户所需，不断想方设法满足用户的需求。

（3）积累：浏览用户的口碑、搜索引擎的权重都需要时间积累，并持续改进。

诀窍

其实这类网站是 AdSense 发布商学习的榜样。想一想自己与他们的差距，就不会抱怨流量少、收入低了，需要学习先进、付诸行动。

1.4.3　剑走偏锋，但有独门绝技者

这类站长不走寻常路，往往有自己的"独门绝技"。举例如下：

（1）某站长在学生时代与几位同学一起做外文网站，专门寻找国外高价关键词做站，曾经获得不菲收入，在外文和建站两方面都很强，但后来流量不容易获得，他在毕业后去了大公司工作。

（2）一位曾经在大公司工作过的站长，在辞职后边照顾家庭边独立建站，不断变换方式、使用了大量域名，但确实收入很高，至今是否能继续维持未知。

（3）在版权管理不严格的时期，某站长通过对影视、文学等方面的内容进行转码、采集、转发等方式，获得了极多的流量，但管制风险很高，甚至游走在法律惩治的边缘，根本不敢大力宣传，难以持续发展。

他们的特点如下：

（1）没有走常规路线，可能收效很快，成为很多希望快速致富的人羡慕的对象。

（2）拥有自己的特长，如外文、技术、对搜索的深入研究和跟踪等，其他人没有能力学得到。

（3）虽然很多网站都不能长远发展，但这些有能力的人即使换到其他行业正规做事也能做出成绩、获得回报。

⚠️ **提醒**

　　我认为一般人难以学到他们的"独门绝技"，成功的可能性不大，而且更难长远，或许还有风险，不如找一个细分领域踏实建站，正规发展。

1.5　我了解的网站的普通收入群体

　　1.4节介绍的一些AdSense高收入群体都是可以独立依靠网站收入生存和发展的，但这些毕竟还是少数，更多的站长从AdSense获得的收入还不足以让他们将建立网站作为全职工作。我把网站的普通收入群体做了分类，供读者参考。

　　1. 按照本职工作与建站的关系划分

　　（1）业余运营网站者。自身工作不错，把建站作为业余爱好，有一定流量和收入，不过很有限，自己没有准备把网站作为事业发展。我觉得这也很好，不一定要转为全职建站。

　　（2）向专业运营网站发展者。自身工作不理想，对建站赚钱感兴趣，想把网站发展好但能力不足。我觉得首先需要学习，当自己的行业知识、技术水平上升到一定高度时，无论是换工作还是专门建站，都会取得不错的成绩。

　　2. 按照是否拥有 AdSense 账号划分

　　（1）部分拥有 AdSense 账号但收入一直不高的站长。他们要反思一下原因，明确是选题的问题，还是执行力的问题。只有他们自身做很大改变，才能有所突破。

　　（2）还没有 AdSense 账号的人。他们需要检查自己是否已经具备申请 AdSense 账号的条件。如果具备条件，就可以申请试用；如果还不具备条件，就需要花时间把条件补齐。

　　3. 按照 AdSense 账号是否被封划分

　　（1）曾经被封 AdSense 账号的人。他们只有改变投机取巧、快速致富的心理，才能重新申请账号，正规建站、长远发展。

　　（2）没有被封 AdSense 账号的人。他们要坚持不违规、不作弊，但也要大胆尝试新办法、新领域，寻求收入提高。

4. 按照是否拥有网站划分

（1）已经拥有网站的人。他们具有一定的经验，但流量、AdSense 收入一直不高，可以多学习优秀案例，找出自己的差距，鼓起勇气重新开始。

（2）还没有网站的人。他们可以自学入门，网上有大量相关教程，只要肯花时间学，边学边实践，就可以逐渐进步。

本书的主要读者对象是 AdSense 收入低或者还没有 AdSense 收入的朋友，一分耕耘一分收获，如果真能认真学习本书内容，不断探索实践，相信 AdSense 收入的提高、突破不会只停留在梦想，而会水到渠成。

第 2 章

建设优质网站，
打好赚钱基础

本章要点：

■ 建站策划

■ 网站起名

■ 空间租用

■ 系统开发

■ 内容建设

■ 搜索引擎优化

■ 网站宣传推广

■ 运营维护

Google AdSense 建立在已有网站的基础之上（利用 youtube.com、blogspot.com 也可以获取 AdSense，但不是主流），对于还没有建网站的朋友来说，本章是必须阅读的，本章包含建站策划、网站起名、空间租用、系统开发、内容建设、搜索引擎优化、网站宣传推广、运营维护，每节又分为若干小节，涵盖了网站建设的各个方面。本章不是孤立地讲述网站建设，而是在其中穿插与 AdSense 相关的内容，每一项工作都为将来获得高收入做准备，因此对于已经建有网站的朋友来说，本章的内容也一样值得学习。

2.1 建站策划

2.1.1 做好网站定位，立下长远目标

一个网站的成功与否和其定位是否准确有非常密切的关系。在准备一个新网站的时候，我们首先要对网站定位，即使对老网站进行全面改版，也需要重新进行网站定位。

网站的定位非常重要，也是有很大难度的一项挑战，我将其归纳为两个主要的方面：建站对于自身的目的、提供的内容和服务对象。

1. 建站对于自身的目的

可以从个人或者组织建站的目的说起，举例如下：

（1）事业型：为了创立自己的事业。

（2）收入型：为了获取高额的广告收入。

（3）爱好型：为了自己的兴趣爱好。

（4）宣传型：为了对外宣传产品和服务。

在明白了自己为什么要建站后，我们就有了清晰的目的用来指导后面的工作。对于本书的读者来说，建站的主要目的或者主要目的之一应该是通过网站广告获得收入。

虽然我们纯粹为了爱好花钱、花时间建立爱好型网站，但是如果发展得当，也可以获得收入，进一步发展自己的爱好，步入良性循环，甚至发展成为事业，我正是沿着这条路走过来的。

我有一个朋友本来只是为单位建立一个宣传型网站，但在这个过程中了解了用户需求、不断扩展内容，后来独立发展，带领一个团队专门做相关领域内容的网站，流量和收入都非常惊人，最后网站被行业巨头高价收购。

2. 提供的内容和服务对象

除了满足自己的建站目的之外，我们还要重点考虑一点，就是网站为什么人提供什么内容和服务，这应该清晰明了，可以用一句话描述，举例如下：

（1）查号吧：提供长途区号、手机号码归属地和电话号码查询的网站。

（2）邮编库：提供国内外邮政编码查询的网站。

（3）名录集：提供国内外企事业单位黄页名录查询服务。

这体现了网站的内容及其对网友的价值。网站只有提供独特的信息和服务，才会得到网友的喜欢，并不断完善，带来长久收入。如果自己都觉得自己的网站对网友来说可有可无，那么网站是难以带来收入的，就需要反思和重新定位。

⚠ 提醒

不要仅仅为 AdSense 而建站、不要专为 AdSense 高价关键词而建站，网站是给人浏览的，要提供有价值的信息内容，而不是骗取流量和收入的机器。

以我建立的查号吧网站为例：

（1）建站对于自身的目的：原来的目的纯粹是为网友提供免费服务，后来有了意想不到的 AdSense 收入，以后还可以设法发展得更大。

（2）提供的内容和服务对象：开始时只是提供简单的电话区号查询，后来推出更多功能，如世界各国各城市区号查询、手机号码归属地查询、话费查询导航、骗子号码曝光等，服务对象始终是广大的固定电话、手机用户，后来拓展到世界各国和各种语言。

图 2.1 为在本书第 1 版时查号吧中文网站电脑版首页截图。

图 2.1

图 2.2 是现在查号吧扩展到为美国用户提供英文区号服务的手机版首页截图。

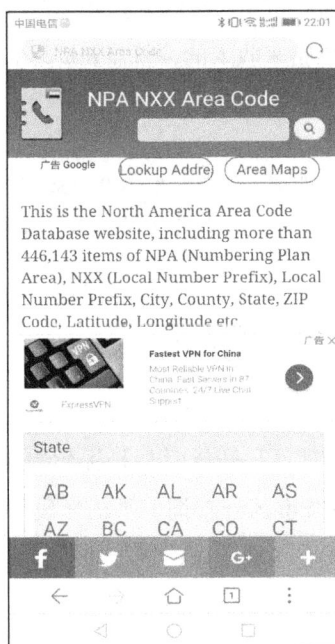

图 2.2

2.1.2　参考选题原则，发挥自己优势

做网站是一个需要长期坚持的工作，在开始计划阶段就要把主题选好，以免中途有太大的变动，导致前面的努力都白费。

有一些人说想到的主题似乎都有人在做了，而且竞争激烈，事实上网站的选题范围非常广，每个主题都有深入做的余地。

下面说说我觉得在开发选题时应该优先考虑的两个方面。

1. 要做自己熟悉的领域

这是必备的条件，必须对选题的相关领域全面了解、深入了解，要自信自己就是这方面的专家。

例如，自己是一个球迷，对球星、赛事、球类装备、球类历史等各方面都了如指掌，就可以选择该球类运动作为要创建网站的主题。

又如，自己是一个多年的 PC 硬件发烧友，对 CPU 性能指标、硬盘故障修复、DIY 价格、显示卡历史都如数家珍，就可以建立一个电脑硬件方面的主题网站。

还可以回想一下，自己平时都上网做些什么、看些什么内容的网站、关注哪些方面的信息，看得多的内容自然是自己感兴趣的内容，也会是更有把握做好的主题。

也可以考虑自己在线下的工作、学习、生活中的特长，如果能够通过建立网站发挥自己的特长，帮助更多需要相关信息的人，那么这就是一个不错的候选主题。

还有一种情况，自己对某个领域非常感兴趣，但目前了解不够，这也是很常见的事情。如果真的想做这个领域的网站，只有一条路可走：多花时间和精力，让自己成为该领域的专家。

2. 内容要受大众喜欢

如果选择的主题太偏门，面对的读者太少，那么难以形成一定的访问流量，并且难以达到我们期望的用户互动效果和广告收入。

例如，一个针对某学校的网站因为用户群过于局限，所以难以获得很多的流量。

又如，一个讨论棒球运动的网站可能在日本、美国等国有很多潜在浏览者，但在中国目前关注的人还不太多。

反过来想，如果选择两性情感、家庭育儿、网络交友等作为主题，本身就有大量

的潜在感兴趣者，就容易让更多的人关心这个主题并访问新建的网站。注意，此处还要参考前一点，也就是这个热门领域也是自己熟悉、擅长的。

诀窍

网站广告收入常常是波动的，选择一个自己熟悉和喜欢的领域，为大众提供他们需要的信息和服务，这样在收入暂时陷于低谷的时候，也能有充足的理由让自己坚持下去，度过困难时期。

还以查号吧网站为例，我对国内、国际长途电话区号以及查询这些信息的用户很了解，通过访问统计后台数据可以分析出网站原来没有的功能，然后添加补充。例如，很多人在查号吧网站中直接搜索电话号码，有一部分号码的重复搜索率相当高，我仔细了解后发现很多人在接到值得怀疑的来电或者短信后到查号吧验证真伪，于是就新推一个"骗子号码"的栏目（如图2.3所示），推出后果然很受欢迎。

图 2.3

图2.3是本书第1版时的截图，现在这项功能还存在，经过多年的积累已收录网友曝光的数以万计的骗子号码。我们还扩展推出了手机版网站、iOS和安卓App（其中可以通过AdMob获取广告收入）、微信公众号以及微信小程序，为网友提供了众多

获取信息的渠道，也构筑了一定的竞争门槛。图 2.4 为查号吧 App、微信小程序里"骗子号码"栏目。

图 2.4

2.1.3　了解对手情况，进行竞争分析

古人云：知己知彼，百战不殆。要让网站做得成功，一定要对同类主题的其他网站有充分的了解，需要在搜索引擎中找到主要的竞争对手，将他们的网站逐个详细查看，包括以下内容：

（1）网站定位：对方的网站定位与自己的网站定位是完全重合的还是部分重合的，有何特色。

（2）结构规划：使用了什么网站平台、有哪些主要功能、相互之间如何配合。

（3）内容安排：网站地图包含什么、菜单如何导航、有哪些特色内容。

（4）美工设计：页面设计是否专业、是否美观、是否合理、是否符合 SEO 规则。

（5）所属组织或者个人：查看关于我们、联系我们、网站备案、域名注册等信息。

（6）人气情况：网站内容的质量和数量、站内留言、站外评论等。

（7）更新频率：最新内容的日期、每天发帖量、死链接情况等。

这样能够对该网站有初步了解。然后，使用网站搜索优化中的工具，获取以下数据：Alexa 历史排名和当前情况（利用 Alexa 可以快速了解他人网站的流量情况，如图 2.5 所示）、每个浏览者平均查看的页面数量、外部链接数量和详情、在主要搜索引擎中收录的页面数量和详情、用主要关键词在主流搜索引擎中搜索的排名情况、域名注册时间。

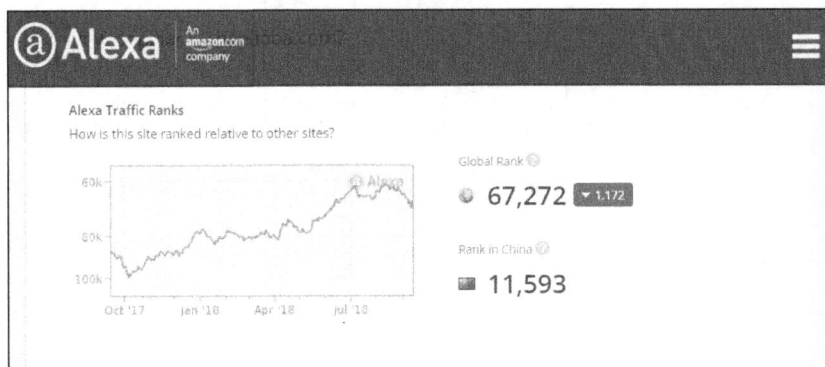

图 2.5

这样就能比较全面地了解该网站的实力、在同类网站中的地位。

可以用一个表格列出主要的同类网站的以上数据，便于了解、比较和分析，对自己的网站定位、建设、运营进一步认识。

也可以借鉴企业发展战略尝试做一次规范的 SWOT 分析，即列出机会与风险、优势与劣势的矩阵，从而做出各种战略决策。具体的 SWOT 分析就不在本书中讲述了。

诀窍

建议避开"红海"（指某领域的发展已经很成熟，规则已经完善，竞争非常激烈，所以新进入者生存非常艰难），投入"蓝海"（指某领域刚刚兴起，规则不完善，竞争者非常少，新进入者能够在相对宽松的环境下自由发展）。

在本书第 1 版面世的时候，网站的发展还正当红，但后来竞争加剧，移动互联网崛起，国内很多网站生存困难、站长转行，现在再在国内新建网站难度更大。而中国互联网在国际上还算领先的，与发达国家相比成本低，与发展中国家相比技术成熟，所以出海是一个不错的选择。

2.1.4　合理配备人员，匹配网站进度

各种规模的网站都有，下面说说个人、工作室和公司运作的特点。

1. 个人

网站与传统媒体不同，一开始不需要庞大的资金投入和广泛的人脉关系，很多人仅凭一己之力就建出了后来非常知名的网站。如果你的个人建站能力足够，但外部资源暂时不足，那么可以先潜心独立创建、运作一个小型网站，等发展到一定阶段后再找合作者。

2. 工作室

在我以前的实践和周围一些朋友的实际建站过程中，我发现一个人也可以独立开发建设一个网站，不过效果、效率不理想，一个人的想法有时不完整，在建设、维护的过程中没有人商议也会觉得孤独，有的时候甚至会半途而废。如果有两人或者更多的人参与同一个网站的建设，大家可以分工合作、互相探讨、互相鼓励，做出来的效果会更好。所以，我提倡两人以上同时参与一个网站的建设，大家可以自由组合、自由联系发展，可以找亲朋好友、同学和同事、有共同兴趣的网友一起参与。

3. 公司

网站项目的持久运作需要人员、资金，而当发展到一定阶段时，还需要打造品牌，这时公司化运作才是更有效的方式。当网站所处的行业竞争激烈时，更要有一定实力才能生存、发展，这时仅靠一个人或者几个人的小团队往往力不从心，容易错过时机。也许你一开始就规划做一个大型网站，往往需要策划人员、网站编辑、程序员、设计师、市场宣传以及销售人员等，这都应该在初始的规划中做好方案。

📋 **诀窍**

> 既要正确评估自己的实力不犯冒进的错误，又要注意抓住快速发展壮大的机会，需要高超的技巧和远见。

还以我建立的查号吧网站为例，刚开始很多年它都是一个典型的个人作品，我用业余时间搭建，后期陆陆续续修改完善，偶尔回复网友发来的咨询邮件。在推出"骗子号码"栏目后，检查、回复网友留言的工作量陡然增加，每天会收到上百条留言（如图 2.6 所示），我至少要花好几个小时处理，于是就在网上请了几位感兴趣的网友参与网站管理，并支付他们一定的兼职报酬，形成一个小的团队。随着用户量和浏览量不

断增加，这个网站以后还可以有更大的发展，就可以考虑公司化操作，逐步增长的 AdSense 收入为此做好了基础准备。

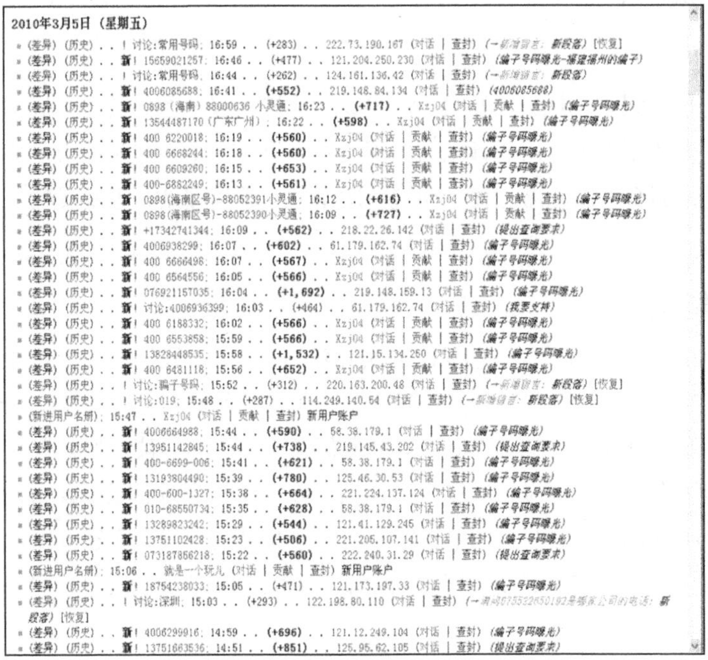

图 2.6

可以看出，这就需要团队配合管理，在为网友提供更好服务的同时会得到更多 AdSense 收入。补充：2014 年，查号吧网站已经有一个独立公司运作，虽然目前人员不多，但正在逐步发展中。

2.1.5　筹划安排时间，从容稳步发展

任何复杂的工作都应该事先做好计划，在网站的策划组织阶段，就应该明确需要做哪些工作、一共需要多少时间、准备从什么时候开始、什么时候结束、要划分成多少个阶段、每个阶段的主要工作是什么等。

可以包含以下几个方面的规划：

（1）建站过程中各事项流程。例如，网站名称和域名的选定、程序的开发、内容的补充等。

（2）固定流程任务。例如，用户注册流程、权限审批流程、信息发布流程等。

（3）周期性任务。例如，每日检查用户发帖、每周更新公告、每月统计和分析访问数据等。

诀窍

> 可以为 AdSense 广告收入设立一个专门的计划，如每天用 5～10 分钟查看各渠道的收入情况、以周为单位查看优化效果、每月详细分析网站流量和收入情况并进行改进等。

2.1.6　形成完善策划，征求各方意见

网站的策划组织不应该只有建设阶段，还应该包括长远的运营维护阶段。在建设阶段结束后，还应该保持长期的内容更新和用户跟踪，在日常上网的时候就关注自己网站的主题内容，并形成每日更新内容的习惯，在一定时间（如三个月、半年、一年）后，如果感到需要还应该进行规模或大或小的改版工作。

最好的情况是因为网站内容质量高，所以吸引到大量用户浏览，然后部分用户参与内容分享贡献，使内容质量进一步完善，从而形成良性循环。

虽然网站软硬件平台的维护工作很基础，但绝对是重要的环节，服务器不稳定、网速慢都会导致用户流失。

在刚开始可以由其他项目帮助，随着网站流量的增加，广告收入也会逐步增加，到一定程度时就可以维持项目的开支、为后续发展提供资金并赚取利润。

诀窍

> 很多网站在度过最初的几个月建设期后半年甚至数年都不再更新维护，站长忙于新建其他网站，这样没有精耕细作的网站自然难以受到网民的喜欢，只有坚持不懈地专注发展，才会得到网民的认可，进而从广告中获得不菲收入。

2.2　网站起名

2.2.1　网站的名称和域名不可忽视

如果你希望自己的网站以后能获得高额的 AdSense 广告收入，那么就必须把网站

起名、注册域名这样的"小事"做好，开头阶段的每个细节都可能对未来的广告收入产生重要的影响。

世界上的网站、域名每时每刻都在增加，网民普及率已经达到一定程度，网站用户数量继续增加的速度就慢下来了，网民的眼球与网站比起来是稀有资源，所以才有"眼球经济""注意力经济"的说法，网民的选择太多导致记性变差，除了已有的大型知名网站之外，他们很难记得曾经访问过的大多数网站名称和域名，难以变成回头客。

曾经有站长说，现在的网站流量主要靠搜索引擎带来，网站自身的名称和域名不重要，但我认为如果真想打造高流量、高收入的网站，这只是权宜之计，搜索引擎的算法多变，带来的流量波动大是很正常的，要想不受太大影响，还需要打出自己的品牌，最好能让人对网站名称和域名过目不忘，在以后需要查找同样信息的时候能直接输入域名或者搜索网站名称回来访问。

成功的例子很多，下面看几个例子。图 2.7 为去哪儿网的域名和首页截图。

图 2.7

去哪儿这个名字和对应的域名为 qunar.com，很容易被搜索机票、航班的旅客记住。

图 2.8 为淘宝网的域名和首页截图。

图 2.8

　　淘宝网这个名字和对应的域名为 taobao.com，对于喜欢购物的女性来说，很容易记忆。

诀窍

　　人们都会认真地给刚出生的宝宝起名，这个姓名可能影响孩子的一生，以后要改动非常麻烦！同样，一定要认真考虑你的宝贝网站的名称和域名，这也是一个关乎网站未来前途和钱途的大事！

　　还以查号吧网站为例，在 10 年前，查号吧是一个我业余做着玩一玩的网站，为网友提供免费的国内、国际长途电话区号查询服务。当时我随便用了一个二级域名 telecode.027.net，这个二级域名前面的部分 telecode 是我自己造出来的，根本没有这个单词，这个二级域名后面的部分 027.net 是公司注册用来提供武汉（电话区号 027）本地网络服务的，网站也没有一个特别的名称，就叫通用的"电话区号查询"，因为这个网站存在时间早，所以从搜索引擎来的流量很可观，但难以形成品牌，域名也不好记忆，在发展到一定程度后就后劲不足了。

　　于是，我后来下定决心对网站重新定位，除了提供以前的长途区号查询以外，增加了相关的手机号码归属地查询以及独特的单独号码发布和查询服务，将名称改为查号吧；申请了对应的域名 chahaoba.com 以及 chahaoba.cn，改名后不到一年的统计数据表明，访问数是以前的 3 倍，综合访问量是以前的 2 倍，其中直接流量来源（用户输入网址进入）的数量也是以前的 2 倍多，再加上其他的 AdSense 优化技巧，广告收入从前几年每日 10 美元左右增加了数倍！

2.2.2　选择合适域名类型

域名的类型有很多种，常见的顶级域名后缀如下：

（1）.com：适用于大部分商业性网站。

（2）.net：适用于网络服务类网站。

（3）.org：适用于非营利组织网站。

（4）.cn：适用于中国大陆的网站。

其他后缀还有.tw、.cc、.info、.biz、.mobile 等，这里不介绍了，如果要保护企业名称或者注册商标、知名品牌，那么可以注册多个后缀的域名，不过一般中小型网站只需要注册.com 或者.cn 域名就可以了。

"中文.cn""中文.中国"等形式的域名作用不大，基本上没有网民会这样访问，现阶段注册只能起到品牌保护的作用。我在 2000 年以前曾经花费数万元购买了第一批"中文.com"域名，虽然抢到了一些很不错的名字，但这些中文域名因为长期无法使用所以未续费而被终止，只有极少数出售成功。

相对来说，.com 域名的资源最稀缺，也是网民默认为"正常域名后缀"的形式，所以在查找、选择到合适.com 域名的时候一定要注册。

在.cn 域名、.net 域名等也可以注册的情况下，建议你考虑保护性注册，特别是在你对网站的未来有宏大构想的时候，以免将来出现相似域名的李鬼网站或者购买其他域名持有人高价出售的域名。

2.2.3　网站的域名选择原则和举例

域名选择的原则主要有以下两个。

1. 长度短小、容易记忆、容易输入

好的域名应该尽量短小、拼法顺口，最好能让人在看后就记住，读起来发音清晰，

不容易混淆，不容易拼写错误。最好避免域名中间带有连字符"-"，也不要字母、数字混合使用。

（1）正面例子：我们建议网站的名称和域名有明确的对应关系，如百度是 baidu.com、新浪网是 sina.com.cn、中华网是 china.com，这为了方便网民记忆。

（2）负面例子：据调查统计，中国的大部分网民无法记住谷歌的域名 Google 这个单词，这也是其在国内不如百度流行的重要原因之一，后来谷歌公司为了补救，购买了一个最短的域名 g.cn 指向 www.google.cn，以便让网民更容易记忆和输入。

2．有明确易懂的内涵和意义

用具有一定含义的字、词、词组做域名，网民容易记忆，也会形成对网站内容的潜在了解。例如，用提供的产品名称、服务名称、企业名称、商标名称、品牌名称等做域名都是不错的选择。

（1）正面例子：本书配套的网站域名选择 adsensebook.cn，很明确就是关于 Google AdSense 的书籍相关网站。

（2）负面例子：我们以前注册了一个 18dao.com 的域名，中文名称为一把刀，即把 1、8 两个数字和 dao 这个拼音加起来，意思是为网民提供一把解决各种问题的网上瑞士军刀。这个域名不容易记忆和输入，如果不听我们解释，那么一般网民无法明白其含义，所以这不是一个好的选择。

以上两个主要原则看起来很简单，但在实际挑选时会发现很多短小、有意义的域名都已经被"玉米虫"（域名投资者的昵称）注册了，要找到一个令人满意的域名现在已经很不容易。不用着急，可以多给自己一些时间考虑，也可以提出域名的选择原则，然后发动网站合作人员、亲朋好友一起开展头脑风暴，我们曾经为了给一个网站起名由五六个人提出了数十、上百种备选名称，在经过几个星期的数十次反复讨论后才确定。

如果心仪的域名已经被他人注册，那么在资金条件允许的情况下，我们可以与域名持有人联系购买该域名，价格由双方商定。

诀窍

多花些时间和精力考虑、商量、选择域名不会有错，在网站推出后再更改域名有可能使以前积累的流量、名气都大幅下降。

2.2.4　拼音域名、英文域名和数字域名

在中国，基本上每个网民都学过汉语拼音，而英文好的网民要少得多，所以尽量选择简短而有意义的拼音域名，还要注意同音异词的情况，最好避免产生歧义。

有一些数字域名有很好的含义，例如 027 表示武汉的区号，163 表示当时拨号上网的特服号，114 表示查号服务，8848 代表巅峰高度等，不过总的来说目前这样好的域名已经太稀有了。

拼音与英文混用、拼音与数字混用、英文与数字混用、字符中间加连字符"-"、自创不存在的英文、自创不存在的拼音等域名都不是很好的选择。

诀窍

> 简单地说，需要网友费力记忆的域名都不是好域名，越容易被记住越好。

2.2.5　中文域名和新顶级域名

中文域名在很早前就出现过，有"中文.com""中文.cn""中文.中国"等形式，我曾经投资数万元在这类域名中，但由于多年无法正常使用最终放弃了。

普通网民在输入这样的域名时会感到很麻烦，需要在中文、英文输入法之间切换，而且各种浏览器也不一定兼容，目前实用性不强。

如果不考虑品牌保护，那么不用选择。

新顶级域名现在已经推出了很多种，如.cc、.mobile、.me、.name、.info、.io、.wang等，可以选择的余地大大增加，但容易让人产生不太正规的感觉，在选取前应该充分权衡。

提醒

> 中国大陆有网站备案制度，部分新顶级域名无法在国内管理部门备案。

2.2.6　二级域名和二级目录

一般来说，一个独立的网站都应该采用一个专门的顶级域名，不要使用二级域名或者免费域名。注册一个域名的费用只有几十元/年到几百元/年，对于希望运营赚钱

的项目来说是很少的、必要的开支。

如果打造一个系列的网站，使用同一个品牌，那么各个子网站可以分别使用二级域名，例如主站用的域名是 youbianku.com，而其下属的各个省份子网站的域名可以是 xizang.youbianku.com 这样的二级域名。

子网站除了使用二级域名以外，也可以使用二级目录的方式，例如 gongshang.mingluji.com/xizang。

因为二级域名、二级目录可以继承主域名的权重，所以在对原来网站横向扩充的时候，采用二级域名、二级目录都是不错的选择。

权重不错的网站经常会接到要求设置一个二级域名或者二级栏目来做合作栏目的请求，内容不需要我们管，我们只需要设置好栏目就可以获得一笔合作收入。不过对这种合作我们需要审核对方的内容、资质、信誉度，以免对自己的主站造成不利影响。

2.3　空间租用

网站存在于互联网上，必须有一个地方存放内容，也就是我们常说的网站空间，下面介绍各种不同的空间方式和适合使用的情形。

2.3.1　免费空间，适合实验入门

首先需要说明的是，天下没有免费的午餐，如果我们想要利用 AdSense 赚钱，那么需要有必要的投入，免费空间仅适用于测试阶段和小规模业余网站。

免费空间也可以分为两种：

（1）免费的纯粹空间：即用 FTP 上传、下载的传统意义的网站空间。

（2）免费的应用平台：博客、论坛、Google Site 等都可以归于此类。

在网上搜索"免费空间"时，我们会发现很多地方都可以提供，不过都有一些限制，例如空间大小、总体流量、支持的程序语言等，也有一些免费空间是带有赞助商广告的。此类空间多由收费空间服务商提供，将免费作为一种宣传和吸引用户的手段，但一般都是有条件或者短期的，所以真正提供免费空间的服务商总在变动中。

另外，国外也有不少免费空间，与国内的免费空间相比一般限制少、容量大，但是介绍、管理、支持界面使用的都是外文。

相对于免费的纯粹空间服务商来说，现在免费的应用平台服务商更多，而且有实力的大品牌也更多，管理操作无须很专业的知识，更适合入门者测试和使用。例如，新浪博客（http://blog.sina.com.cn/）、和讯博客（http://blog.hexun.com/）、CSDN 博客（https://blog.csdn.net/）、天涯博客（http://blog.tianya.cn/）。

这些网站支持嵌入 javaScript 代码或者 HTML 代码。如果支持 javaScript 代码，那么可以直接放置 AdSense 代码，如果支持 HTML 的 iframe 代码，那么可以使用 iframe 方式投放 AdSense 广告，具体使用办法将在后面介绍。

另外，Google 本身也提供多种放置 AdSense 代码的免费服务。例如，谷歌博客 Blogspot（https://www.blogger.com/）、谷歌网站 Google Site（https://sites.google.com/）、谷歌企业应用 Google App Engine（https://appengine.google.com/）。

这本来对做 AdSense 的发布商来说是一个福音，但因为有一些这类免费服务被国外敌对势力用来做宣传，所以在中国大陆被部分封锁了，在访问和管理上不稳定。

入门新手不妨试一试这些无成本的免费空间，但是将 AdSense 收入视为必需的人绝对无法承担网站随时都可能无法访问的风险。现在的收费空间价格已经很低了，建议采用下面的非免费方式。

📋 **诀窍**

初学者可以用免费空间练手入门，当正式建站时再花钱购买性能稳定、功能强大的收费空间。

2.3.2　虚拟主机，放置普通网站

虚拟主机技术顾名思义，就是将一台物理上的服务器划分为很多虚拟的主机，每个主机都可以有单独的域名和空间，这是一种对服务器充分利用的技术手段。

虚拟主机的磁盘空间大小可以分为 100MB、200MB、500MB、1GB、2GB、5GB、10GB、100GB、无限制。

我们可以按照自己网站的规模选择虚拟主机，注意上面写的容量中可能包含了访问日志或者备份空间的大小，实际存放网站的空间会减少，具体请咨询空间服务商。

虚拟主机按照安装支持的程序可以分为静态 HTML 空间、ASP 空间、.NET 空间、Java 空间、PHP 空间。

可以根据自己网站的系统程序需要选择虚拟主机，可以自行开发程序，也可以采用成品，后面详细介绍。

在市面上不同服务商提供的产品的价格差异比较大，例如 500MB 的 PHP 空间，一些不知名的服务商每年只要数十元，而知名的服务商可能要高 10 倍的价格。

考虑到网站的稳定性、服务的长期支持、商家的信誉等，建议从正规厂商处购买虚拟主机，每年几百元的价格对于希望赚取 AdSense 收入的网站来说是可以承受的。

推荐的虚拟主机服务商有万网（已经被阿里云收购，https://wanwang.aliyun.com/ ）、新网（ http://www.xinnet.com/ ）、西部数码（ http://www.west.cn/ ）、百度云（ https://cloud.baidu.com/ ）。

⚠ **提醒**

一些小的虚拟主机提供者或者代理商的价格很低，但可能存在网络速度不快、服务器不稳定、技术支持实力差、客户服务不到位等问题，甚至有一些代理商非法经营、涉嫌欺骗，最好找有实力的大公司，虽然价格稍微贵些但省心。

如果你做英文网站，浏览者也多在欧美等国家，就不要将网站内容放在中国，以免访问速度太慢，可以在网上选购国外的虚拟主机，价格也不高。

2010 年，我在国外购买的虚拟主机空间不限流量、不限大小、不限域名个数、不限子域名个数、不限数据库个数、不限数据库大小、不限邮箱个数、不限邮箱大小、支持 PHP / CGI / Perl / Ruby/ MySQL / FrontPage、有一个月退款保证，赠送域名、域名隐私保护、上百美元 AdWords 广告费，费用竟然不到 2 美元/月！

时隔 8 年后，这个服务商依然提供 1.99 美元/月的虚拟主机服务。当然，网上还有非常多国外的虚拟主机服务商可以选择。

📋 **诀窍**

如果做英文网站，那么只要英文不错，用国外低价的空间赚取更高单价的英文 AdSense 广告是一个很好地提高收入的办法。

2.3.3 服务器托管，适合大流量网站

随着网站的发展壮大，除了扩大空间大小以外，我们还需要对服务器有更多的管理权限，这是虚拟主机无法满足的，这时往往需要对服务器有 100%的控制权才可以设置对程序的支持、数据库的安装、扩展插件安装、定期备份等。

我们可以自己购买一台服务器硬件，安装操作系统和应用程序，托管到当地互联网电信业务服务商的数据中心机房。

以后的操作基本上都是远程进行的，除了硬件损坏或者必须到现场的软件安装调试以外，一般都不需要去机房。如果偶尔出现服务器死机的情况，那么可以通过电话通知机房值班人员帮忙重新启动。

在服务器的购买上需要考虑以下几个方面：

（1）服务器的品牌：如果资金不紧张，那么建议购买 HP、Dell、联想等大品牌服务器；如果资金紧张，那么可以考虑中小品牌，但是不要用兼容机做服务器。

（2）服务器的性能：尽量购买当前流行的、适当超前的配置，要能够满足未来 3 年左右网站的发展。

（3）服务器的价格：从数千元到数万元一台，可以根据对品牌、性能、服务的要求选择，并考虑预算。

（4）服务器的售后：一些大品牌带有一周 7 天、每天 24 小时的硬件 4 小时内更换服务，要能很好地保障服务器连续运行，不过价格昂贵。

在托管机房的选择上需要考虑以下几个方面：

（1）服务商的品牌：中国电信等基础电信运营商和专业数据中心服务商更值得信赖。

（2）服务商的资质：国家规定服务器托管服务商必须拥有相应资质，可以要求其出示。

（3）机房线路的带宽：有些小型托管服务商是自拉线路的，带宽比较紧张，应该先测试。

（4）机房的综合保障：现场查看机房环境，确保电力、消防、空调等达到要求。

（5）机房的维护支持：要求机房维护技术实力强、责任心好，提供 7×24 小时的值班服务。

服务器托管的价格在数千元到数万元，服务器的尺寸不同价格也有变化。

⚠ **提醒**

服务器最好不要托管到外地机房，任何问题都可能让网站短期无法恢复，需要赶到现场处理。来往两地的开支以及网站停机期间 AdSense 损失的收入很可能远大于放在外地托管节省的差价。

2.3.4　服务器租用，免除一次性购置

服务器租用与服务器托管很相似，只是自己不购买服务器，直接采用服务商提供的服务器硬件。

优点是不需要一次性投入成本购买服务器，也不用担心硬件损坏后的维修工作。缺点是服务商提供的服务器不一定能够正好符合要求，以后也不拥有服务器的产权，长期租用多年的成本高。

托管只能在本地或者国内，而租用可以在全国各地甚至世界各地，国外的独立服务器租用费用并不高，根据服务器配置和网络带宽，每台服务器的租金从几十美元/月到一两百美元/月。

我曾经租用了一家德国公司 SERVER4YOU 的服务器，配置很强但只需要几十美元/月，该服务商在德国、美国都有服务器，需要的朋友可以参考 https://www.server4you.com/。

2.3.5　虚拟专用服务器，超值性价比

VPS 是 Virtual Private Server 的缩写，意思是虚拟专用服务器。与此概念类似的还有 VDS（Virtual Dedicated Server，虚拟独立服务器系统）。

如果你只需要服务器的完全管理权限，而对服务器的性能要求不高，那么也可以考虑 VPS 方式，也就是虚拟专用服务器方式，这种技术在一台高性能服务器上划分出数个完全独立的操作系统，每个系统互相隔离，可以单独设置和重启。

此类服务器在国内价格为数千元/年，一般都提供试用。

这是一种介于虚拟主机和独立服务器之间的方案，目前在国内还不普及，而在国外在网上可以直接购买，价格从不到 10 美元/月至数十美元/月不等，主要区别在于保证独享的内存、硬盘、带宽不同。

诀窍

不少单位和个人托管的整台服务器、多台服务器其实并没有必要，采用 VPS 可以获得全部需要的功能和足够的资源，而且管理、维护更方便。

我曾经购买过国外的 VPS，有需要的朋友可以参考 https://buyvm.net/。

2.3.6　服务器群，整体构架保障发展

如果你的网站已经发展到一定阶段，单台服务器从性能和结构上都无法满足日益增长的访问量，那么就需要用多台服务器构成服务器群应对，每台服务器可以负责不同的功能。

例如，我公司的内容网站采取的就是前端缓存服务器 Squid+中端网页服务器 Apache / PHP / MediaWike+后端数据库服务器 MySQL 结构，如图 2.9 所示。

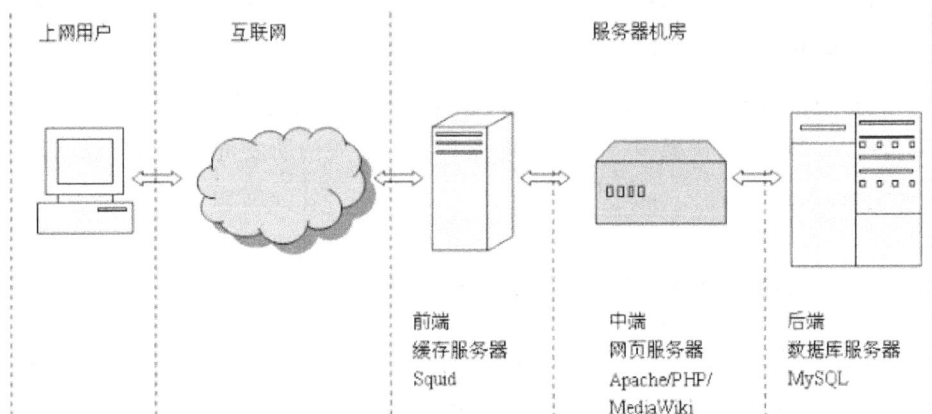

图 2.9

更大规模的网站服务器甚至要成百上千台，还需要用到负载均衡技术、磁盘阵列存储等，在这里就不讲述了。当然，到那时网站的收入与采用虚拟主机的网站比起来

是有数量级差别的。

2.3.7　云服务器平台，未来发展趋势

在我撰写本书第 1 版的时候，云计算还只是一个概念，基本上没有成型的服务。在 8 年过去后，现在云计算早就发展壮大起来了，我架设网站用的空间也已经从服务器托管、服务器租用全部转为云服务器了，云服务器的主要优点如下：

（1）稳定性强：云服务器都采取了多重保障，不需要担心硬件故障。

（2）安装简单：数据库服务器的设置、优化、监控、统计等都可以直接使用。

（3）技术先进：各种服务，如负载平衡、安全防护、大数据处理等，无须自己架设。

（4）服务专业：有专门的技术服务团队，在遇到技术问题时，在提交工单后能很快得到专业的反馈。

（5）快速部署：按照需要随时购买、随时开通，迅速满足扩展需要，也可按需短期购买。

虽然云服务器平台的成本可能比以前自己服务器的成本要高，但综合成本还是可以接受的，甚至比以前的方式性价比更高。

我们以前试用过亚马逊的云服务器，后来正式使用的是阿里云的服务器，包括国内和国外的节点都采用了阿里云服务器。

2.4　系统开发

在网站有了域名和空间后，网站内容还需要系统地组织和存放，根据网站的需要，可以使用简单的 HTML 静态页面，也可以编写程序实现动态内容，还有很多现成的网站系统供选择，下面来进行介绍。

2.4.1　静态页面，稳定、快速

静态页面是最简单的网页形式，多用于不复杂的网站，页面数量一般为数十个。

静态页面采用 HTML 语言编写，早期常见的工具有微软 Office 系列中的 FrontPage 或者 Word，还有专业的网页三剑客之一 Dreamweaver，以及很多免费的编辑工具，甚至在一些虚拟主机上就带有免费的生成页面工具，在线使用即可。计算机高手也可以直接使用简单的文本编辑器手写 HTML 页面代码。

静态页面的好处是对空间的兼容性好、浏览速度快、利于搜索引擎收录，添加、修改 AdSense 代码很方便。

不过静态页面提供的功能有限，没有用户互动功能，网站规模不大，难以获得很高的广告收入。

另外，现在一些建站系统提供了从数据库生成静态页面的方式，这样往往可以一次产生巨大数量的页面，也容易做到以后的定期更新。

2.4.2　博客系统，方便、灵活

如果你希望网站以博客的形式出现，而不想用外面的博客服务，那么可以采用现成的博客程序，这方面已经有比较成熟的平台产品，不需要自行开发。

常见的博客系统如下：

（1）WordPress：世界上最流行的博客系统，插件众多，可以很方便地变更为 CMS、论坛、门户等形式。

（2）Z-Blog：国内著名的博客系统，刚开始时采用 ASP 开发，后来改为采用 PHP 开发。

这类程序的安装不复杂，但需要具备一定的服务器或者虚拟主机管理基本知识，如果自己不懂，那么可以找人帮忙，熟练者不超过半个小时就可以搞定。

另外，国外一些空间提供了 cPanel 控制台，可以让用户自己选择适合的软件系统安装使用，一般都包含了 WordPress 系统。

2.4.3　论坛系统，熟悉、热门

虽然 Web 2.0 已经提出多年了，但在国内交互网站中，论坛依然是网民喜欢的地方，很多网站只有一个论坛系统，不需要进行任何技术开发，只要专注于内容开发和人气聚集，就可以形成一个流量巨大的网站。

常见的论坛系统如下：

（1）Discuz!：经过多年的技术积累，已经发展成整套社区解决方案。

（2）PHPWind：国内老牌的 PHP+MySQL 论坛系统。

（3）DVBBS：使用广泛的动网论坛系统，最早只有 ASP 版本，后来增加了.NET/PHP 版本。

（4）mvnForum：基于 J2EE 技术(JSP/Servlet)的一个开源论坛。

（5）MyBB：基于 PHP+MySQL 技术，功能强大、效率高。

建站前要慎重选用符合自己需要的系统，一旦采用不要轻易更换，以免丢失积累的搜索引擎流量和老用户数据。

2.4.4　CMS 系统，全面、强大

内容管理系统（Content Management System，CMS）是一种网站程序系统，在配上一些模板后，很快就可以形成自己的整套网站平台，便于以后的内容管理工作。

常见的 CMS 系统如下：

（1）帝国 CMS（http://www.phome.net/）：基于 PHP+MySQL 技术，由个人开发，功能多。

（2）织梦 CMS（http://www.dedecms.com/）：采用 PHP 的开源系统，可灵活定制、功能强大、操作简洁。

（3）动易 CMS：采用 ASP 程序，在国内有数十万个网站采用，后来采用.NET 技术升级为动易 SiteFactory CMS。

（4）Drupal：国外的 PHP 开源系统，支持多语言建站，支持站群，功能强大。

（5）Joomla：另一套国外开源的 PHP 内容管理系统，易于上手，插件丰富。

在国内、国外还有很多此类软件，可根据自己的网站需要选择。

2.4.5 Wiki 系统，分享、合作

Wiki 系统又称维基、维客系统，适合多人协作编辑内容，典型的应用是浏览者都可以编辑的网上百科全书。

常见的 Wiki 系统如下：

（1）MediaWiki：最知名的 Wiki 网站——维基百科采用的系统。

（2）互动 Wiki：目前国内唯一的中文 Wiki 系统。

我的很多网站采用的都是 MediaWiki 系统，该系统在功能扩展性、系统架构上有优势，但在界面、使用上国内网民并不习惯，例如该系统没有自带所见即所得编辑器、没有完善的用户权限控制功能、留言功能使用不方便、普通用户比较难懂的模板概念等。

2010 年前我主要用 MediaWiki 系统搭建网站，但发现国内网民在软件使用习惯、参与内容贡献等方面没有达到我的预期，2010 年以后逐渐转向使用 Drupal 搭建网站。

2.4.6 定制开发，独特、灵活

如果你建站的需求比较特别，市面上成熟的系统都不太适合，而且自己有实力，可以定制开发一套专属于该站的系统。

常见的开发程序环境有 ASP、ASP.NET、PHP、JSP。

常见的数据库环境有文本数据库、Access、MS SQL Server、MySQL、Oracle。

如果自己和合作伙伴没有技术开发实力，但有资金投入，那么可以雇人开发或者请专业公司开发。但这时一定要注意事先的需求分析，要与开发者签订明确的合同，除了初步开发交付以外，一般都需要附加至少一年的维护期，中途的修改优化在所难免。

2.4.7 版面美工，专业、个性

在网站的系统平台选定或者开发完成后，还要注意版面的美工设计，一个简陋、不专业的界面往往给浏览者留下不好的印象。

现在的网站系统多采用 CSS+DIV 技术以使网站程序和界面设计分离，可以制作

多套版面"皮肤"，方便更换。

需要注意的是，大量运用图片、Flash 等形式虽然有比较好的图形和动画表达效果，但同时也会因为文件过大使浏览起来速度减慢，而且要考虑兼顾搜索引擎优化的效果，这需要一定的优化技巧以及灵活运用。

与程序开发一样，美工设计工作也可以采取外包的形式。

2.5　内容建设

前面讲述的系统开发是建立网站的平台框架，而浏览者真正关心的是网站内容，这才是决定流量和收入的最关键地方。

2.5.1　网站地图，指引建设

网站的内容策划核心是先画出网站地图，这样可以让人清楚网站的内容结构。

网站地图对浏览者来说是使用指南，对建设者来说是规划指导，如图 2.10 所示。

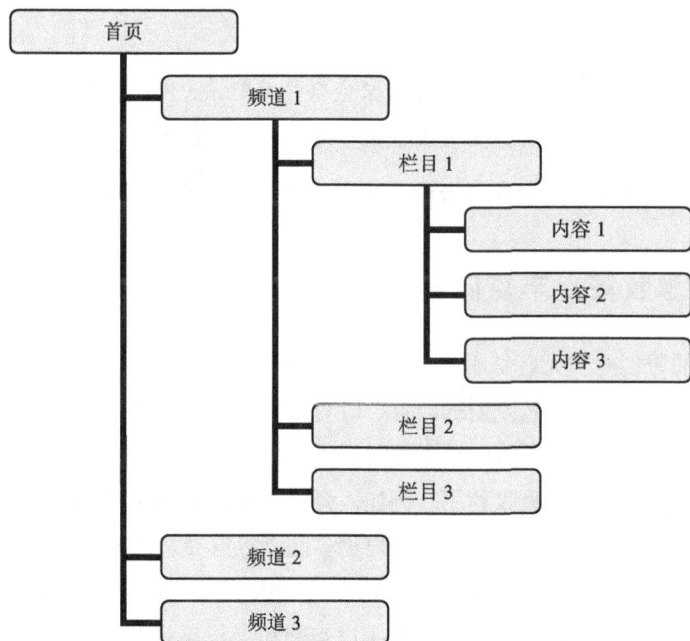

图 2.10

中小型网站的网站地图一般不要超过4级，以免过于复杂、引起混乱或者只有结构没有内容，四处留空。

网站地图可以放在网站的首页和介绍页面（项目的"关于我们"页面），作为网站介绍的重要组成部分，让用户了解网站全貌、迅速进入感兴趣的位置，同时网站地图也是网站搜索优化的好帮手，让搜索引擎派出的机器人可以迅速找到网站的主要内容。

2.5.2　内容策划，细化需求

在有了网站地图后，下一步就是把地图中的每一个页面细化，需要包含什么内容（主要布局板块、内容标题等）、内容从什么地方来（是原创还是摘录、摘录来源等）。如果把这些工作都做好了，那么自己对后期的内容建设就成竹在胸了。有的人不愿意做这个工作，认为太麻烦，而直接动手做。网站如果很简单（如一个 10 ~ 20 页的企业展示网站），那么确实没有必要做这个工作，完全可以直接开始做。但如果一级、二级栏目就超过 20 个，预计总页面有数百个、数千个甚至更多的网站，那么初始规划就非常重要了，虽然可以后期调整，但要尽量先把规划工作做好，大家见过一栋大厦边盖边大改结构图的吗？

我所在的公司十几年来曾经为几千家企事业单位做过网站，策划的方案无数。在竞争中中标的方案都是凝聚了策划者心血、处处为用户着想的设计。

在网上有很多网站策划参考资料，我们可以借鉴、学习。

2.5.3　信息收集，丰富内容

高质量的原创内容无疑是用户最喜欢的，也是搜索引擎看重的。在网站建设工作中，我们需要尽可能多地做原创的内容、做对用户有用的高质量内容。当然，绝对原创的内容难度太大，而且所需要编写的时间也非常长，对于一些内容我们可以采取收集、整理的办法实现二次吸收利用。例如，将网上零散分布的内容收集、整理到一定的主题栏目中，使信息更加全面，给用户更多的浏览选择。又如，充分使用信息平台的特点，将网上各种相关的知识收集、整理后，用内部链接的方式串成一个体系，并提供用户参与讨论和编辑的功能，便于用户查阅和参与互动。

总之，我们做的信息收集、整理工作一定要对用户有价值，不能简单地复制、粘贴，那样的话就没有意义了。

信息来源包含但不限于以下方式：

（1）完全来自本站原创的内容。

（2）类似主题的参考网站。

（3）在搜索引擎中查找相关关键词发现的内容。

（4）RSS 订阅内容。

（5）邮件列表订阅内容。

（6）Google 快讯订阅内容。

（7）资料光盘、相关软件中的信息。

（8）在书籍、报刊上看到的内容。

（9）内部数据库、内部电子数据、内部书面资料。

⚠ **提醒**

　　需要注意的是知识产权，不要明知故犯地复制侵犯他人版权的内容，在摘录允许传播的其他网站内容的时候，应该注明出处。我所在公司的一个几乎没有流量的网站曾经被起诉，造成公司经济损失，在此提醒大家注意不要给以打官司为生者可乘之机。

2.5.4　自己撰写，保证高质量原创

自己撰写网站上的内容无疑是最可控、最辛苦的。

如果你利用业余时间创办个人网站，那么可以坚持每周都写几篇与网站主题相关的原创文章，搜索引擎对于频繁更新、内容原创的网站很重视，你的文章应该可以在搜索引擎的相关关键词中排名靠前，这样长期坚持下来搜索引擎会给你的网站带来不少流量。

浏览者最初可能通过搜索引擎偶然来到你的网站，如果他看到的文章质量高、不是简单的复制和粘贴内容、有作者自己的经历和观点，那么就有可能留下好的印象，以后经常回来访问。

在自己撰写内容时要抓住浏览者的需求，太生僻的内容、太个人化的内容难以吸引较大流量。

自己撰写的内容要有深度，要让浏览者看过以后得到从其他网站难以获得的信息和帮助，在潜意识中认可作者和这个网站，从而树立起品牌形象。

2.5.5　雇人编辑内容，做好组织工作

每个人自己的时间是有限的，在规划好网站结构、做了示范页面后，也可以雇人做长期的内容编辑工作。

在个人网站向工作室、公司化发展的过程中，这是必由之路。

雇人参与编辑需要注意以下几点：

（1）衡量好支出和收入的平衡，在盈利的情况下给出较好的报酬。

（2）让参与编辑者有清晰的目标和可操作的规范，避免盲目摸索。

（3）发挥编辑者的特长，激发其工作的自觉性、主动性和创造性。

（4）检查编辑者编辑内容的质量，制订明确目标，保持有效沟通。

个人站长通常都是在各方面能力比较全面、平衡的，一个人可以搞定技术、内容、广告等各方面的事情，但毕竟时间和精力有限，为了发展壮大，还需要在组织管理能力方面学习提高。

可以找合伙人、招聘专职员工或者在网上请兼职者，有些专注国外内容的站长还可以在网上找外国人兼职撰写原创内容。

2.5.6　数据库形式，模板批量生成

给用户提供的内容不仅仅局限在一篇篇文章上，还可以是数据库批量生成的内容，网页本来就是通过计算机技术实现的，用于大批量生产本来就有优势。

现在有很多内容管理系统，可以很方便地实现数据库的数据导入、管理，而无须了解数据库细节和程序，并且可以通过修改模板的方式控制数据内容的展示。

数据的来源可以是通过各种渠道获取的现成数据库，也可以自己搭建结构、填充数据生成，无论哪种情况，都要注重数据的质量，不能生成对用户没有帮助的垃圾信

息、重复信息。

大量数据的优点在于可以覆盖很多长尾关键词，从搜索引擎中获取更多的流量，所以可以从用户需求角度考虑，尽量多生成用户需要的信息内容页面，其中涵盖用户可能搜索的关键词。

以查号吧、邮编库网站为例，最初的数据来源就是一本纸质黄页书籍提供的配套光盘，里面的 Access 数据库包含区号、邮编等数据，转换后就可以生成对应的信息页面，并在后期不断更新、补充和完善。

2.5.7　考虑多语言，网上出海发展

互联网从诞生开始就是无国界的，我在做了简体中文的查号吧、邮编库网站后，很快推出了对应的繁体中文的内容，除了中国大陆的区号、邮编以外，也加入了港澳台地区的相关信息，又继续收集、整理了世界各国的相关信息，推出了多语言系列网站，能够以数十种语言为全球 200 多个国家和地区的用户提供区号、邮编查询服务。

从网站的统计平台可以看出，来自世界各地、使用各种不同语言的用户都可以访问我们的网站获取信息，而同时我们也可以从网站上的 AdSense 广告获取来自世界各国的广告收入。

这在没有互联网之前，是不可想象的事情。如果没有网络就根本无法这么方便地触及国外用户，更谈不上从世界各地获取收入。

中国国内的互联网行业竞争激烈，网站复制抄袭、违规作弊、不顾用户体验等问题比国外严重，网页广告的点击率、联盟广告的单价也都比较低，发展环境不算很好。

发达国家虽然技术水平高、开发的网站质量高，但是人力成本高，也有很多市场空白需要填补，如果具备一定的外文水平，那么可以尝试开发为国外用户服务的网站市场。

另外，在一些不发达国家和地区，例如非洲、中东、拉丁美洲等地，互联网技术水平不高，开发效率较低，也存在可以开发的网络服务市场。

诀窍

现在"中国制造"的服装、鞋帽、玩具、日用品等商品已经占据了全世界很大的市场。我认为，未来"中国制造的信息"也将是一个巨大的市场。

从我自己的经历来看，目前大部分 AdSense 收入都来自中国大陆以外。在以前只做中文网站的时候，每年在春节期间看到猛降的网站流量和收入就发愁，现在有了以国外为主的流量和收入，再到过年的时候就不着急了。图 2.11 为我的 AdSense 收入中各个国家和地区收入来源。

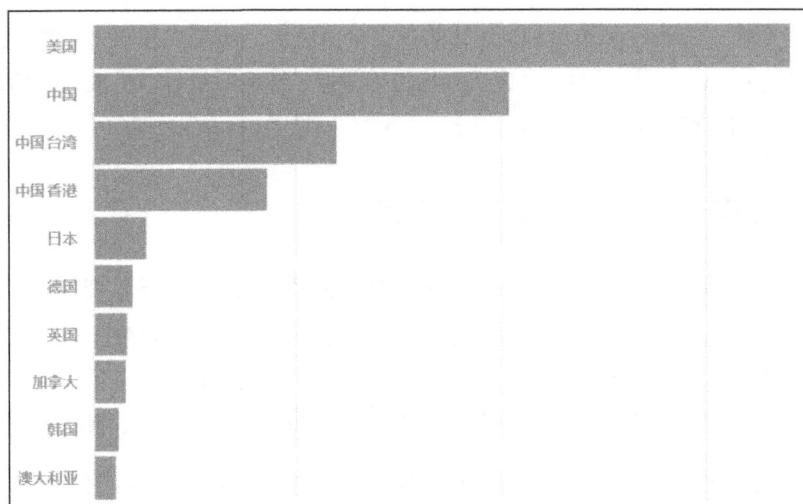

图 2.11

2.5.8　不要采集网上现有内容

在国内，目前的中小型网站普遍存在内容互相转抄的不好现象，除了手工复制、粘贴以外，还可以使用一些工具自动采集其他网站内容、发布到自己的网站上，例如一些专门的"小偷程序"和一些论坛程序中带有的采集功能。

我在前几年的网站运营过程中，也曾经想让流量快速提升而采取过数据采集的办法，事实证明这样的工作难以取得预期的成效，搜索引擎已经能准确判断重复内容的初始来源，当浏览者看到在其他网站上都在转发的同样内容时，会觉得这个网站可有可无。

另外，很多初做网站的朋友不太注意版权问题，我也曾经没有注意这方面的问题，在网站上使用了一些复制过来的内容，结果被某公司告了，当时网站收入就很少，却又造成了一些经济损失。

网上讨论比较多的还有"伪原创"，将其他网站的内容复制过来，然后更改标题和部分内容，改头换面后再粘贴到自己的网站上，以期从搜索引擎中获得更多流量。这只能是权宜之计，从来没有一个知名网站是靠"伪原创"做成功的。在搜索引擎越来越聪明的时代，这种门槛不高的"伪原创"是骗不过人工智能的。

也有例外的情况，有些机构拥有高质量的数据资源，但做的网站实在太差，存在用户体验不好、未进行搜索优化等问题，这时可以考虑采集这些数据，自己另外再整理加工，做成自己的网站，如果在内容组织、网站速度、方便性等方面大幅提升用户的体验，那么也是有价值的。

2.5.9　不要添加大量重复内容

有一些初做网站的朋友，看到自己的网站在某一方面做得比较成功，就想把同样的内容重复，希望得到成倍的流量和收入。

主流的搜索引擎 Google 和百度都有先进的判断重复内容的技术，搜索引擎会将这些不符合网民需要的重复内容的权重和排名降低，所以这些内容难以带来更多的预期流量，甚至还会带来降权、封杀等负面效果。

我们也有这方面的教训，将同一套数据改头换面后搭建了多个网站，以为做了海量数据会带来海量流量，但发现效果不理想，并没有使流量大幅增加，反而需要花费时间和金钱让爬虫常年日夜采集数据，得不偿失。

2.5.10　不要堆积无用的垃圾信息

我知道在国内的站长中做垃圾信息的人很多，目标只有一个，就是赚钱。他们不会考虑内容质量、用户体验，甚至专门研究作弊手段。这显然是互联网生态的恶意破坏者，如果大家都这样做，那么结果可想而知。搜索引擎和广告联盟都会投入力量打击这样的行为，以便维护互联网用户的搜索体验和广告主的广告投放效果。

不可否认，有少数有一定技术水平或者投机头脑的人依靠垃圾信息获得了不错的广告收入，但这是极少数的，他们如果把这样的技术和头脑用于正常的业务领域，相信也可以获得不错的收入，既然如此，何必制造垃圾呢，不如干点有意义的事情。

更多有投机取巧想法的人并没有很高的技术水平和投机头脑，只能学别人已经过时的手段制造垃圾信息、希望骗到流量和收入，这更是竹篮打水一场空，花费时间和精力干了毫无意义的事情。

2.6　搜索引擎优化

2.6.1　SEO 的基本概念介绍

随着互联网上海量信息的不断增长，网民为了获得自己需要的信息对搜索引擎的依赖越来越高，而在一般的网站流量来源中搜索引擎占了很大的比例，如何让网站针对搜索引擎进行优化是网站管理员的一项非常重要的工作。

我多年前做的两个网站电话区号查询和邮政编码查询，在做成以后基本上没有管，但却有很多人主动与我们联系投放广告，后来我们发现在百度、Google 中搜索"电话区号""长途区号""邮编查询""邮政编码"等关键词，我们的网站都名列前茅，由此带来大量的访问者。这其实都是无心插柳的结果，后来我们才知道这就是无意中符合了搜索优化的原则。

搜索优化（Search Engine Optimization，SEO）起源于国外，另外还有搜索引擎营销（Search Engine Marketing，SEM），这在国外已经发展成相当有影响的领域，每年都有全球搜索引擎战略（Search Engine Strategies）大会，我也曾参加 2006 年3 月在南京举行的全球搜索引擎战略大会，并出席业内闻名的 Google Dancing Party。

搜索引擎优化的目标、原则和方法如下：

（1）目标：网站以其核心关键词在主流搜索引擎（国内主要为百度、搜狗等，国外为 Google、必应等）中获得优先的自然排名。

（2）原则：浏览用户喜欢的就是搜索引擎喜欢的，网站除对用户友好外还要对搜索引擎友好。

（3）方法：不是某一个简单的技巧，而是贯穿于网站策划、建设、维护、推广全过程的每个细节中的。

诀窍

搜索引擎的目标是为浏览者推荐优质的网站，因此为浏览者提供独特、新鲜、稳定的信息和服务的网站就会受到搜索引擎的青睐。

提醒

不可忽略 SEO，也不可迷信 SEO。过分倚重搜索引擎而忘记浏览用户的体验就本末倒置了。

2.6.2　精心做好关键词选择和放置

关键词是搜索引擎优化的核心，需要精心选择核心关键词，围绕核心关键词排列组合产生关键词短语和句子。

1．关键词选择注意要点

（1）要站在用户的角度考虑，考虑网民常用哪些关键词搜索。

（2）将关键词扩展成系列词组及短语（可用 Google、百度等工具）。

（3）将关键词进行多重排列组合，例如列出同义词、近义词、组合词等。

（4）不要用太广泛的关键词（如电话区号查询不要用"电话"）。

（5）用自己的品牌做关键词，一般品牌关键词在 Title 中放在产品/服务的后面。

（6）在关键词中使用地理位置（各地名称+核心关键词，如"武汉电话区号"）。

（7）参考竞争者使用的关键词，看别人是如何吸引流量的。

（8）不用与自己无关的关键词（不用无关热门词、竞争对手品牌，要避免作弊）。

（9）控制关键词的数量（一页要控制在三个词以内，如果词太多就做成多页）。

2．关键词密度注意要点

在网页文本中要适当出现关键词，关键词在网页文本中占的比例就是关键词密度，一般以 1%～7%为佳，不要不出现或者过分堆砌。现在的搜索引擎对这一项已经不像以前那样看重，所以我们不用太教条，根据实际需要安排关键词就可以。

3. 关键词分布注意要点

（1）关键词可放置在网页代码中的标题（Title），Meta 标签［关键词（Keywords）及描述（Description）］中。

（2）关键词可放置在网页正文中最吸引用户注意力的地方（顶部、左边、标题、正文前 200 字等）。

（3）关键词可放置在超链接文本（相关推荐、友情链接）中。

（4）关键词可放置在 Header 标签（<H1>含关键词的标题</H1>、含关键词的加粗字体）中。

（5）关键词可放置在图片 Alt 属性中。

关键词如果在页面 HTML 源码的这些项目中多次出现，搜索引擎就会认为这些关键词是网页包含的重要信息，下面再详细说明当各个位置出现关键词时需要注意的要点：

1）标题（Title）注意要点

（1）Title 要简短精练、高度概括、含关键词。

（2）关键词要在 Title 的前面部位。

（3）Title 要组织成符合语法的短语，避免罗列。

2）关键词（Keywords）注意要点

可以在网页 Meta 中直接添加关键词，不过因为很多人利用这种办法作弊，所以搜索引擎目前已经不关注这个关键词设置的内容。

3）描述（Description）注意要点

（1）用简短的句子说明本页的主要内容。

（2）在描述中出现的关键词要与正文内容相关。

（3）同样要注意简短，字符数在 260 以内。

（4）补充 Title 和 Keywords 未能表述的内容。

诀窍

在一个网站中所有页面都有一样的标题、关键词和描述的情况是明显的失误。首页、分类页、栏目页以及每个内页都应该有针对性的单独标题、关键词和描述。

2.6.3　网页设计针对性优化

仅从美观、功能方面考虑一个网站还不够，要想得到更多的访问，需要注意结合 SEO。

1. 目录结构和 URL 注意要点

（1）目录层次：图形、脚本等可以单独放，小型网站可采用一级目录（例如，http://www.name.com/dir1/page.htm），大型网站可采用二至三级目录（例如，http://www.name.com/dir1/dir2/dir3/page.htm），但不要超过四级。

（2）目录及文件命名：可用拼音、英文关键词、"-"为分隔符，URL 越短越好。

（3）绝对 URL 与相对 URL：部分搜索引擎不太在意采用的是绝对 URL 还是相对 URL，所以这个不做特别规定。

（4）动态 URL：网址中包含"?""=""%""&""$"等符号对 SEO 很不利，应设法静态化网页。

2. 导航结构（栏目、菜单、帮助、布局等统称）注意要点

（1）主导航醒目清晰：主栏目在首页第一屏醒目位置，要用文字而不要用图片、Flash 链接。

（2）面包屑型路径：主导航到目标网页的访问路径，如 "实用查询：首页 > 生活类 > 疾病查询"。

（3）首页要突出重要内容：热点、重点要反复突出。

（4）使用网站地图：网站地图的特点是静态、直观、扁平、简单，用户可以使用普通网站地图，Google 使用专门的 Google Sitemaps，有自动生成工具可帮助生成这样的网站地图。

3. 框架结构注意要点

（1）抓取机器人不喜欢框架，尽量不用 frame，这种网页结构过时了。

（2）如果一定要用框架结构则要增加"noframe"标签（内含关键词及链接）。

（3）可用 iframe，抓取机器人认为 iframe 是另外一个无关页面。

4．图像优化注意要点

（1）抓取机器人看不懂图像，尽量不用图像制作导航。

（2）为图片 Alt 属性增加搜索引擎可见的文本描述（含关键词），在图片周围增加描述文字、Header。

（3）压缩图像文件大小，要做减色、缩小、压缩分辨率、大图切割等。

5．Flash 优化注意要点

（1）抓取机器人看不懂 Flash，尽量少用 Flash，目前逐步转向 HTML5 动画。

（2）加辅助 HTML 版本。

（3）把 Flash 嵌入 HTML 文件。

（4）用付费搜索引擎登录。

6．表格使用注意要点

（1）用表格分隔长篇文字。

（2）不要内嵌套太多表格。

7．网页"减肥"注意要点

（1）采用 CSS 样式进行网页"减肥"，提升美观程度并保持风格统一。

（2）把 JavaScript 移到页面底部，可外置.js 文件。

8．动态页面注意要点

（1）抓取机器人难理解"?""=""%""&""$"，少在网址中带有这些符号。

（2）模拟静态化，如在 MediaWiki 和 Drupal 里面可以用 Apache Rewrite 规则重写 URL。

（3）建立静态入口，"静动结合、以静制动"，把重要内容静态化，不要怕麻烦，首页尽量用纯静态页面。

（4）付费收录。

（5）尽量不用"?""Session ID"，参数不要超过 2 个。

> **诀窍**
>
> 　　网页设计师一般从美观上考虑较多，程序开发人员一般从功能上考虑较多，需要让他们在网站建设工作中了解和运用 SEO 的相关知识。

2.6.4　获得高质量外部链接

搜索引擎排名的重要依据：高质量外部链接的数量。

1．高质量导入链接的参考标准

（1）重要分类目录的链接及已加入目录的网站的链接。

（2）与你的主题相关或者互补的网站。

（3）PR 值不低于 4 的网站（目前 PR 值已经不重要）。

（4）流量大、知名度高、频繁更新的重要网站。

（5）具有很少导出链接的网站。

（6）以你的关键词搜索在结果中排名前三位的网站。

（7）内容质量高的网站。

2．垃圾链接

质量不高的链接也被称为垃圾链接，对排名不起作用或者起反作用，如下这些都可以算为垃圾链接：

（1）在留言板、评论或者 BBS 中大量发帖夹带的网站链接。

（2）已经加入太多导出链接的网站。

（3）加入 Link Farm、大宗链接交换程序、交叉链接，与大量会员网站自动交换的链接。

3．不能增加链接广度的办法

（1）点击付费的搜索引擎广告链接。

（2）多层次的网络会员制联盟。

4．获得高质量导入链接的方法

（1）向搜索引擎分类目录提交网站。

（2）寻找网站交换链接（寻找对象可以是已加入搜索引擎分类目录的相关网站、与你的竞争对手链接的相关网站、生意链中的对象，联系时提供链接代码，要一对一联系而不要垃圾邮件群发）。

（3）网站被主动链接或者转载。

（4）在重要网站发表专业文章。

（5）在所在的行业目录提交网站。

5．核查工具

在搜索引擎中搜索 link:www.域名.com 可以得到外部链接的情况。

6．导出链接

适量、适当地导出链接可以获得好印象；但不要过多，一般控制在 15 个以下。

7．内部链接

增加相关文章等内部链接；建立多个二级域名，子网站之间链接可以获得好印象。

8．消除死链接

在搜索引擎发现你的网站的死链接以前，最好自己检查到并修补，批量检查的工具有 Xenu 等。

9．关键词链接文本及上下文语义

导入、导出、内部链接的链接文本含有关键词会获得好印象；搜索引擎会对链接周围的上下文分析。

⚠ **提醒**

友情链接、登录目录网站的重要性现在已经不如以前，不用花费太大的力气，做好几个高质量链接即可，关键要做出用户需要的信息，这样自然会有更多人引用，从而增加外部链接。

2.6.5　收录和展示效果不理想的应对

搜索引擎给做好的网站带来的流量不多甚至很少、为零的情况是比较普遍的，我们需要了解下面的概念和应对办法。

1．Google 及百度的沙盒效应

（1）对新的高排名网站隔离检查几个月。

（2）对新网站有短期的排名优待，然后回归正常。

（3）老网站也有可能定期被重新关入沙盒审查。

2．搜索引擎对不同网站数据更新速度不同的原因

（1）网站自身更新频率。

（2）网站的结构。

（3）服务器、带宽的性能。

（4）PR 值的高低。

（5）Meta "revisit-after" 的设置值。

总结：网站维护得好是搜索引擎经常更新数据的根本原因。我们应该在网站中嵌入流量统计代码，随时观察访问来源和搜索关键词这两个重要指标，有针对性地修改完善网站。

诀窍

搜索引擎收录和展示效果没有办法精确控制，其带来的流量波动不可避免，在低谷时除了检查是否有不利于 SEO 的技术问题以外，还应该始终坚持为浏览者提供高质量的内容服务。

2.6.6　针对手机用户的优化（屏幕大小、速度等）

在本书第 1 版面世的时候，手机还停留在浏览 WAP 网页阶段，后来才出现智能手机、触摸屏、移动互联网、App、移动 Web 站等新鲜事物。

在我们自己的网站统计分析后台中可以看到，手机用户的比例逐年上升，由最开始的 5% 以下逐步上升并在几年内迅速发展，目前在人们生活、娱乐主题的网站方面，手机流量已经占大部分，在工作、学习主题的网站方面，手机流量已经接近一半。

虽然只是浏览终端的改变，但实际上需要在网站上做很多变动，否则让手机用户直接浏览 PC 网站，会产生浏览缓慢、导航不清、页面过宽、字体太小、点击不便等各种问题。

前面说了，对用户友好就会获得搜索引擎青睐，而上面说的这些问题都会造成用户体验不佳，搜索引擎自然也不会把这样的网站摆在手机用户面前。

所以，我们必须针对手机用户对传统的 PC 网站进行优化。

一种方法是 PC 网站不变，而专门做一个对应的手机网站，内容可以与 PC 网站保持一致，但采用专门的手机适配网站主题，在网站服务器上对来访用户的终端进行判断，让 PC 用户访问 PC 网站，让手机用户访问手机网站。

另一种方法是采用自适应技术，PC 和手机终端访问的都是同一个 URL，通过 CSS 媒体查询控制显示效果，对宽屏的 PC 或者平板电脑显示传统的 PC 网站效果，对窄屏的手机显示适合手机展示的效果。

2.6.7　加速移动页面 AMP 和百度 MIP

AMP（Accelerated Mobile Page，加速移动页面）是一种让手机浏览网页速度更快的技术，由 Google 于 2015 年年底提出，从 2016 年开始逐步推广。

AMP 由三个部分组成：AMP HTML、AMP JS 和 AMP Cache。

AMP HTML 是 AMP 的技术核心，描述网页所用的标记语言，相当于普通网页使用的 HTML 的子集。AMP HTML 在图像显示等方面使用与 HTML 不同的专用标签，另外还限制了 HTML 部分功能的使用。

AMP JS 是一套 AMP 专用的 JavaScript 库，保证 AMP HTML 的正确和快速显示。除此之外，AMP JS 还负责在只支持普通 HTML 的浏览器中担任桥梁，使其能正确支持 AMP HTML 的专用功能。在 AMP HTML 中可以调用该函数库。AMP 不允许像普通 Web 页面那样自己随意调用 JavaScript 库。

AMP Cache 是缓存并传输 AMP 页面的 CDN，可以进一步提高 AMP 网页的性能。当用户在搜索引擎中点击 AMP 网页时，实际上访问的是优化后的缓存页面，因此访问速度超级快。Google 的 AMP Cache 名为 Google AMP Cache，其他支持 AMP 技术的搜索引擎使用自己的 Cache 对网站提供 CDN 加速服务。

以上 3 个技术限制了 CSS、JavsScript 的滥用，再加上 CDN 缓存，使普通网页打开速度提高了大约 4 倍，移动搜索用户基本上都是秒开的，用户体验很好。

AMP 项目虽然是 Google 最先提出的，但并不是 Google 独家控制的，目前是一个开源项目。必应、Yahoo、百度、搜狗、360 等搜索引擎纷纷支持。更多介绍请参看该项目的几个主要网站：官方网站（https://www.ampproject.org/）、AMP on Google（https://developers.google.com/amp/）、AMP Project · GitHub（https://github.com/ampproject）、AMP 网页验证（https://validator.ampproject.org/）。

在移动互联网刚刚兴起的时候，搜索引擎曾经对网页直接转码，也就是把 PC 版本的网站通过自动转换技术变成方便手机浏览的简化版本，这样对用户来说方便了一些，但对于网站主来说相当于流量被搜索引擎截留了。我当时发现自己网站的流量有所下降但没有足够重视，偶然用手机和平板电脑在百度中搜索的时候发现原来的关键词排名都还在，但打开的页面不是自己的，最关键的是广告也不能显示，无法获得任何收入！

有的站长抱怨不仅广告被去掉了，而且转码效果也无法控制，不能实现自己希望具有的功能。百度后来给出了让网站主禁止网站内容被转码的技术，虽然有些麻烦，但我们后来都实施了。

AMP 技术给了网站主足够的灵活性，不仅自己可以实现各种显示效果、希望的功能，而且广告也可以完全由自己控制，收益当然也是网站主人的。这样的生态才是一个正常、多方受益、可持续发展的环境。

AMP 有专门的广告组件，支持很多广告厂商的格式代码，对 Google 的 AdSense 和 ADX 完美支持。以投放 AdSense 广告为例，需要放置两段代码：

（1）在 AMP 网页中放置<amp ad>组件，也就是放置广告框架，一般在 Head 部分：

```
<script async custom-element = "amp-ad" src = "https://cdn.ampproject.
org/v0/amp-ad-0.1.js"></script>
```

（2）在需要展示广告的位置放置控制具体广告效果的代码，在 Body 部分：

```
<amp-ad
  type="adsense"
```

```
  height="280"
  width="336"
  data-ad-client="pub-12345678-example"
  data-ad-slot="12345678"
>
</amp-ad>
```

AMP 组件灵活、强大，可以支持多种效果。例如，图片轮播广告、灯箱效果广告、黏性广告、飞毯广告。

这比在普通 Web 页面里面放置的 AdSense 广告更灵活。

我们在 AMP 页面中使用过以下几种 AdSense 广告形式：文字链接广告、图文广告、黏性广告、AMP 自动广告。

综合来看，AMP 的广告单价、点击率、千次展示价值等指标比普通 HTML 页面稍微好一些，但差别不太大。AMP 流量增加意味着广告展示增多，AMP 收入在整个 AdSense 账号中的占比增大。

AMP 版本的实施技术就不在本书中详细讲了，有些内容管理系统 CMS，例如 WordPress，Drupal 等有现成开发好的第三方模块可以使用，有些需要自己查看 AMP 官方资料对原有网站进行改造，实现基本的 AMP 版本应该不算太复杂，普通 Web 开发技术人员一般学习几天后就可以开始着手简单的修改实施。

MIP（Mobile Instant Pages，移动网页加速器）是百度在中国国内推出的一项与 AMP 类似的技术，由专用 MIP HTML、MIP JavaScript 库和百度 CDN 三个部分组成，虽然也是开源的，但目前只有百度一家搜索引擎采用，国外的搜索引擎及国内的搜狗、360 等都支持 AMP，不支持 MIP。百度现在对 MIP 和 AMP 都支持。其 MIP 页面中的广告组件现在只支持投放百度联盟的广告。由于国内互联网环境限制了国外搜索引擎进入国内发展，所以针对国内网民的网站可以考虑采用百度 MIP 技术改造，通过投放百度联盟的广告获得收入。

其广告投放办法和 MIP 改造都与 AMP 类似，这里就不详细介绍，可以参看百度 MIP 的几个主要网站：百度 MIP 官方网站（https://www.mipengine.org/）、GitHub MIP Engine（https://github.com/mipengine/）、MIP 预览（https://www.mipengine.org/validator/preview）、MIP 验证（https://www.mipengine.org/validator/validate）。

AMP 广告、MIP 广告的优化办法与普通 Web 广告类似：首屏或者首屏下方的可见率最高、可以投放多个位置广告、保持与内容和谐的颜色和尺寸、通过数据监控效果进行调整等。

诀窍

从目前来看，AMP 技术是 Web 发展的大趋势之一，如果早日尝试就能抢占先机，否则错失良机可能会被其他做了 AMP 版本的网站超过。

2.6.8 避免 SEO 作弊

搜索引擎优化是一种不花钱就能获得大量流量的手段，因此有人专门研究如何作弊以获得利益。

1．常见的作弊手段

（1）关键词堆砌。

（2）虚假关键词。

（3）隐形文本/链接。

（4）重定向跳转。

（5）偷换网页。

（6）复制网站内容。

（7）桥页/门页。

（8）隐形页面（不同访问者返回不同页）。

（9）重复注册。

（10）垃圾链接。

（11）包含指向作弊页面的链接。

初级阶段的搜索引擎对以上作弊手段还无法准确判断，但随着技术不佳的搜索引擎被淘汰，留下的主要搜索引擎都在这方面加强了力量，并随时跟踪最新的作弊手段，让搜索结果公正、准确。

2．搜索引擎对作弊的惩罚

（1）百度惩罚措施：降低排名、过滤部分内容、完全排除。

（2）Google 惩罚措施：PR=0、忽略导入链接、排名突降、网站搜不到。

搜索引擎利用自动侦测和人工监控相结合检测作弊，当然也会偶然出现误判的情况，搜索引擎留有提交表单，接受用户投诉，也接受网站申诉。

⚠ **提醒**

> 作弊往往在短期内可以得逞，但从长期来说效果不会好，更无法成为一个网站持续发展的基础。

2.7　网站宣传推广

2.7.1　内容完善后再推广

有些刚开始建站的站长朋友往往希望尽快有流量、尽快让别人知道自己的网站，在内容尚不完善的情况下就开始宣传推广网站。其实这样做并不明智，试想别人在看到你的宣传后浏览你的网站却发现内容单薄、有死链接和很多写有"正在建设中"的页面时会怎么想？

这时用户往往觉得这个网站质量低劣，在这个网站停留的时间很短，更不会点击 AdSense 广告，会马上离开，并且以后再也不会回来。

所以，我建议在建站过程中可以规划未来的宣传推广，但并不要急于马上实施，而要集中精力把网站内容搭建好，可以把自己设想为一个陌生的浏览者，只有自己觉得对这个网站提供的信息和服务满意的时候，才适合对外宣传推广。

从搜索引擎的角度来说，目前对新建网站一般都有沙盒期，在经过数周到数月的观察、检验后，才会给予相应关键词正常的排名。

📋 **诀窍**

> 建站初期要将主要的时间和精力用在内容建设上，拿一个毛坯网站进行宣传显然不是明智的决定。

2.7.2　主动提交到搜索引擎

国内外的主要搜索引擎例如百度、Google、必应等都有网站的专门提交页面，在你的网站已经完成建设后，可以去这些专门的提交页面输入提交。

现在搜索引擎的爬虫都很勤快，如果你的网站在建设期间或者刚刚完成后在其他已经被搜索引擎收录过的网站网页中留有网址，那么往往不需要专门去搜索引擎提交，搜索引擎自己就会将新发现的链接加入收录中。

以前有一些专门的所谓搜索引擎提交登录软件，宣传说可以向成百上千的搜索引擎提交你的网站，其实都没有用，在这些大量的搜索引擎中没有几个真正被网民普遍使用。即使有所谓的专门 SEO 公司、团队或者个人说可以帮助你提交到很多搜索引擎，也不用理睬。

提交到搜索引擎的方式如下：

（1）在网站的 robots.txt 中提交网站地图，Google、Yahoo、必应等很多国外搜索引擎认可这种方式。

（2）在谷歌的网站管理员工具（后来改名为 Google Search Console）中提交网站地图，可以看到详细的提交页面及已经收录的页面数据。

（3）以谷歌博客方式向谷歌提交 RSS 源。

（4）以谷歌资讯方式向谷歌提交 RSS 源，需要人工审核。

（5）以论坛方式向百度提交符合其格式的数据。

（6）以新闻方式向百度提交符合其格式的数据，需要人工审核。

（7）以专门 XML 文件方式向百度开放搜索提供资源，需要人工审核。

以后提交到搜索引擎的方式可能会越来越多，我建议读者都尝试使用，毕竟多一种方式就多一种被搜索到的可能，重复提交了网站的网址应该没有关系，搜索引擎会自行判断忽略。

2.7.3　提交行业目录、专业网站

现在有很多网址导航网站、分类目录网站，但一般都不限于某个领域，属于通用

内容，在这些网站中提交自己的网站作用不大，因为人们去这些网站的目的并不明确，难以从这些网站转到你的网站，另外对于 SEO 效果来说，内容不相关网站之间的链接效果比内容相关网站之间的链接效果差得多。

如果你的网站所在的领域已经有专业的行业目录及权威网站，并且对外收录该领域的新网站，可以试着将你的网站进行提交。

2.7.4　交换链接，重质不重量

交换链接的作用主要有两个：

（1）让浏览者在其他网站上看到你的网站，并转过来访问。

（2）让搜索引擎发现你的网站有很多外部链接，提高权重、排名。

传统的交换链接找尽量多的各种网站交换，但目前这些交换链接的效果已经大打折扣。不用花太多的时间和精力在这项工作中，特别是不要花时间联系与自己网站主题无关的友情链接。

📋 **诀窍**

> 交换链接重在"质"，而不在"量"。找 1 个重要、权威的链接胜过加 100 个泛泛的小站链接。

2.7.5　论坛宣传，给人帮助

论坛发帖还是中国网民喜欢的交互方式，一些做得好的论坛人气很旺，在其中相关的板块发布信息，可以起到很好的宣传效果。

例如，在本书第 1 版撰写完成后，在与 Google AdSense 相关的论坛中宣传介绍，在网上很容易搜索到以下这些论坛：谷歌 AdSense 官方论坛（https://productforums.google.com/forum/#!forum/adsense-zh-cn）、中文 Google 论坛（http://www.googlebbs.net/）、落伍者站长交流平台（http://www.im286.com/）。

在发布宣传信息时，注意不要太广告化，内容要做得吸引人、对论坛上的网友有帮助，这样才不会被管理员删除，网友也才有兴趣观看。

⚠ **提醒**

不要到无关论坛、无关板块发布，否则很容易被管理员删除内容、封 ID/IP。也不要在无关帖子下方回复并附带网址，这样做效果很差，而且令人反感，还有可能受到搜索引擎的惩罚。

2.7.6　博客宣传，权威介绍

在网站做好以后，在自己的博客上发布网站开通信息是一个合适的宣传办法，可以全面介绍网站的功能、特点。

当网站有了新的进展、改版时，可以持续在自己的博客中报道。

对于比较大型的网站，最好能开通网站自己的博客，随时发布新鲜内容，保持与网友的互动，让人感到网站是由活生生的人组织运营的，增强网友的信任感。

⚠ **提醒**

在其他相关博客中留言告诉别人自己的网站情况时需要谨慎，如果引起博主、浏览网友反感就不好了。到别人的博客上乱发垃圾留言是需要避免的，搜索引擎已经能够识别这种不好的行为，并可能给予网站降权处理。

2.7.7　社交媒体，引流渠道

在本书第 1 版出版的时候，微博刚出现不久，微信还不存在，而现在社交媒体已经深入人们的生活、工作中，取代了很多传统媒体和传统 BBS 网站，也成就了微博大 V、微信公众号等新媒体。

如果能在社交媒体中撰写宣传文章，附带网址链接，经过大量转发，是可以带来一定流量的，同时也会让搜索引擎在社交媒体中发现你的网站链接，从而给予网站更好的权重。

另外，可以在网站页面的明显位置放置"分享到微博""分享到微信""分享到QQ""分享到邮箱"……这样的链接，吸引用户在浏览网页时进行链接分享和收藏。有一些现成的代码可以用于添加分享的功能，例如"百度分享"的代码，国外有"AddThis""AddToAny"等服务。

如果是出海的网站，面对国外用户，那么就不应该再通过微博、微信等中国的社交媒体宣传，而应该通过国外用户的社交媒体宣传和引流，如 Facebook、Twitter、Google+等。

2.7.8 传统媒体，扩大宣传

传统的报纸、杂志、电视、广播等媒体还是拥有广泛的受众的，不要放过在传统媒体上得到的宣传机会。

一个网站的成功是需要日积月累的，除了闭门把网站内容、服务做好以外，让网站在各种媒体上曝光是可以提高知名度的。

在传统媒体上打广告、发软文都是需要费用的，而且价格不低，一般还难以获得与付出对等的回报。

但如果你的网站内容有新闻价值、有炒作热点，那么传统媒体会争相报道，这需要根据网站的特点引导。

2.7.9 付费广告，快速见效

除了进行免费宣传工作以外，为了获得更快、更广的宣传，我们也可以采取付费广告的方式推广自己的网站。

典型的方式是购买 Google AdWords 以及百度竞价排名、阿里妈妈广告等。

甚至以前有人利用 Google AdWords 做广告吸引流量，然后靠 Google AdSense 赚取广告费，之间的差价就是利润，不过后来这种方式被 Google 禁止了。

📋 诀窍

付费广告只需要注意一点，就是如果付费广告带来的流量能够带来超过支出的收入，就可以大胆投入。如果发现收支无法平衡，就要随时终止。

2.7.10 撰写软文，巧妙运用

在杂志、电视剧甚至电影中都有软广告，同样，在网络中也可以巧妙运用。

在不弄虚作假的前提下，可以将需要宣传的内容做成不太明显的广告形式，在论坛中经常可以看到类似的帖子。

例如，一段年轻夫妻之间讨论用钱的对话，暗示出某个品牌的化妆品物美价廉，适合白领女性选用。

现在的微信公众号和其他自媒体平台都是发布软文的合适途径。当前自媒体平台有微信公众号（https://mp.weixin.qq.com/）、百家号（http://baijiahao.baidu.com/）、企鹅号（http://om.qq.com/）、UC 大鱼号（http://mp.uc.cn/）、今日头条（https://mp.toutiao.com/）、网易号（http://dy.163.com/）、一点资讯（http://mp.yidianzixun.com/）、搜狐公众平台（http://mt.sohu.com/）、新浪看点（http://mp.sina.com.cn/）、凤凰号（http://zmt.ifeng.com/）。

还有一些财经、科技等专业性的自媒体平台，可以根据自己的情况选用。

2.7.11　免费服务，吸引人气

互联网给人们带来了很多免费服务，一些互联网巨头的商业帝国都建立在提供免费服务的基础上。在互联网出现之前，你即使想向潜在用户提供免费服务也很难做到，因为有物流方面的瓶颈和花费。而在互联网出现后，可以通过网络本身提供给用户很多服务，例如搜索、邮箱、会员、游戏等，当用户数量足够多的时候，为提供服务投入的资金分摊到每位用户身上是很少的，而带来的眼球聚集效应足够大，能够让你从其他方面获得足够多的收入。

可以考虑提供的免费服务有免费数据、免费邮箱、免费会员服务、免费游戏试玩、免费下载文件、免费咨询回复。

只要用户希望获得，而网站又能方便提供的服务，都可以尝试免费。

诀窍

本书讨论的主题是通过网站获得 AdSense 收入，而广告收入的多少与页面浏览量成正比，你为网友提供的免费服务越多，你的收入也会越多。

2.7.12　邮件列表，经典有效

以定期发送邮件的方式告知用户你的网站的最新动态是一个吸引回头浏览者的很好办法，一个良好的邮件列表将会为你的网站带来长期持续的流量。

建立和发送邮件列表需要注意以下几点，不要引起用户的反感：

（1）不要在未经用户许可的情况下发送邮件，否则会被视为垃圾邮件。

（2）用户的订阅和退订都要简单易行，不要给用户退订制造障碍。

（3）每封邮件的底部都要带有邮件列表来源的说明，并给出退订的链接。

（4）发送频率不宜过高、过低，也不要波动太大，要保持相对固定的发送周期。

（5）邮件列表的内容要经过精挑细选，确保发送的是对用户有用的信息。

（6）除了固定周期的内容之外，还可以在少数时候发送额外的免费服务、折扣优惠等内容，给用户一个惊喜。

邮件列表说着容易做着难，往往需要多年沉淀、不断耕耘才能真正得到用户认可并获得回报。

2.8　运营维护

2.8.1　做好基础维护，保持网站稳定

搭建好的网站就类似我们的一个"实体店面"，而这个店面是需要每天开张才能有生意的，试想一下，如果这个店面今天停电歇业、明天被地痞流氓骚扰不能开门、隔三岔五设备损坏，自然是没有稳定客户来源的。

同样，如果网站不能保持稳定运行，自然难以吸引浏览者，没有稳定流量也就没有稳定收入。

所以，基础维护工作很重要，让网站时时刻刻可以被访问是必需的。可以做的工作有以下几个：

（1）选择靠谱的网站服务商，机房一定要有 99.9%以上的电力和网络保障。

（2）服务器的负载能力、带宽需要有一定富余，有冗余对付突发的访问增加。

（3）合理选择系统软件、Web 服务器软件、数据库软件，并优化参数设置。

（4）安装监控软件，7×24 小时监控网站，当出现问题时要随时通过邮件、短信提醒。

（5）定期查看网站统计分析后台和 AdSense 后台，当发现明显异常时要马上检查。

（6）定期查看 Web 服务器访问日志、数据库慢查询日志，解决发现的问题。

（7）在服务器上设置定时自动检测负载或者网站内容，当异常时自动重启服务或服务器。

（8）留意系统软件的升级通知，及时修补漏洞，避免网站被入侵挂木马。

（9）留意是否有采集者大量访问，采取措施封禁 IP 或者屏蔽采集者的其他特征。

（10）留意搜索引擎站长平台的提醒邮件，搜索引擎爬虫遇到问题会有邮件提示出错。

（11）关注网页打开时间，如果超过 1.5 秒就需要额外留意，找到问题并解决。

我们建设、运营网站有 10 多年，基础维护工作一直在做，我们采取了自动巡查和人工巡查相结合的办法。

2.8.2　保持日常更新，内容新鲜准确

还是以上面的"实体店面"为例，如果顾客每次来了看到的产品都是一样的，堆满的都是过时的服饰、过期的食品、失效的药物，自然就不愿意再来了。

同样，网站需要保持提供的信息符合用户期望，陈旧过时的内容没人愿意看。

可以做的工作如下：

（1）保持日常更新，让用户看到他希望看的内容，形成回访习惯。

（2）更新过时信息，减少无效的错误内容，增强用户的信任。

（3）定期改动版面，增强新鲜感，优化用户界面，提升用户体验。

（4）寻找更好、更新的数据来源和网站素材，及时为用户提供新内容。

（5）增加一个博客栏目，描述网站相关的改进情况，让用户了解网站动态。

📋 诀窍

除了定期更新内容以外，我们也需要定期调整广告，避免用户视而不见，广告位置、颜色、尺寸都可以修改，要吸引用户注意，从而获得更多点击、更高收入。

2.8.3　吸引参与互动，打造活跃社区

现在有各种各样的网站，有些网站以单向提供信息为主，有些网站本身就是一个用户产生内容的社区。

如果你的网站只是单向提供信息，虽然可以满足用户的基本需求，但是显然没有一个带有反馈互动机制的网站受欢迎。通过与用户的互动，你可以修改完善网站提供的内容，还可以发现以前没有关注的用户需求，对网站功能进行扩展。

以查号吧网站为例，早期查号吧只是一个单向提供国内电话区号查询的简单查询网站，后来更换系统、提供了用户留言功能，就发现用户关注国外电话区号、手机号码归属地信息、骗子号码查询等，然后我们就扩展了国际区号、手机号段、骗子号码曝光等各种功能，还提供了 QQ 群用于网友交流，逐步形成了我们网站的特点，获得了用户喜欢。

只有互动功能是不够的，搭建一个论坛或者提供其他交流方式的网站很简单，但如果没有人引导、回复、管理，不真心为用户提供服务，那么是不会形成一个活跃社区的。

还以查号吧为例，早期对用户留言的回复由我一个人做，后来我的时间和精力不够就请了网上兼职人员处理，在一段时间后发现如果处理人员的回复不专业、不及时、不认真，那么用户留言的积极性也下降了，而在处理人员改进工作后，很多用户还留言感谢我们提供的服务。

2.8.4　重视数据分析，发现完善机会

今年我和同事一起通过樊登读书会听书的方式快速学习，最近我看了樊登和北京大学统计学教授王汉生（《数据思维——从数据分析到商业价值》一书的作者）的访谈，现在已经进入互联网时代、数字时代，传统行业要运用数据思维改进绩效还有不少难度，最难的地方在于需要企业主要负责人将业务问题转化为用数据可分析的"回归分析"过程。

我们运营网站与传统企业不一样，天生就提供数据信息服务、每天不断产生访问数据，拥有非常丰富的数据资源，而且分析工具很完善，很方便衡量对网站的改进效果。我们需要重视数据分析，以便发现完善机会，常见的数据来源有网站统计分析后

台、搜索引擎网站平台、广告联盟后台。

可以做的工作有以下 3 个。

1．在网站中嵌入统计分析代码，定期查看网站统计分析后台数据

（1）留意"访问用户"数据，查看流量变化、来源地区、语言种类、浏览器种类、屏幕尺寸等各种维度的数据，寻找改进机会。

（2）留意"流量来源"数据，查看搜索引擎、推荐链接、直接访问、社交媒体等各种来源的占比和用户搜索关键词，寻找改进机会。

（3）留意"用户行为"数据，查看用户访问最多的页面、常见进入和离开页面、页面打开速度等，寻找改进机会。

2．将网站提交到搜索引擎的站长平台，定期查看后台数据

（1）留意"抓取"数据，查看抓取错误、抓取统计信息，模拟搜索引擎抓取，提交网站地图的收录情况等。

（2）留意"索引"数据，查看索引的状态数据、是否有禁止抓取的误屏蔽，主动提交要删除的页面等。

（3）留意"流量"数据，查看搜索引擎带来流量的关键词和排名情况，外部链接、内部链接情况，以及移动设备易用性等。

3．在网站中嵌入广告代码，定期查看广告联盟的后台数据

（1）留意"整体效果"报告，查看流量、单价、点击率、可见率、收入数据，找到短板并改进。

（2）留意"网站"报告，查看重点网站的收入情况。

（3）留意"国家/地区"报告，查看哪些地方的收入更高。

（4）留意"广告单元"报告，查看什么样的广告形式效果更好。

从上面可以看出，在网站运营中可以参考的数据类型非常多、工具很强大，我们要关注数据，但不能只看数据，要更多关注用户需求，将业务与数据结合考虑，要有能力找出真正的重点所在，从而改进我们的网站、获得更多收入。

2.8.5 优化用户体验，不断循环改进

网站的成功运营是以满足用户需求为前提的，有的时候不方便进行用户调查，就可以用前面说到的各种数据进行分析，要从这些数据中找出需求、找出用户不满意的地方，举例如下：

（1）如果网站打开速度太慢，就需要采取技术措施，找出问题，消除障碍，提升速度。

（2）如果每个用户浏览的页面数量太少，就说明网站的黏性不够，可以丰富网站内容，并推荐站内其他相关内容给用户。

（3）如果对于站内搜索的很多关键词我们并没有提供相关内容，那么应该扩展更多内容给用户。

除了从数据分析中找问题以外，还可以进行用户调查或者请周边的亲朋好友试用网站给出意见和建议。因为网站运营人员每天都看网站，所以可能会对明显问题视而不见，这时需要外部人员体验。我们可以以用户的视角重新审视，也许换个角度可以发现很多需要改进的地方，举例如下：

（1）网站的手机版广告位置太低、可见率很低，在调整后收入大幅上升。

（2）广告位置和尺寸不当导致撑破页面宽度，在小调整后用户体验和收入都上升。

（3）用户反馈广告过多影响体验，在我们适当减少广告后收入基本没有下降而且用户体验上升。

（4）用户指出我们提供的内容看上去丰富但不易懂，就有必要进行信息精简整合。

广告收入、网站流量的一切源头都是用户，只有坚持从用户出发，处处为用户考虑，才能获得希望得到的效果。对用户的研究和对网站的改进是没有终点的，可以一直进行，形成良性循环。

2.8.6 开辟收入来源，以利发展壮大

近年来，很多网站站长都抱怨流量越来越难以获取，而广告单价还徘徊在低位，总体收入不升反降。其实网站及广告联盟已经过了最初的迅速发展红利期，竞争越来

越激烈，如果长期没有变化、没有突破，那么收入自然会下降。

我们除了要努力添加信息、改进体验、扩展流量以外，也要考虑开辟广告联盟以外的收入来源，摆脱固化的思维、从激烈的竞争中突围。

可以从以前运营的网站着手，分析浏览者的需求，看是否还有其他收入方式，举例如下：

（1）对普通用户提供免费服务，并采取收费会员制，提供 VIP 服务。

（2）现在小额支付很方便，可以考虑提供按次收费的信息服务。

（3）为电子商务导入流量、获取佣金或者增加自营网站店铺的收入。

（4）给一般浏览者提供通用信息服务，为有特别要求的客户提供定制化收费开发。

现在依靠广告联盟获取收入的主要是中小网站，大的网站、App、自媒体等都靠其他方式获取收入，我们也要关注其他机会，从用户需求分析出发，也许能找到比联盟广告大得多的收入方式，从而实现跨越式发展。

第 3 章

加盟谷歌广告，
快速掌握要领

本章要点：

- Google AdSense 介绍
- AdSense 广告类型
- AdSense 账号申请
- 广告设置
- 报告获取
- 账号设置

本章是为 AdSense 新手准备的，对于刚刚加入或者准备加入 AdSense 的朋友来说很有用，其中包含 Google AdSense 介绍、AdSense 广告类型、AdSense 账号申请、广告设置、报告获取、账号设置，每节又分为若干小节，涵盖 Google AdSense 的各个方面。但本章不是简单讲述 AdSense 的原理和操作，而是在其中穿插作者的理解、解释、使用技巧和注意事项，一些细节在官方网站或者帮助资料中没有，希望能对真正重视 AdSense 的朋友有帮助。

3.1　Google AdSense 介绍

3.1.1　什么是 Google AdSense

AdSense 由 Ad 和 Sense 两个词组成，前者是"广告"的英文简写，后者是英文"感知"的意思，合起来就是"相关广告"的含义。

AdSense 是 Google 为联盟网站提供的广告服务项目。网站可以通过加入 AdSense 项目投放由 Google 提供的广告内容，从而获得收入。这些钱是由需要投放广告的广告主交给 Google 的，AdSense 是一个中间平台。

AdSense 项目于 2003 年 6 月 18 日由 Google 推出，2004 年 10 月首次对中文网站开放。2016 年，来自 AdSense 的收入占 Google 广告总收入的 23%，有 155 亿美元。而 Google 通过 AdSense 与联盟网站分成的比例是 68% 左右（内容广告的分成比例是 68%，搜索广告的分成比例是 51%，这里暂且用内容广告的分成比例计算），Google 自己保留了 32% 左右，这样算下来 Google 每年要给发布商分成超过 100 亿美元，可以说是一个非常巨大的市场。

据统计，目前全世界大约有 200 万个域名放置了 Google AdSense 广告，一个发布商可以在多个域名下投放广告，多个发布商也可以在一个域名下投放广告，发布商的数量估计为 200 万个。其中，多数发布商只能获得很少收入，甚至达不到 100 美元的分成发放起点。只有少数发布商能获得可观收入。

我于 2005 年 10 月申请加入 Google AdSense 项目，当时 Google 在国内并没有专门负责 AdSense 的团队，在 2006 年以后才组建 AdSense 团队并开展支持和宣传活动。

图 3.1 为 Google AdSense 简体中文版登录界面截图。

图 3.1

3.1.2 AdSense 广告主要来源于 AdWords

我们看到在网站上投放的 AdSense 广告写有"Google 提供的广告"，而更确切的说法应该是"通过 Google 提供的广告"，实际上这些广告的投放者（也叫广告主）并不是 Google，而是来自各行各业的广告投放者，他们一般是通过 Google 的另外一个知名广告项目 AdWords 投放的，在投放的时候选择"投放到内容网络"，就可能出现在加入 AdSense 项目的网站上。

AdWords 是 Google 推出的关键字广告，与百度的竞价排名类似，主要按照每次点击计算广告费用（CPC）。只有当浏览者点击广告进入设定的页面时，广告主才会支付费用。AdWords 也有一小部分按照每千次展示计算广告费用（CPM）。这两种广告都可以投放到 Google 自身的搜索结果页面和广告联盟网络中发布，前者就是当人们使用 Google 搜索时结果页面右侧的排名广告，后者就是发布到 AdSense 发布商网站上的广告。

要想对 AdSense 有深入的研究，了解 AdWords 是很必要的，你很容易申请加入 AdWords，用单位或者个人的名义都可以加入，没有预付款起点的限制，现在在国内已经支持银行卡支付。图 3.2 为 Google AdWords 简体中文版登录界面截图。

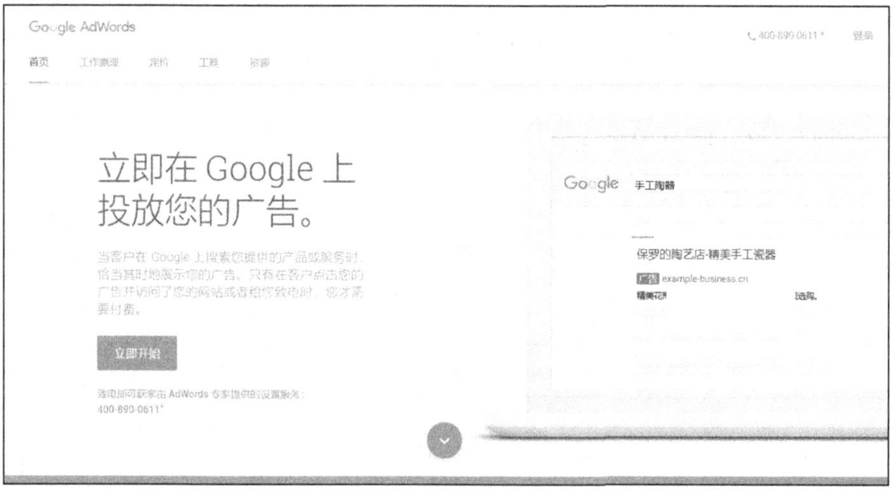

图 3.2

在加入 AdWords 后，你可以尝试投放一组广告，通过选择关键词、选择投放网络、编辑广告内容等过程，你能够对广告主有更多的了解，在做 AdSense 的时候也更有心得。

我在网站上专门留了一个"广告服务"页面，说明了网站主要通过 AdSense 投放广告，告诉希望在网站上投放广告的用户可以直接与网站管理员联系或者自己通过 AdWords 投放，一般建议小的广告主（如希望每月投放数百元）通过 AdWords 投放，可以指定投放在我的网站上（甚至可以指定投放的页面），而希望投放大额包月广告的广告主，可以直接与网站管理员联系，通过 Google Ad Manager 投放，这在本书后面的章节中再介绍。

诀窍

> 如果有小的广告主联系你希望投放广告，可以指导其通过 AdWords 实施。

3.1.3　AdSense 投放原理及过程

在互联网上传统包月广告的针对性一般不太强，网站为了获得更多的收入往往在页面中放置很多广告位，而每个广告主为了吸引浏览者的眼球都将广告设计得花花绿绿、不断跳动，这实际上是对浏览者的一种骚扰，不会给浏览者留下良好的印象。

Google 利用其在搜索领域中的强大技术，在 AdSense 项目中对投放的网站页面预先进行内容分析，只投放内容相关度最高的广告，这样的广告不仅是广告，而且是对内容的一种有益补充，在广告形式上也比较正规，不会引起浏览者的反感。

Google 的 AdSense 官方帮助中用图 3.3 所示的例子解释了投放原理。

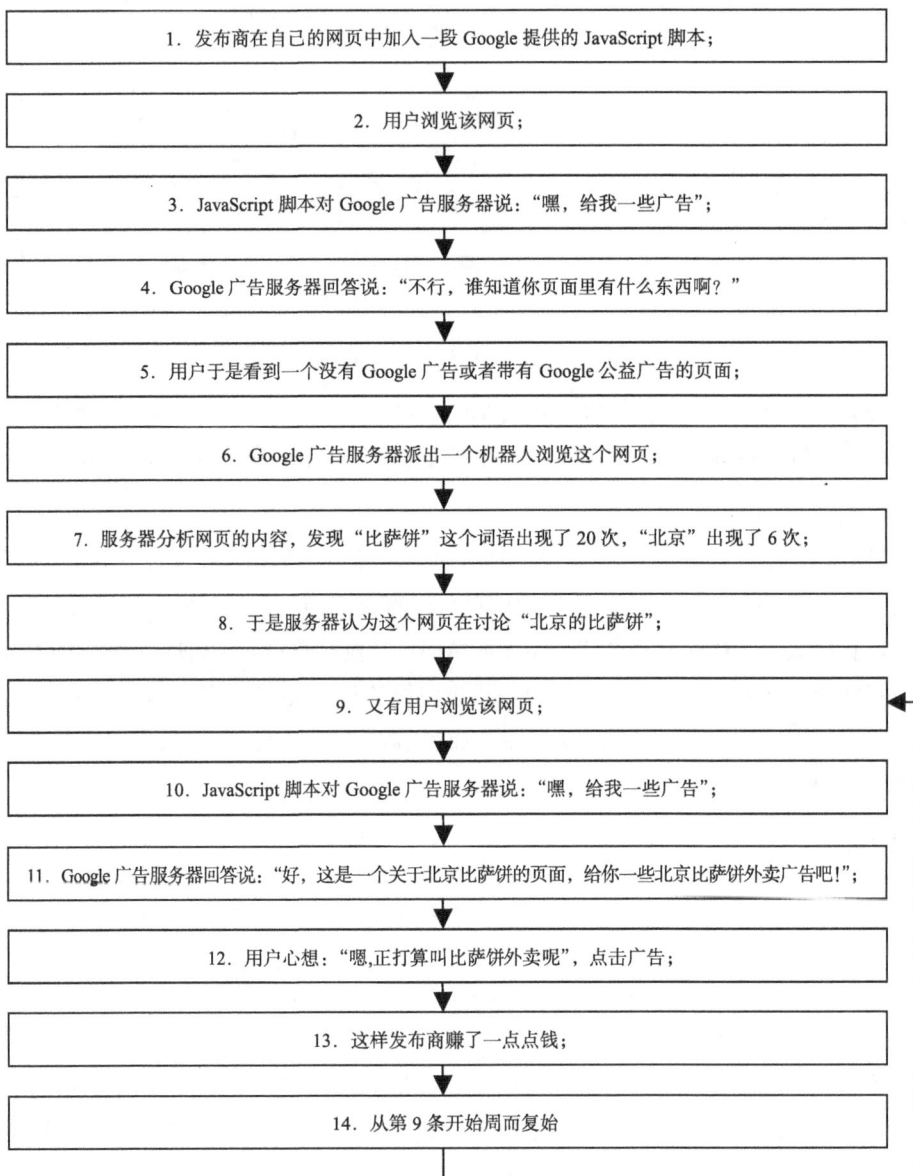

1. 发布商在自己的网页中加入一段 Google 提供的 JavaScript 脚本；
2. 用户浏览该网页；
3. JavaScript 脚本对 Google 广告服务器说："嘿，给我一些广告"；
4. Google 广告服务器回答说："不行，谁知道你页面里有什么东西啊？"
5. 用户于是看到一个没有 Google 广告或者带有 Google 公益广告的页面；
6. Google 广告服务器派出一个机器人浏览这个网页；
7. 服务器分析网页的内容，发现"比萨饼"这个词语出现了 20 次，"北京"出现了 6 次；
8. 于是服务器认为这个网页在讨论"北京的比萨饼"；
9. 又有用户浏览该网页；
10. JavaScript 脚本对 Google 广告服务器说："嘿，给我一些广告"；
11. Google 广告服务器回答说："好，这是一个关于北京比萨饼的页面，给你一些北京比萨饼外卖广告吧！"；
12. 用户心想："嗯,正打算叫比萨饼外卖呢"，点击广告；
13. 这样发布商赚了一点点钱；
14. 从第 9 条开始周而复始

图 3.3

实际的投放过程比这个更复杂，还要考虑浏览者所在的地理位置、广告主的出价变化、网页内容的更新、防止作弊的算法等。AdSense 除了根据网页内容匹配广告，还要根据浏览者的兴趣匹配相应广告。

诀窍

AdSense 强调广告的相关性，因此发布商应该优化自己的页面、完善相关内容，匹配到更好的广告投放，并吸引浏览者点击。

3.1.4　AdSense 广告方式

1. AdSense 支持的广告方式

（1）文字广告、展示广告和链接广告：包含多个广告单元的方框或链接。

（2）搜索广告：在网站上放置 Google 搜索框、在搜索结果页面中展示的广告。

（3）文章内嵌广告：在文章中加入看上去像文章内容的广告。

（4）信息流广告：在信息列表中加入看上去像信息内容的广告。

（5）匹配内容：推荐网站自身页面的链接，可以选择是否包含广告。

（6）自动广告（也称全自动广告）：在页面中嵌入一段代码，Google 利用人工智能为网页展示合适的广告。

这些都将在后面的章节中进行详细介绍。

2. 已经停止使用的广告方式

（1）Google 搜索联盟：与 AdSense 搜索广告类似，有规定的形式，分成比例较高。

（2）AdSense 移动广告：适合于移动网络浏览网站，为手机用户提供广告。

（3）AdSense for Feeds：适合用 Rss Feed 方式投放，但 RSS 订阅方式在国内不普及。

（4）AdSense 域名广告：Google 提供的域名停靠服务，让闲置域名获得收入。

（5）AdSense 推介广告：CPA 类型的广告，在国内目前停止使用。

（6）网页级广告：包含穿插广告、锚定广告，已经升级为自动广告。

3．计费方式

（1）按每次点击计算广告费用（CPC）：AdSense 最常见的计费方式，当浏览者点击时才计费。

（2）按每千次展示计算广告费用（CPM）：广告主在投放的时候也可以选择这种方式，与 CPC 广告竞争。

（3）按每次行为计算广告费用（CPA）：适用于 AdSense 推介广告，但目前中国大陆已经暂停使用。

内容广告（内容广告包括传统的非原生广告和新出的原生广告，非原广告包括文字广告、展示广告和链接广告）有 CPC 和 CPM 两种计费方式，而搜索广告只有 CPC 计费方式。图 3.4 为登录 Google AdSense 后台看到的各种广告方式选择界面截图。

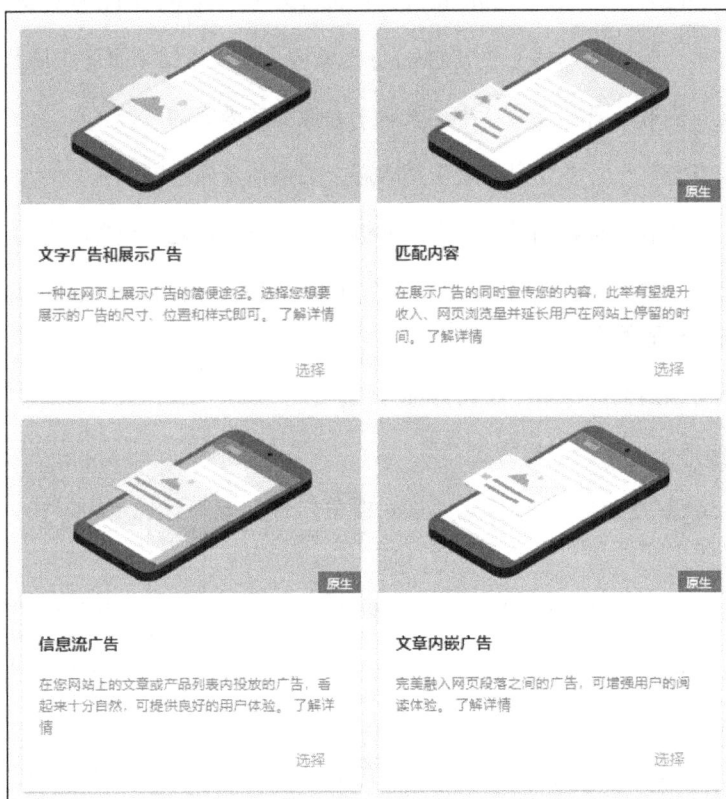

图 3.4

📑 **诀窍**

虽然投放形式和计费方式很多，但是给普通网站发布商带来多数收入的还是按点击计费的内容广告。

3.1.5 AdSense 项目政策

AdSense 的申请和运行有一定的政策规定。本书第 1 版记录的是 2009 年的版本，但这个合作规范是随时可能变动的，下面记录的是 2018 年 3 月的合作规范主要内容。

1. AdSense 合作规范

你可以查看我们的官方博客（https://blog.sina.com.cn/s/articlelist_1904335795_1_1.html）来了解有关合作规范的更新、示例和常见问题解答。

所有发布商都必须遵守以下合作规范，请仔细阅读这些内容。如果你未经 Google 许可擅自违反这些合作规范，我们有权随时停止向你的网站投放广告并/或停用你的 AdSense 账号。如果你的账号被停用，你将无法继续参与 AdSense 项目。

我们随时可能对合作规范进行修正，因此建议你时常浏览本页内容，了解最新变化。根据我们的在线条款（https://www.google.com/adsense/new/localized-terms?hl=zh_CN）及条件的规定，你有责任及时了解并遵守我们在此发布的最新合作规范。除非经 Google 特别授权，否则所有发布商无一例外都必须遵守这些合作规范。

2. 无效点击和展示

发布商不得点击自己的广告，也不得采用任何手段（包括人工方式）虚增展示次数和/或点击次数。

对 Google 广告的点击必须来自真正感兴趣的用户。严禁以任何手段虚增 Google 广告的点击次数或展示次数。禁止使用的手段包括但不限于：人工重复点击或展示、使用可自动产生点击和展示的工具，以及使用漫游器或欺诈性软件。请注意，发布商不得出于任何原因点击自己的广告。

3. 鼓励点击

发布商不得要求他人点击自己的广告，也不得采用欺诈性的广告植入方法获得点击次数。其中包括但不限于：为查看广告或执行搜索的用户提供报酬、承诺采取此类行为可为第三方募款，或在具体广告旁边放置图片。

为了确保用户和广告主获得良好体验，参与 AdSense 项目的发布商不得有以下行为：

（1）为查看广告或执行搜索的用户提供报酬，或承诺采取此类行为可为第三方带来报酬。

（2）使用"点击广告""支持我们""访问这些链接"或其他类似言辞鼓励用户点击 Google 广告。

（3）使用箭头或其他图形化噱头将用户的注意力吸引到广告上。

（4）在具体广告旁边放置误导性图片。

（5）在浮动框脚本中放置广告。

（6）从格式上着手，使广告很难与同一网页的其他内容区分。

（7）从格式上着手，使网站内容很难与广告区分。

（8）在 Google 广告单元上方放置误导性标签。例如，广告可以加上"赞助商链接"或"广告"标签，但不能加上"网站收藏"或"今日特惠"标签。

4．内容合作规范

只要网页内容违反了我们的内容合作规范的任意条款，发布商就不得将 AdSense 代码放置在这样的网页上。成人内容、惊悚内容以及鼓吹种族偏执的内容均在违反合作规范之列。有关详情，请参阅禁止的内容一文（https://support.google.com/adsense/answer/1348688）。

展示 Google 广告的网页不得包含以下内容：

（1）色情内容、成人内容或少儿不宜的内容。

（2）惊悚内容。

（3）威胁或宣扬自我伤害或伤害他人的内容。

（4）骚扰、恐吓或欺凌个人或群体的内容。

（5）基于种族/民族、宗教、残障、年龄、国籍、退伍军人身份、性取向、性别、性别认同或者与制度性歧视/边缘化相关的其他特征，煽动对个人或群体的仇恨、宣扬对个人或群体的歧视或者对个人或群体进行污蔑的内容。

（6）极度亵渎的言辞。

（7）与黑客/破解相关的内容。

（8）违反垃圾软件合作规范（http://www.google.com/about/company/unwanted-software-policy.html）的软件或其他内容。

（9）恶意软件或广告软件。

（10）与毒品及相关用具有关的非法内容。

（11）对获取自濒危或受威胁物种的产品进行宣传、销售或为其刊登广告的内容。

（12）在线销售酒精饮料的内容。

（13）销售烟草或烟草相关产品的内容。

（14）销售处方药的内容。

（15）销售武器或军火（如枪、枪械部件、搏击刀或眩晕枪等）的内容。

（16）销售或散播课程作业或学生论文的内容。

（17）与为用户点击广告或优惠内容、执行搜索、浏览网站或查阅电子邮件提供报酬的计划相关的内容。

（18）任何其他非法内容、宣传非法活动或侵犯他人合法权利的内容。

另外，如果网页的主要内容采用的是 AdSense 不支持的语言（https://support.google.com/adsense/answer/9727），则发布商也不得在这些网页上放置 AdSense 代码。

5．误导性体验

发布商不得在包含误导性体验的网站上投放 Google 广告。有关详情，请参阅误导性体验页面（https://support.google.com/webtools/answer/7347327）。

6．广告资源的授权卖方

如果 AdSense 发布商选择在其网站上使用 ads.txt，则必须确保自己位于该广告资源的授权卖方之列。有关详情，请参阅使用 ads.txt 声明广告资源的授权卖方（https://support.google.com/adsense/answer/7532444）。

7. 受版权保护的资料

要在内容受版权法保护的网页上展示 Google 广告，AdSense 发布商必须拥有展示相应内容的必要合法权利。不论网页上是展示受版权保护的资料、托管受版权保护的文件，还是显示相应链接来吸引用户访问包含受版权保护资料的网页，都属于这类情况。

根据 Google 政策，在收到涉嫌违反《数字千年版权法案》(DMCA) 的侵权通知时，我们需要做出回应。对于 AdSense 发布商，如果我们接到上述通知或有理由认定你的网页存在侵权行为，我们就可以终止你参与此计划的资格。你可以通过此表单（https://support.google.com/legal/contact/lr_counternotice?product=websearch）提交抗辩通知。要详细了解我们对违反《数字千年版权法案》行为的处理流程，请参阅此博文（http://adsense.blogspot.com/2012/08/policy-tips-avoiding-copyright.html）。

如果你认为某个参与 AdSense 项目的网页未经授权就显示了你的受版权保护的资料，请使用此表单（https://support.google.com/adsense/contact/violation_report）或点击"广告选择"图标 AdChoices icon 向我们举报。

8. 仿冒产品

AdSense 发布商不得在销售或推销仿冒产品的网页上展示 Google 广告。仿冒产品使用与其他产品完全相同或高度相似的商标或徽标，这些产品模仿正品的品牌特征，试图让人误以为它们是出自该品牌所有者的正品。

9. 流量来源

不得将 Google 广告放置在从某些特定来源获得流量的网页上。例如，发布商不得参与付费点击计划、发送垃圾电子邮件，或因任何软件应用的操作而展示广告。另外，使用在线广告的发布商还必须确保自己的网页遵循 Google 着陆页质量指南（https://support.google.com/adwords/answer/46675）。

为确保互联网用户和 Google 广告主能够获得良好的体验，展示 Google 广告的网站不得有以下行为：

（1）使用可产生点击或展示的第三方服务，如付费点击、付费浏览、自动浏览以及点击交换计划等。

（2）通过群发垃圾电子邮件或在第三方网站上投放垃圾广告宣传自己。

（3）因工具栏等软件应用的操作而展示 Google 广告、搜索框或搜索结果。

（4）通过任何具有以下特点的软件加载：可触发弹出式窗口、将用户重定向到不想访问的网站、修改浏览器设置或以其他方式干扰网站导航。发布商有责任确保自己的广告联盟或联属营销企业没有使用此类方法将用户流量引导至包含 AdSense 代码的网页。

（5）从在线广告中获得流量，除非该网站满足 Google 着陆页质量指南（https://support.google.com/adwords/answer/46675）的要求。例如，应确保用户能够轻松地找到你的广告所承诺的内容。

10．广告行为

我们允许发布商对 AdSense 广告代码修改，前提是所做修改不会人为提升广告效果或损害广告主的利益。有关详情，请参阅修改 AdSense 广告代码（https://support.google.com/adsense/answer/1354736）。

11．广告展示位置

我们鼓励发布商尝试不同的展示位置和广告格式。但是，发布商不能将 AdSense 代码放置在弹出式窗口、电子邮件或软件等不当位置中。另外，发布商还必须遵守其使用的各个产品所专有的合作规范。有关详情，请参阅广告展示位置合作规范（https://support.google.com/adsense/answer/1346295）。

Google 广告、搜索框或搜索结果不得有以下行为：

（1）集成到包括工具栏在内的任何类型的软件应用之中（不适用于 AdMob）。

（2）在弹出式窗口或背后弹出式窗口中显示，包括在这两种窗口中加载包含 Google 广告、搜索框或搜索结果的网页的情况。

（3）放置在电子邮件内或以电子邮件内容为主的网页上。

（4）放置在以动态内容（如实时聊天、即时消息或自动刷新的评论）为主的网页上。

（5）被网页上的元素遮挡。

（6）放在按钮或任何其他对象底下或与之紧靠，以免广告的展示位置干扰用户与应用或广告的正常互动。

（7）放置在任何不以内容为主的网页上（不适用于 AdSense 搜索广告或 AdSense 移动搜索广告）。

（8）放置在专门为展示广告而发布的网页上。

（9）放置在具有以下特点的网页上：由于徽标、商标或其他品牌特征的不当使用，其内容或网址可能会让用户误以为该网页与 Google 有关。

（10）采用违反其他 Google 产品或服务的政策的方式，放置在这些产品或服务的上面、内部或旁边。

10．网站行为

展示 Google 广告的网站应便于用户浏览，且不得更改用户的偏好设置、将用户重定向到不想访问的网站、启动文件下载、包含恶意软件，或包含会妨碍网站导航的弹出式窗口或背后弹出式窗口。

11．技术要求

为了帮助你提供优质的用户体验，Google 为展示 Google 广告的网站制定了技术规范。我们只允许符合这些技术规范的网站展示 Google 广告，具体技术要求如下：

1）使用受支持的语言

Google 发布商产品并不支持所有语言。若想申请参与此类计划，相应网站的大部分内容必须采用这些语言 （https://support.google.com/adsense/answer/9727）。

2）WebView 格式要求

（1）并非所有的 WebView 技术都支持 AdSense 内容广告（AFC）和 Ad Exchange（ADX）展示广告。应用开发者要想利用 WebView 发布 AdSense 内容广告和 Ad Exchange 展示广告实现创收，必须采用以下受支持的浏览框架之一：① Android。Chrome 自定义标签页（https://developer.chrome.com/multidevice/android/ customtabs）。② iOS。SFSafariViewController（仅限 iOS 9 和 iOS 10）。

（2）如果使用了 Google 移动广告 SDK，且发布商遵守其他所有 AdSense 合作规范，则 Google AdMob 和 Ad Exchange 应用内广告可以显示在应用中的 WebView 旁。

12．Google 广告 Cookie

AdSense 发布商必须制定并遵守相应的隐私权政策，且必须在其中声明：因在你网站上投放广告的缘故，第三方可能会在用户的浏览器上放置和读取 Cookie，也可能会使用网络信标来收集信息。有关详情，请参阅如何制定隐私权政策（https://support.google.com/adsense/answer/1348695）。

13．识别用户和征求用户同意

发布商不得向 Google 传递以下信息：

（1）Google 可以用作或识别为个人身份信息的信息。

（2）可用于永久标识特定设备的信息（如无法重置的手机唯一设备标识符）。

另外，如果没有提前足够长的时间发出合并通知并事先征得用户明确同意（如选择接受），你不得使用 Google AdSense 协助将个人身份信息与之前收集的非个人身份信息合并。

请参阅遵守用户身份识别政策指南（https://support.google.com/adsense/topic/6162392），了解相关详情。

此外，你还必须遵守欧盟地区用户意见征求政策（http://www.google.com/about/company/user-consent-policy.html）。

14．隐私权

你必须明确披露由于使用 Google 广告服务而在任何网站、应用或其他媒体资源上发生的任何数据收集、共享和使用活动。为履行与 Google 的数据使用方式有关的这项披露义务，你可以在显眼的位置显示链接，方便用户查阅文档：当你使用 Google 合作伙伴的网站或应用时，Google 如何使用相关数据（http://www.google.com/policies/privacy/partners/）。

15．《儿童在线隐私保护法》（COPPA）

如果你在受《儿童在线隐私保护法》(COPPA) 管辖的网站或网站版块上使用了任何 Google 广告服务，则：① 你必须使用 https://www.google.com/webmasters/tools/coppa 上的工具或按照 https://firebase.google.com/docs/admob/android/targeting 中介绍的方法，将受 COPPA 管辖的这些网站或网站版块告知 Google；② 你不得使用针对用户兴趣投放广告服务（包括再营销），也就是不能根据未满 13 周岁儿童［包括(i) 你已知年龄未满 13 周岁的用户；(ii) 目标用户为未满 13 周岁用户］在网站上的过往或当前活动，向相应的用户投放广告。

16．各产品专有的合作规范

（1）AdMob（https://support.google.com/admob/answer/2753860）。

（2）AdSense 搜索广告（https://support.google.com/adsense/answer/1354757）。

（3）AdSense 视频广告（https://support.google.com/adsense/answer/1706015）。

（4）AdSense 游戏广告（https://support.google.com/adsense/answer/1706015）。

⚠ **提醒**

> 加入 AdSense 的发布商虽然不需要与 Google 签订纸质合同，但也是在确认了以上条款后才能加入的，相当于签订了电子版合同，因此不要做违反规定的事情来增加收入，否则 Google 有权终止合作、封杀账号、拒付费用。

3.1.6　获得付款的办法

1．付款的最低起点

Google AdSense 对网站的浏览量和收入没有最低规定，不过要积累到 100 美元以上才会付款。

2009 年，Google 在中国大陆采取实验性质的电子支付转账方式，400 元人民币以上可以支付。

另外，新的 AdSense 账号在获得第一次付款前需要验证地址（具体在后面详细解释），在收入达到 10 美元以上时才会启动地址验证的过程。

还有一种与最低余额有关的情况，如果希望撤销 AdSense 账号，且账号余额在 10 美元以上，那么在完成相关步骤后，Google 会在当月月底之后 90 天内发放最后一笔付款，如果撤销账号的时候余额不到 10 美元就不会再获得付款。

2．付款暂停

在默认情况下，Google AdSense 每月付款一次，如果觉得有必要，那么可以在后台设置付款暂停，也可以设置恢复。需要在每个月 15 日前修改设置，下个月才会生效。

3．支付方式

目前，有以下几种支付方式：

（1）支票–标准邮递：无手续费，用平信邮寄支票，Google 寄出支票后一般 2～3 周到达发布商手上，但这种方式速度慢、周期长、办理麻烦。

（2）支票–安全快递：扣 25 美元手续费，由快递公司投递支票，发布商一周可以收到支票，但依然速度慢、周期长、办理麻烦。

（3）西联汇款：无手续费，可从中国邮政储蓄银行、中国农业银行、中国光大银行兑取，前几年在中国只支持个人账号，现在也支持单位账号了，有每笔 1 万美元的上限（但 Google 可以向一个月收入超过 1 万美元的发布商支付多笔西联汇款，所以实际上没有上限）。

（4）人民币电子转账：扣税款，直接转到银行账号上。

4．作者例子

我于 2005 年 11 月加入 Google AdSense 项目，在开始时每天大约有 10 美元收入，当月就积累到超过 100 美元，不过由于等待 Google 邮寄 PIN 码、进行地址验证等原因，后来 11 月和 12 月收入一起支付给我，2006 年 1 月我在后台确认的数据是 11 月半个月和 12 月全月收入共计 500.18 美元，Google 于 1 月底寄出美元支票，我在 2006 年 2 月底第一次收到美元支票，然后 3 月初到中国银行办理托收手续，从香港汇丰银行转到中国银行的存折上用了 1 个月的时间，即 2006 年 4 月才收到款项，取出时可以直接取美元也可以兑换成人民币。

从投放 AdSense 代码到第一次拿到钱我用了 4 个多月，去了两次银行，还扣掉了几十元人民币的托收费用，体验不太好。以后就在下一次办理托收的时候顺便取上一次到账的款，不过也需要在投放月底之后的 3 个月左右才能取到钱。

2007 年 10 月，AdSense 项目在中国补充了西联汇款的方式，因为无须等待托收，只要在后台看到已经发出款项的通知后第二天就可以取款，所以我在 10 月 15 日前修改成了这种方式，10 月 30 日后台显示 9 月份的收入已经汇出，然后我到本地的邮政营业点办理，虽然邮局的环境、服务比不上银行，但还是可以接受的，比再等上一两个月托收要好。当从邮局拿到 9 月份的款时，从中国银行托收的 8 月份款还没有到账。我估计现在很少有人还用支票托收了。

2009 年，AdSense 项目在中国又补充了电子支付方式，可以直接转到银行账号，如果是单位则需要先提供税务发票，如果是个人则转账之前需要按照国家相关规定代扣税款。国家按照劳务报酬扣税，并没有考虑服务器托管、雇人管理网站等成本，后面有详细介绍。

我觉得西联汇款已经足够方便了，后来推出的电子支付并不是强制要求使用的，只是可选的方式，就没有采用，一直沿用西联汇款方式。

另外，以前使用西联汇款取款需要到中国邮政储蓄银行柜台办理，办理的柜员一般对这个业务都不熟悉，办理起来费时、麻烦。后来中国邮政储蓄银行、中国光大银行陆续开通了网上取款西联汇款的业务，我就到中国光大银行办理了一张卡、开通了网银，此后多年都是使用中国光大银行的个人网银办理西联汇款的取款的，网上办理取得的美元款项是现汇，可以直接在网银里面办理美元结汇成人民币，再转账到国内的任意银行账号中。不要到柜台去取美元现钞再结汇，以免带来兑换损失，因为美元现汇换人民币的汇率略高于美元现钞换人民币的汇率。

2018 年，我了解到收款又有了一些新的变化。例如，单位的 AdSense 账号也可以用个人名字收西联汇款或者收银行电汇；个人 AdSense 账号采用新的银行电汇方式不扣个人所得税，也没有其他费用，不是自动结汇为人民币而是转账美元，自己可以随时在 AdSense 后台修改收款人，与西联汇款基本上一样了。

诀窍

西联汇款、银行电汇是目前国内个人和单位账号最佳的收款方式。

3.2 AdSense 广告类型

进入 Google 广告后台选择 AdSense 设置，可以看到各种广告类型，下面分别介绍。

3.2.1 非原生广告

由于非原生广告与网页内容高度相关，所以用户在浏览页面时，往往会对广告提供的信息感兴趣，而网站可以从浏览者的点击或者浏览展示中获得收入。

非原生广告包含两种形式：

（1）文字广告和展示广告：有 300px × 250px、728px × 90px、160px × 600px 等多种格式，每个广告可以有多个广告单元，每个广告单元包括标题、简介和网址 3 个部分。

（2）链接广告：有 728px × 15px、160px × 90px 等多种格式，每个广告可以有 4 ~ 5 个关键词，在点击关键词后会出现与关键词匹配的广告，浏览者点击关键词不能带来收入，只有点击此后出现的广告才能为网站带来收入。

两种形式广告不同尺寸的例子：

图 3.5 为 728px × 90px 大小的文字广告（显示文字）。

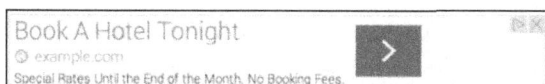

图 3.5

图 3.6 为 728px×90px 大小的展示广告（显示图片）。

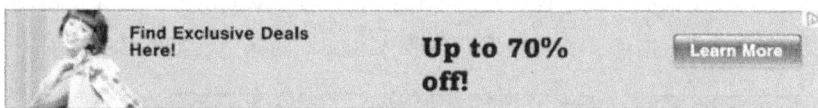

图 3.6

图 3.7 为 160px×90px 大小的链接广告。

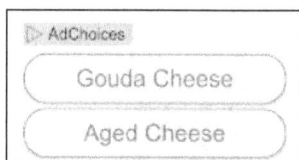

图 3.7

图 3.8 为 728px×15px 大小的链接广告。

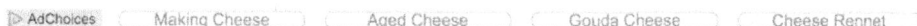

图 3.8

诀窍

　　非原生广告是最常见的投放形式，以我和我知道的其他站长为例，AdSense 非原生广告是最主要的广告收入方式。不要忽略非原生广告中的链接广告，如果运用得当，那么它可能带来很大比例的收入。

3.2.2　文章内嵌广告

　　原生广告就是看上去与网站本身的内容很相近、和谐一体的广告。传统的 AdSense 广告采用的是图片块、文字块、文字链接等形式，与网站本身的内容有一定区隔度，不容易完全控制尺寸、显示效果，原生广告是 Google 在 2017 年给所有 AdSense 发布商推出的，具有图文混排、各元素高度可定制化等特点，也易于与网页本身内容区别，但对浏览者更有吸引力，被更多的广告主、发布商逐步采用。

以前在 AdSense 后台增加广告单元只有文字广告、展示广告和链接广告可选，现在进入后台添加广告位有文字广告和展示广告、信息流广告、文章内嵌广告、匹配内容 4 种。

文章内嵌广告看上去与标准的文字和展示广告接近，但提供图文混排的新形式，适合放置到大段文章的中间，在经过定制修改后，与文章周围的内容显得协调，从而可以增加吸引力和点击率，获得更多广告收入。文章内嵌广告如图 3.9 所示。

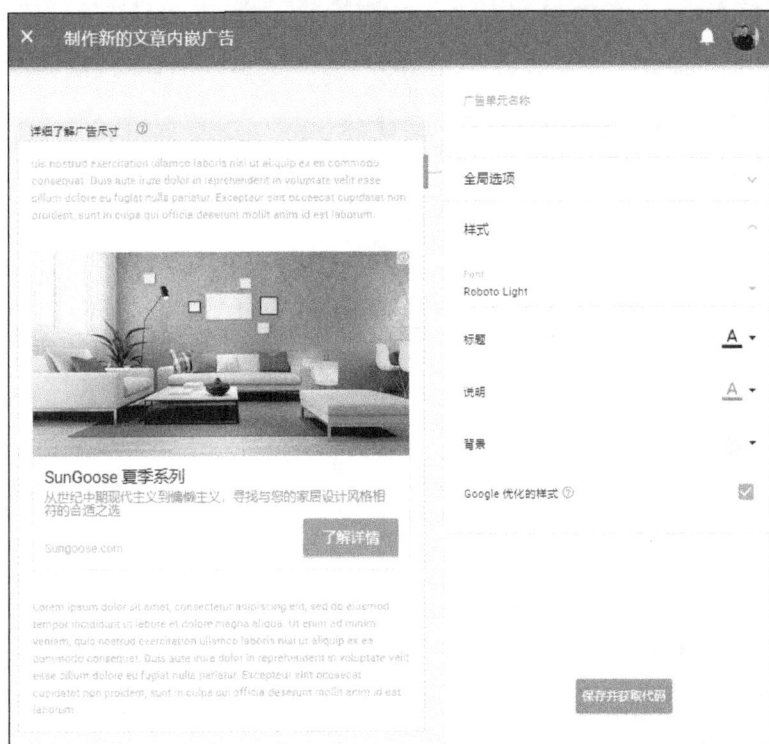

图 3.9

从图 3.9 中可以看出，这种广告的图片和文字是由同一个广告主提供的，显得协调一致，大企业、大广告主更愿意投放，广告效果好、广告主的广告预算充足。里面的各种搭配、文字都可以灵活定制。

为了比较效果，我从 2017 年开始在部分网站投放文章内嵌广告，用程序让传统文字广告和展示广告与文章内嵌广告交替出现，从而对比数据。在刚开始时文章内嵌广告的效果并不好，甚至比传统广告的收益少，但随着时间推移，越来越多的广告主认识到文章内嵌广告的效果好，投放更多，从而加剧了广告位的竞争，让我得到了更多的收入。

国内和国外的对比数据不太一样，国内广告主对原生广告投放不积极，因而单价不高。而国外广告主对原生广告的接受度更高，单价相对更高。

诀窍

原生广告提供了让浏览者更容易接受的广告形式，是多方受益的新形式，也是未来广告形式发展的趋势，可以尽早了解、尝试。

3.2.3　信息流广告

信息流广告主要适合放在网站中一条一条的信息列表的中间，例如资讯流、产品流、帖子流等，在经过定制修改后，让广告显得与网站本身提供的信息很接近，从而增加对用户的吸引力，增加被点击的机会。信息流广告的外观选择如图 3.10 所示。

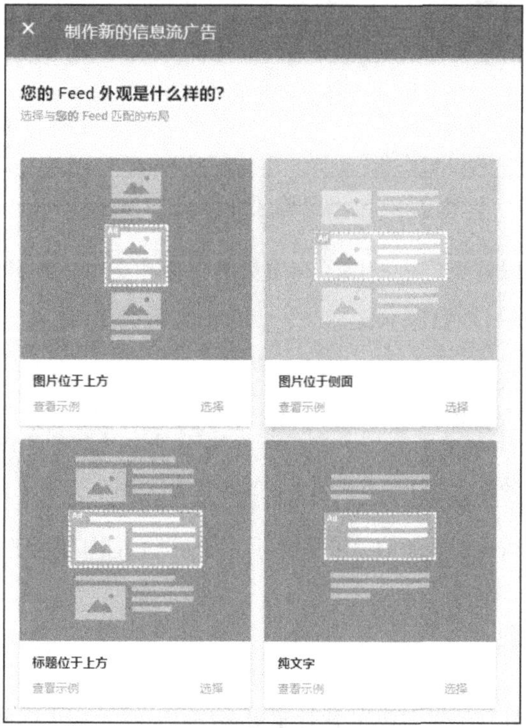

图 3.10

从图 3.10 中可以看出，这种广告的图片与文字的位置可以灵活调整搭配，以便与上下的网页本身信息协调一致。以"标题位于上方"为例点击"选择"进入图 3.11 所示的界面。

图 3.11 为信息流广告设置。

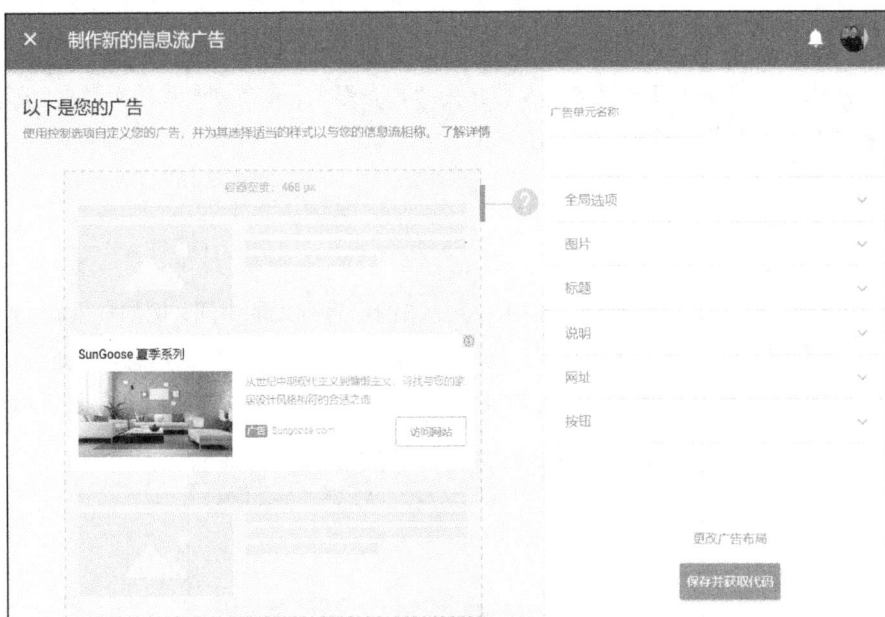

图 3.11

从图 3.11 中可以看到广告提供了高质量的图片和文字，并且图片、标题、说明、网址、按钮等细节都可以自定义。

诀窍

信息流广告没有数量限制，只要广告内容不超过网页本身内容的幅度就可以，可以放置在信息流的中间、顶部或者底部，但是不要把两个信息流广告挨着一起放置。

注意：在原生广告中说到的信息流是指可以滚动浏览的内容列表，而不是指 RSS Feed。

3.2.4 匹配内容

我们的网站以前为了吸引浏览者查看更多内容，曾经在页面底部添加相关内容链接或者在右侧添加热门页面列表，这样可以带来 Page View 值/每用户的升高，间接带来广告收入的增加。

后来，Google 在 AdSense 里推出"匹配内容"。

在 AdSense 后台先进入"内容广告"→"广告单元"，再点击"新建广告单元"，就可以看到并选择"匹配内容"。

在新建匹配内容广告的时候有很多选项，包括在匹配内容里面是包含广告还是纯粹的匹配内容推荐。图 3.12 为匹配内容广告单元的设置。

图 3.12

注意，并不是所有的网站都可以投放这种广告的，只有在页面数量足够多、内容质量足够高的情况下，才可以投放这种广告。可以在 AdSense 后台中查看"你符合条件的网站"了解网站是否符合投放要求。

点击"保存并获取代码"按钮后获取的广告代码如下：

```
<script async src="//pagead2.Googlesyndication.com/pagead/js/
adsbyGoogle.js"></script>
<ins class="adsbyGoogle"
    style="display:block"
    data-ad-format="autorelaxed"
    data-ad-client="ca-pub-9094xxxxxxxxxxxx"
    data-ad-slot="2580xxxxxx"></ins>
<script>
```

```
        (adsbyGoogle = window.adsbyGoogle || []).push({});
</script>
```

还可以通过修改代码中的参数进一步自定义匹配内容广告单元。

是否采用这种形式的广告需要根据自己的网站、浏览者的需求习惯而定，可能采用人工编辑的办法推荐相关内容会获得更好的效果。

3.2.5　搜索广告

搜索广告是在 AdSense 中一直存在的广告形式，经过了多次升级迭代，目前是"自定义搜索引擎"的方式。

从 AdSense 后台菜单"我的广告"→"搜索广告"→"自定义搜索引擎"进入后可以自己设置"自定义搜索引擎"的各个选项，如图 3.13 所示。

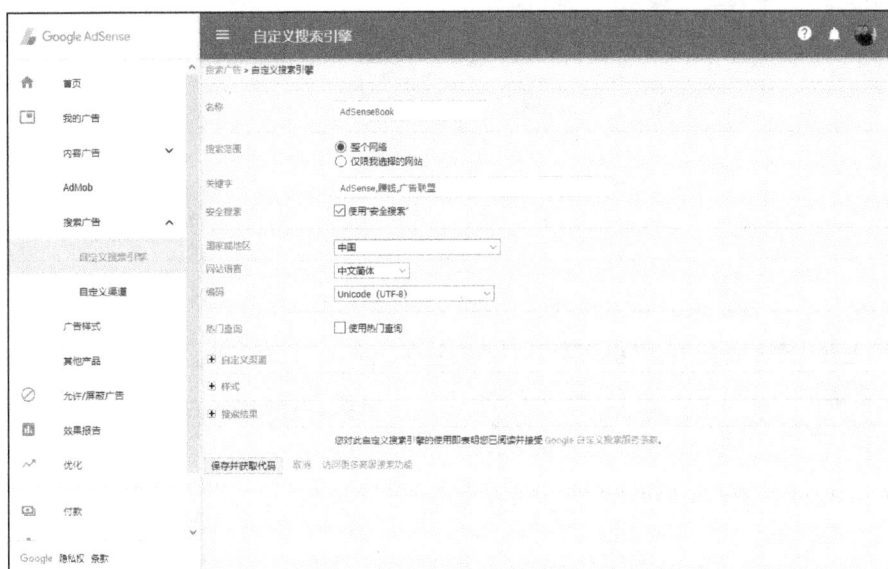

图 3.13

点击"保存并获取代码"按钮后可以得到这样的广告代码：

```
<script>
  (function() {
    var cx = 'partner-pub-9094xxxxxxxxxxxx:8579xxxxxx';
    var gcse = document.createElement('script');
```

```
    gcse.type = 'text/javascript';
    gcse.async = true;
    gcse.src = 'https://cse.google.com/cse.js?cx=' + cx;
    var s = document.getElementsByTagName('script')[0];
    s.parentNode.insertBefore(gcse, s);
  })();
</script>
<gcse:searchbox-only></gcse:searchbox-only>
```

把以上广告代码复制、粘贴到网页中适当的地方就可以显示出搜索框供浏览用户使用。

注意，因为自定义搜索引擎的域名是 cse.google.com，包含了国内被禁止的域名，所以目前在中国大陆是显示不出来的。

搜索广告不仅可以放置在普通 Web 页面中，也可以放置在 AMP(Accelerated Mobile Page)页面中，相应的代码为：

```
<amp-ad width="100vw" height=320
  type="adsense"
  data-ad-client="ca-pub-9094xxxxxxxxxxxx"
  data-ad-slot="8579xxxxxx"
  data-auto-format="rspv"
  data-full-width>
    <div overflow></div>
</amp-ad>
```

搜索广告比较适合浏览者需要进行较多搜索的情况，从我使用的效果来看，有少量流量和收入，但比普通的内容广告少得多。

另外，内容广告给发布商的分成比例是 68%，而搜索广告给发布商的分成比例是 51%。

3.2.6　自动广告（原网页级广告）

Google 推出新 AdSense 广告形式的时候并不多，当有新广告形式推出时，我一般都会了解和尝试。

2015 年，Google 推出了 AdSense 网页级广告，简介是这样的："你现在可以使用这种全新的广告格式更好地通过你的内容获利。网页级广告经过了专门优化，只会在能取得上佳效果并提供良好用户体验的理想时机展示，而且设置起来也非常简单。"具体有两种：

（1）锚定/重叠式广告（仅限移动平台）：固定显示在用户屏幕边缘的移动广告，可由用户轻松关闭。

锚定/重叠式广告这个名字比较怪，如果说成悬浮广告、固定广告就容易理解一些，以前一般都固定在手机版网站页面的底部，后来也可显示在手机版网站页面的顶部，如图 3.14 所示。

（2）全屏/穿插广告（仅限移动平台）：在网站的页面跳转间隙展示的移动全屏广告，可由用户轻松关闭。

全屏/穿插广告也称为插屏广告，就是在浏览页面和页面之间放置的占据整个手机屏的广告，如图 3.15 所示。

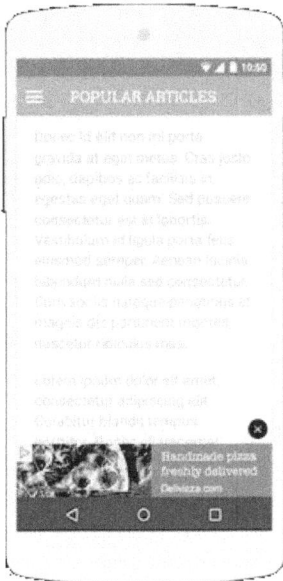

图 3.14　　　　　　　　　　　　　　　　　　　图 3.15

因为这种网页级广告只在手机访问的时候由 Google 决定是否投放，所以也算自动广告的原型。我们在几乎所有的网站上都放置了网页级广告的代码。虽然有一定的收入，但是不多。

2017 年，我听说 Google 将推出自动广告，到 2018 年 2 月得知自动广告已经推出，在 AdSense 后台就可以找到"自动广告"界面。自动广告设置如图 3.16 所示。

图 3.16

进入"自动广告"界面后可以进行全局设置，如图 3.17 所示。

图 3.17

可以看到，除了网页级广告提供的"锚定广告"和"穿插广告"这两种广告（展示在网页顶部且可能需要浏览用户关闭或者移除的广告）之外，还增加了"文字广告和展示广告""信息流广告""文章内嵌广告"和"匹配内容"这四种页内广告（展示在网页特定位置的广告）。

我建议把"匹配内容"以外的广告形式全部开放，以便争取获得更好的广告展示和收入效果。之所以建议把"匹配内容"广告关闭，是因为我在打开它的时候页面下方出现了大片空白，可能在展示"匹配内容"时遇到问题，但这仅为我个人遇到的情况，其他发布商可以自己试验。

按照 Google 的说法，这种自动广告取代了以前的网页级广告，但是生成的广告代码却与以前的网页级广告代码一模一样。

```
<!DOCTYPE html>
<html>
<head>
...
<script    async    src="//pagead2.googlesyndication.com/pagead/js/
adsbygoogle.js"></script>
<script>
    (adsbygoogle = window.adsbygoogle || []).push({
        google_ad_client: "ca-pub-9094××××××××××××",
        enable_page_level_ads: true
    });
</script>
</head>
<body>
...
</body>
</html>
```

将以上代码放置在 HTML 代码的<head>与</head>之间就可以，以前投放过网页级广告的网站无须再改动了，这确实很方便。

Google 官方提供的帮助说明中还有很多设置指南，包括高级网址设定、网址群组等，用于给不同域名开启不同的广告格式，这里就不仔细讲解了。

另外，AMP（Accelerated Mobile Pages，加速移动页面）是 Google 提出的一个开源项目，目的是提高手机用户浏览网页的速度体验，也可以投放自动广告，我们在 2017

年就已经使用了，具体代码如下。

```
<!doctype html>
<html amp>
  <head>
    ...
    <script async custom-element="amp-auto-ads" src="https://cdn.
ampproject.org/v0/amp-auto-ads-0.1.js"></script>
  </head>
  <body>
    <amp-auto-ads type="adsense" data-ad-client="ca-pub-9094×××××
×××××××"></amp-auto-ads>
    ...
  </body>
</html>
```

再来看看自动广告投放后的数据，果然比原来网页级广告的展示量大大增加了，图 3.18 为某时间段的数据截图。

	广告行为	展示次数	点击次数	每千次展示收入 ▼	Active View 可见率	估算收入
☐	自动型文章内嵌原生广告	199,068	139	US$0.11	18.97%	US$21.91
☐	自动文字广告和展示广告	766,204	904	US$0.12	36.60%	US$91.65
☐	锚定广告/重叠式广告	668,540	2,807	US$0.26	75.65%	US$176.34
☐	穿插广告	23,011	445	US$1.69	—	US$38.96
	总计	1,656,823	4,295	US$0.20	41.20%	US$328.86
	平均值	414,205	1,073	—	—	US$82.21

图 3.18

前面两种是后来新增的页内广告，这两种的可见率不高但总体展示次数不少，即使点击比例小、单价低，总体也还可以产生一定收益。

后面两种是以前的网页级广告，锚定广告的可见率高、单价比较高、收入相对其他几种来说最多，穿插广告的展示数量最少但千次展示的价值最高，各有特点。

以 Google 推出自动广告前后各一个月时间对比，自动广告的收入大约是以前网页级广告收入的 3 倍，广告展示量也差不多是 3 倍，如图 3.19 所示，其中靠下方的一条曲线是广告收入，靠上方的一条曲线是广告展示量。如果你没有投放过以前的网页级广告代码，这次就直接投放自动广告代码，看看自己的收入会增加多少。

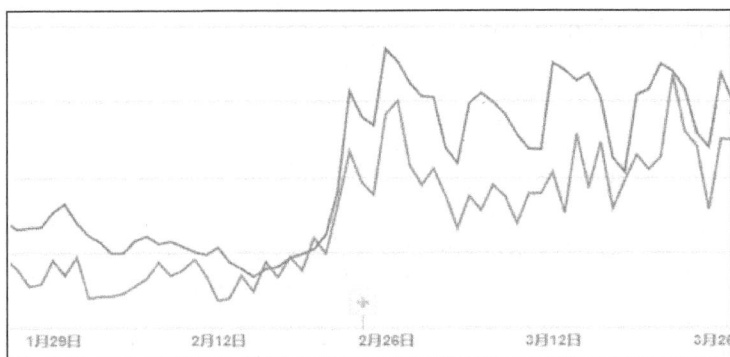

图 3.19

我觉得这种自动广告的方式很好，符合未来的发展趋势，Google 这几年的战略已经转向"人工智能优先"，在广告投放中运用机器学习自动实施是很好的 AI 运用，比发布商人工考虑、权衡、设置、比较、优化要好得多，为发布商节省了许多时间，提高了效率，从长久来看也会获得更多收入，让广告主、发布商、浏览者和 Google 多方都受益。

目前，这种方式刚刚推出，可以与以前的广告方式混合投放，自动广告会自己判断网页中已有的 AdSense 单元，只在合适的时机和位置投放广告。现阶段自动广告依然存在不足，需要人工检查、辅助投放，下面是我遇到的情况。

我曾经在个人博客网站去掉了所有原来的 AdSense 广告代码，只放置了自动广告代码，但发现偶尔会出现明显的广告投放错误：在页面上面部分中网站名称与菜单之间出现了一个 160px × 600px 的宽幅摩天大楼广告，导致第一屏看上去特别不协调，后来我在第一屏人工放置了一个横向的广告，这样自动广告才不会再在第一屏展示那个 160px × 600px 的宽幅摩天大楼广告。

我准备观察一段时间，如果自动广告的效果好，那么未来可以适当减少人工投放的广告代码，更多地让机器自动判断投放，这可以避免可能的违规问题。

要想在一个页面中多个地方放置广告，以前的办法是在一个页面中投放多段广告代码，但广告代码多了以后不仅调整维护起来麻烦，而且搜索引擎在抓取判断网页质量时，可能发现广告代码过多而担心影响用户体验，从而给出比较低的权重，这样就可能影响搜索引擎中的展示排名以及带来的流量。自动广告只需要在<head></head>之间放置一段广告代码，不会让搜索引擎觉得有太多的广告，对于搜索引擎优化有利。

我对 AdSense 已经非常熟悉了，但也要花费很多时间设置各种广告位置、形式，新手发布商对 AdSense 的了解还没有我深，如果人工智能能帮我们管理和投放广告，那么效果应该比我们自己人工设置、人工优化更好，这是大势所趋的，毕竟 Alpha Go 已经毫无悬念地在围棋这项运动中击败了人类顶尖的职业高手，相信 Google 的自动广告在 AI 方面也会进化得足够厉害。

3.2.7　AdMob

在本书第 1 版出版的时候，AdSense 后台只有一个"移动广告"形式，那时移动互联网还在萌芽阶段，只有 WAP 网站以及配套的简单文字广告，收入效果不佳。

后来，智能手机、触摸屏推出后才有了 Mobile 网站和对应的 AdSense 广告，而 iOS 和 Android 的 App 商店的推出彻底引爆了 App 市场，移动应用的开发一度非常火爆。

AdMob 是适用于 App 的广告形式，与适用于 Web 的 AdSense 是两个不同的产品，因为都是 Google 的产品，账号可以是一样的，所以在 AdSense 后台可以看到 AdMob 的链接，但是点击链接进入后，在 AdSense 后台只能看到一行跳转 AdMob 的提示，如图 3.20 所示。

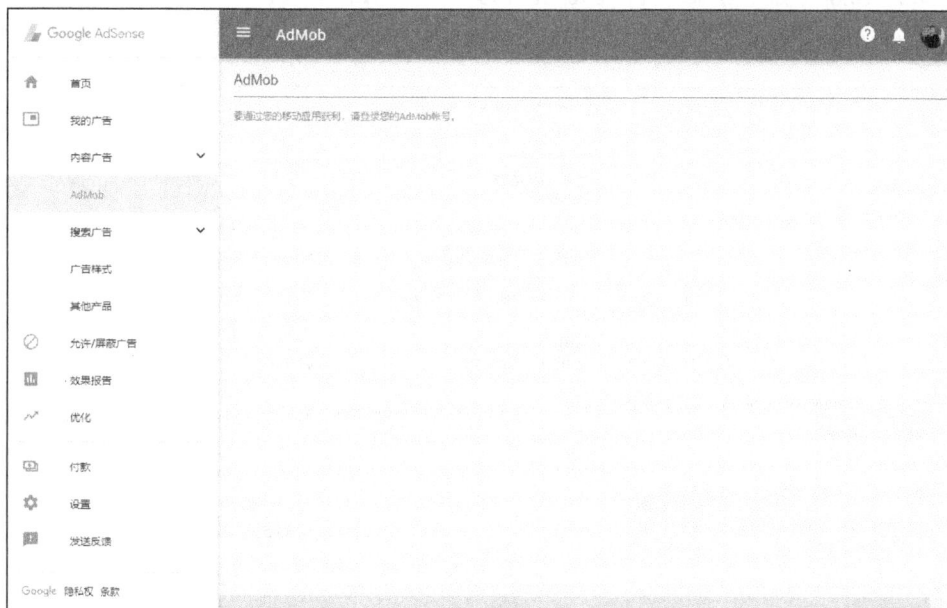

图 3.20

点击"登录"后，可以看到 AdMob 的界面，如图 3.21 所示。

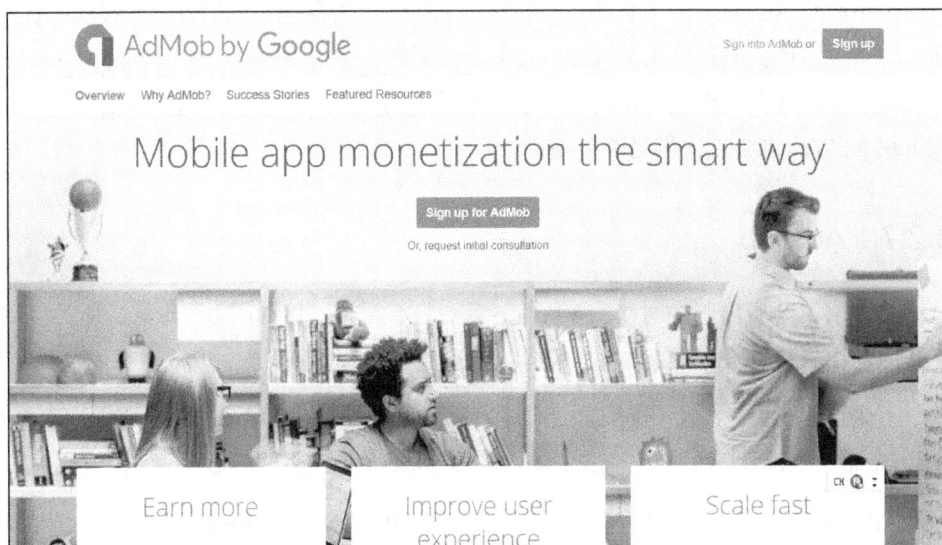

图 3.21

如果还没有申请 AdMob，就需要申请（Sign up）；如果已经申请过 AdMob，就可以用 Google 账号登录（Sign into AdMob）。登录 AdMob 后的首页界面如图 3.22 所示。更详细的 App 流量、收入分析就不在此讲述了。

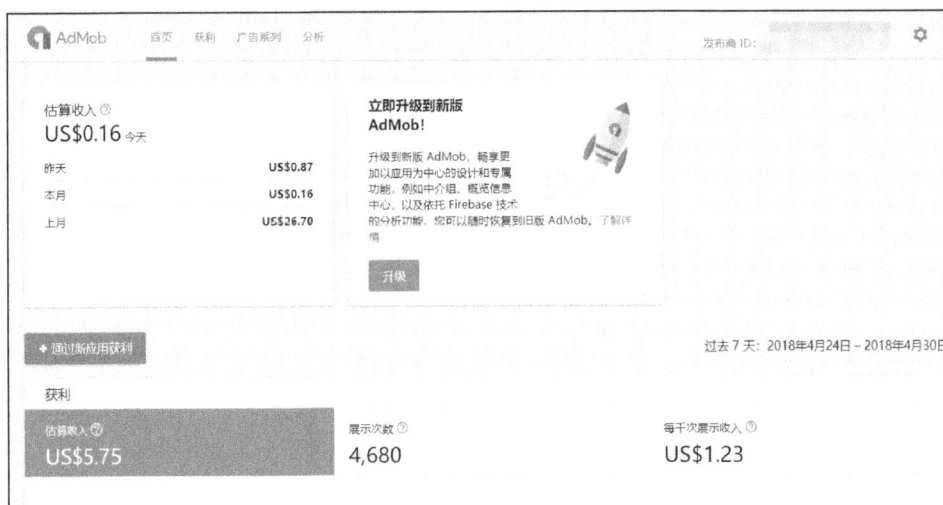

图 3.22

虽然 Web 和 App 在初期有一定的相似性，但是经过多年的发展，在各自的领域都有很大不同，所以做 App 的 AdMob 和做 Web 的 AdSense 也有很大不同。本书只讲述 Web 和 AdSense 的相关内容。

另外，App 经过多年的发展，现在向着大型、超级 App 的方向发展，手机用户越来越不愿意安装过多的 App，好不容易开发出来的 App 在市场推广上越来越难，获客成本增加，中小 App 的发展受到阻碍。与此同时，PWA、AMP、小程序等新技术兴起也让 Web 技术获得了进一步发展，AdSense 有望获得更好的发展机会。

3.2.8 游戏广告和视频广告

游戏广告和视频广告自身都有不同的特点，不适合于以普通的信息展示为主的网站，如果需要投放游戏广告或者视频广告，那么都需要单独申请，在 AdSense 后台属于"其他产品"，如图 3.23 所示。

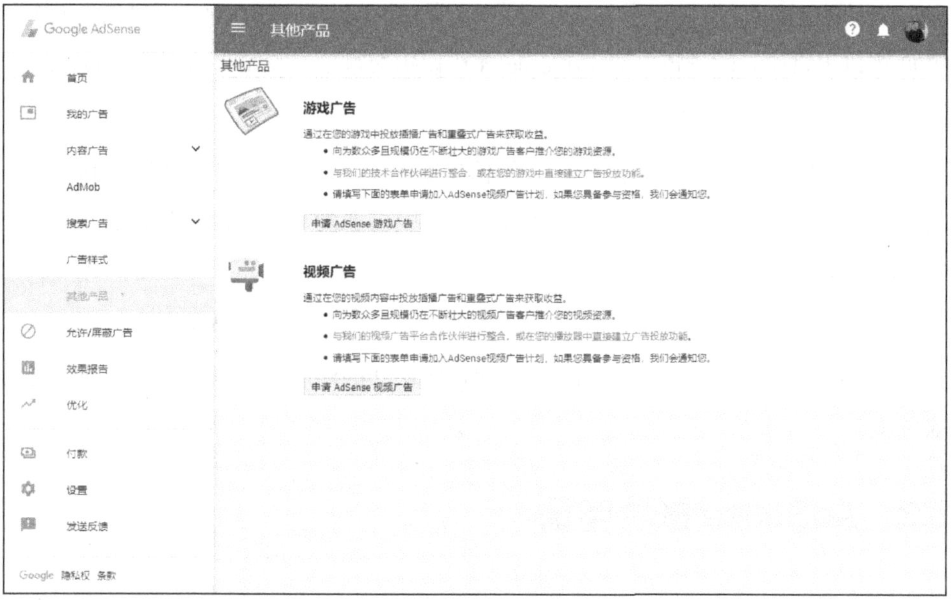

图 3.23

如果你开发游戏或者视频内容，那么可以按照上面的指导填写表单，申请对应的广告格式。

3.2.9 其他广告形式（AMP/DFP/YouTube/Blogger 等）

AMP 广告在 AMP 页面嵌入专门的组件和代码展示广告，在前面章节中已经详细说明。因为 AMP 的发展势头迅猛，所以有必要尝试。我很早就开始使用 AMP 页面及 AMP 广告，并获得了一些流量和收入。

DFP 广告采用 DoubleClick For Publisher 平台投放广告，这是一个广告管理系统，用于管理网站的广告投放排期、比价等，功能十分强大，其中可以用 AdSense 补余投放。我在其前身 AD Manager 的时候就开始使用，后来也继续使用 DFP（2018 年 7 月这个产品再次更名为 Ad Manager）。不过对于只有联盟广告投放的网站来说，使用 DFP 的意义不大，管理起来稍微有些复杂和麻烦。所以，我的多数网站后来又恢复了直接投放 AdSense 代码。

通过 YouTube 也可以注册 AdSense 账号，但该功能没有开放给中国大陆的用户，因此必须使用其他国家或地区的账号申请。另外，从 2018 年 1 月 16 日起，加入 YouTube 合作计划的门槛提高了，一个需要在过去 12 个月中观看量达到 4000 小时以上并拥有 1000 名以上订阅者的频道申请 AdSense 才可以提交审核。我没有加入过 YouTube 合作计划。

除了使用 YouTube 之外，另外一个不需要有自己的网站也可以通过 AdSense 赚钱的办法是先注册 Blogger 账号，然后写博客吸引流量、在后台设置展示广告获得收入。

YouTube 和 Blogger 都属于利用托管合作伙伴网站注册账号和赚钱，而非托管合作伙伴网站指的是不属于 AdSense 托管合作伙伴的网站，可以是自己注册的任意域名。

3.3 AdSense 账号申请

3.3.1 加入和使用流程

Google AdSense 的使用不复杂，只要会上网浏览就可以操作，使用流程如图 3.24 所示。

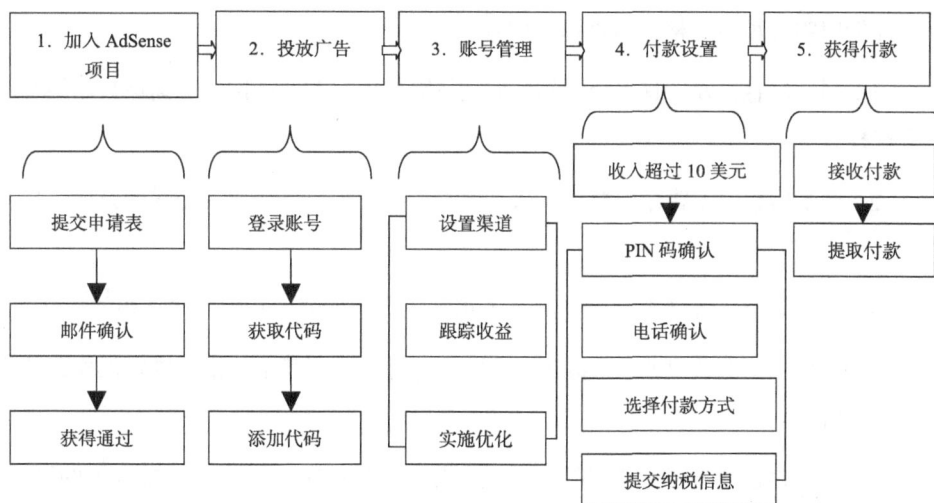

图 3.24

3.3.2 账号申请步骤

你可以访问网址 https://www.google.com/adsense 进入 AdSense 系统，如果还没有账号，可以马上申请注册，如图 3.25 所示。

图 3.25

注册时需要填写表格，包括以下内容：

（1）网站信息：如果有多个网站，那么只需要填写主要的网站，确保自己拥有网站所有权。

（2）联系信息：需要仔细核对、认真填写，特别是与付款相关的联系方式不能有错误。

（3）合作规范：确认自己已经阅读了相关的合作规范，并确认同意相关条款。

在填写表格后会收到来自 Google 的验证邮件，按照其中的说明进行操作，然后等待审核结果。

审核结果也通过电子邮件发送，两三天或者 1 周左右会得到来自 Google 的答复。

⚠ **提醒**

在填写注册内容的时候一定要准确核对真实信息，这样有助于获得批准，千万不要随意乱写，特别是账号类型、国家/地区、收款人姓名等，如果填写错误就无法收到款项，而且修改起来非常麻烦。

3.3.3　账号申请要求

加入 AdSense 项目的条件如下：

（1）拥有网站所有权或者获得网站所有者许可来投放广告代码。

（2）该网站的内容符合 AdSense 项目政策和 Google 网站管理员质量指南的要求，详细介绍请参阅 AdSense 帮助中心里面的说明。

（3）之前没有获得过 AdSense 账号。

（4）参与 AdSense 项目的发布商应年满 18 岁。

可以看到，要求并不高，目前在国内已经有数十万个网站加入 AdSense 项目。

从 2007 年 12 月开始 Google AdSense 提高了注册门槛，此后注册 AdSense 账号需同时满足以下 4 个条件：

（1）必须使用独立域名申请。不再支持免费博客、免费论坛这类非独立域名的网站申请（但在申请通过之后，仍可在博客、论坛里投放广告）。

（2）申请的网站内容必须是原创文章。以前那样在复制别人网站的文章后申请的做法，现在行不通了。

（3）网站域名注册时间超过 6 个月。以前哪怕注册一天的网站也可以申请，现在对注册时间做了限制。

（4）申请 AdSense 的资料必须与域名注册资料相符。

注册 Google 广告的网站应注意以下几点：

（1）不得包含暴力内容、种族偏见内容，不得包含抨击个人、团体或组织的内容。

（2）不得包含色情或成人内容。

（3）不得包含黑客或破解的内容。

（4）不得包含违禁药品和毒品用具。

（5）不得包含过分的亵渎性言辞。

（6）不得包含与赌博或赌场相关的内容。

（7）不得为用户点击广告、执行搜索、浏览网站或查阅电子邮件提供奖励。

（8）不得包含过多、重复或无关的关键字（在网页内容或代码中）。

（9）不得包含用以提高网站搜索引擎排名的欺诈性或人为操纵的内容或结构，如网站的 Page Rank。

（10）不得销售或宣传武器或军火（如火枪、搏击刀、眩晕枪等）。

（11）不得销售或宣传啤酒或烈性酒。

（12）不得销售或宣传烟草或与烟草相关的产品。

（13）不得销售或宣传处方药。

（14）不得销售或宣传名牌商品的复制品或仿冒品。

（15）不得销售或分发学期考卷或学生论文。

（16）不得包含任何其他非法、宣传非法活动或侵犯他人合法权利的内容。

3.3.4　其他申请办法

以前可以用免费博客申请 AdSene，但现在在中国已经取消了这种申请办法，申请者必须要有自己的独立网站，而且网站存在的时间要超过 6 个月。

网上有出售 Google AdSene 账号或者代申请的服务，建议尽量自己亲自申请，可能麻烦一点，但从长远看来是对自己利益的保护，不会出现扯皮的情况。

另外还有一个申请办法，就是通过 Google AdSense 的官方授权代理商申请，相对来说要容易一些，有人工客服可以沟通，不过也需要满足一定的条件。目前，官方授权代理商有我搜网络公司。

Google 官方网站介绍我搜公司的网址为 https://www.google.com/intl/zh-CN/ads/publisher/partners/find-a-partner/#?modal_active=woso-modal-landscapemodal。

介绍内容摘录如下：WOSO 是中国在线广告和搜索引擎营销市场的领头先锋。我们在搜索广告和内容网络领域拥有多年丰富经验，可为中国发布商提供竞争力一流的获利解决方案。WOSO 开发了一系列工具，充分发掘各行业客户广告资源的创收潜力，力求为我们的合作伙伴带来最理想的投资回报。我们现有合作伙伴 3 万多家，每日投放的广告展示次数高达 8 亿次左右。

我搜公司为发布商提供的服务包括广告收入最大化、内容管理系统、移动网站、质量审核、搜索引擎营销（SEM）。

我搜公司联系方式：

网址：http://www.woso.cn/

电话：+86-10-8283-0700

邮箱：hnwoso@gmail.com

网站拥有者通过 Google 认证的发布商合作伙伴（也称为代理商，例如我搜公司）可以申请 AdSense 账号、获取优化帮助、得到收款协助等，不过通过代理商注册的发布商需要付出 AdSense 收入的 10%～20%给代理商，具体佣金比例可以协商。

3.4　广告设置

在加入 AdSense 项目的申请获得通过后，你可以通过账号、密码登录 AdSense 后台获取广告代码，并投放到你的网站中。

3.4.1　获取广告，粘贴代码

通过 https://www.google.com/adsense 登录到账号，进入"我的广告"中"内容广告"下的"广告单元"，然后选择需要投放的广告，对于已有的广告单元可以直接获取该广告单元的代码，也可以点击"新建广告单元"创建新的广告单元，如图 3.26 所示。

图 3.26

点击"新建广告单元"后，进入如图 3.27 所示的界面，然后填写"名称"，选择"广告尺寸""广告类型""文字广告样式""如果没有可投放的广告"选项，再设置"启用原生广告""自定义渠道"，最后点击"保存并获取代码"按钮。

在设置文字广告样式的时候，有进一步详细的设置界面，有现成的广告样式可以选择，也可以自己创建广告样式，设置边框、标题、背景、文字、网址等元素的颜色，如图 3.28 所示。

图 3.27

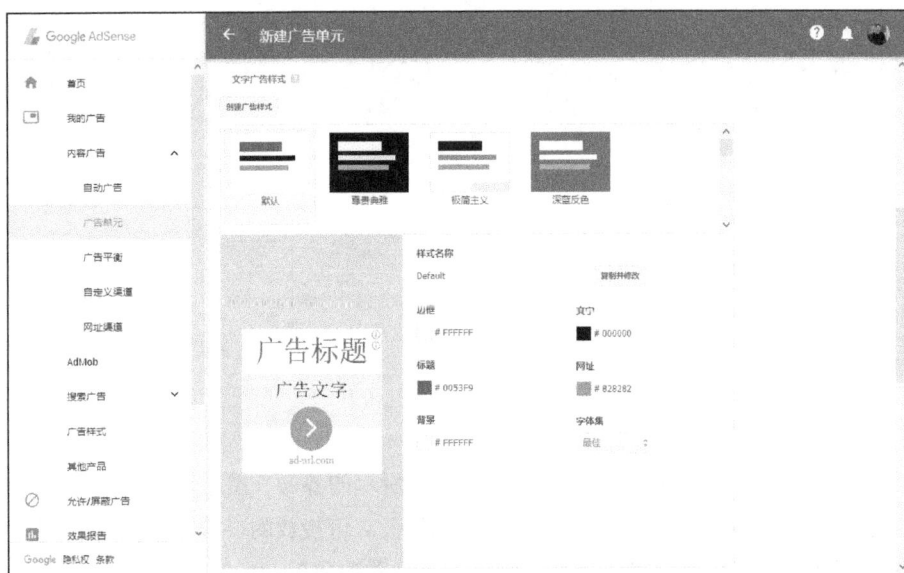

图 3.28

在设置自定义渠道的时候，可以选择已经有的自定义渠道，也可以创建新的自定义渠道，如图 3.29 所示。

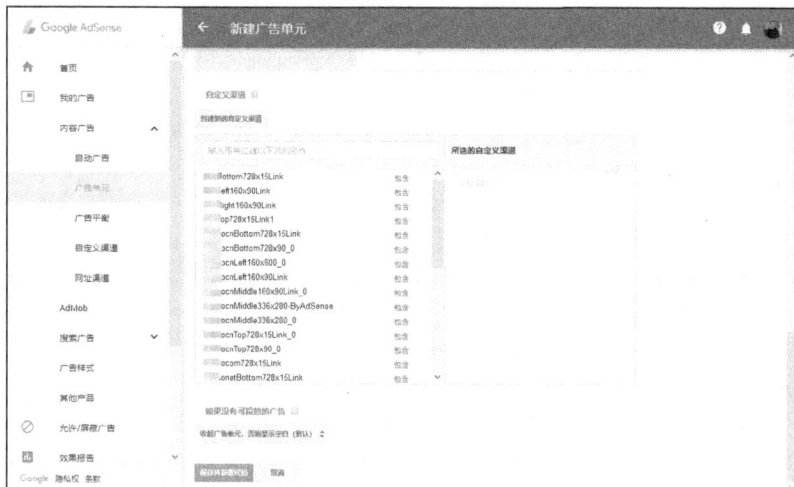

图 3.29

这个设置不能忽略，渠道跟踪是提高广告收入的利器，在选择完以后，就可以为广告单元命名，并保存到账号中，方便以后的广告管理工作。

最后，获取广告代码，如图 3.30 所示，在内容框中出现的是生产完成的广告代码，你可以将其复制、粘贴到网页中需要的位置，这样就完成了添加广告代码的操作。一般新生成的代码在 10 分钟后可以显示广告。

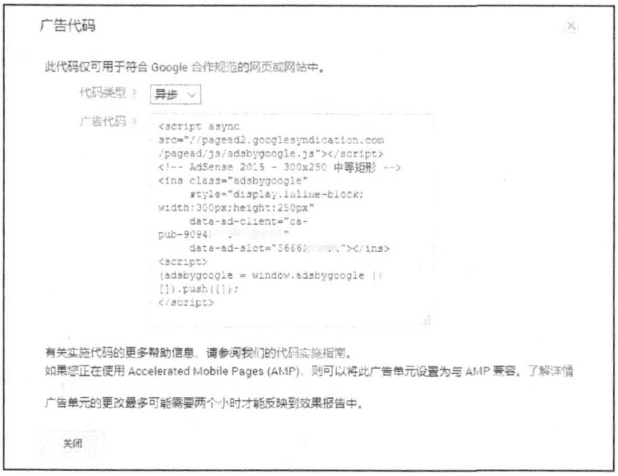

图 3.30

将获取的广告代码复制出来放置到网页的 HTML 代码中间，放在网页中实施的例子如下：

```
<HTML>
……
<HEAD>
</HEAD>
<BODY>
……
<!–广告开始的地方 -->
<script  async  src="//pagead2.googlesyndication.com/pagead/js/
adsbyGoogle.js"></script>
<!-- AdSense 2015 - 300x250 中等矩形 -->
<ins class="adsbyGoogle"
    style="display:inline-block;width:300px;height:250px"
    data-ad-client="ca-pub-9094xxxxxxxxxxx"
    data-ad-slot="3666xxxxxx"></ins>
<script>
(adsbygoogle = window.adsbygoogle || []).push({});
</script>
<!–广告结束的地方 -->
……
</BODY>
</HTML>
```

诀窍

上面代码使用的是"异步"代码，广告和网页内容是分别加载的，不会因为广告加载速度慢而造成网页整体打开速度慢，一般都采取这样的方式，很少再用"同步"代码。

3.4.2　管理广告，灵活调整

在 AdSense 推出管理广告功能之前，广告代码中包含了颜色、字体、渠道等信息，一旦需要修改就必须重新生成 HTML 文件，在页面数量很多的情况下很不方便。在管理广告功能推出后，发布商可以将每次新建的广告单元保存起来，将新的代码放到网页中，在以后需要修改颜色、字体、渠道等信息的时候，只需要在 AdSense 后台设置，而不需要更改网页代码，比以前方便很多。

使用管理广告功能对广告进行修改后，一般 10 分钟左右可以生效，也可以在广告展示前用预览功能查看网页效果。需要注意的是，管理广告功能不能修改广告尺寸，如果需要新的广告尺寸，只能通过"新建广告单元"重新生成新的广告单元并获取代码。在 AdSense 后台中管理广告的界面如图 3.31 所示。

图 3.31

3.4.3　使用调色板，为广告配色

在新建、修改广告单元的时候，可以选择配色方案，为了方便起见，AdSense 后台有专门的"调色板"，设置颜色后可以保存，这样在以后新生成广告单元或者管理的时候，可以直接利用以前的调色板而不需要每次都设置颜色。Google AdSense 后台中调色板选择和修改的界面如图 3.32 所示。

图 3.32

AdSense 自带的调色板如图 3.33 所示，可以添加自定义设置。

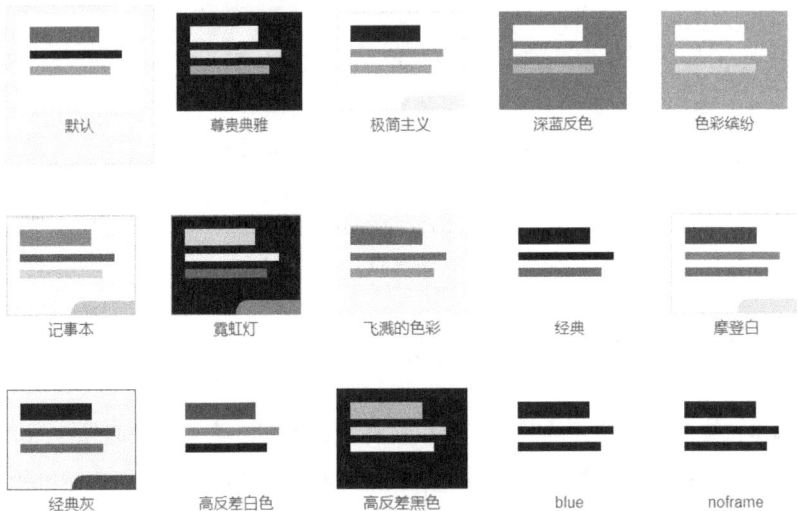

图 3.33

可以设置调色板方案的 AdSense 广告类型有内容广告和搜索广告。

诀窍

广告颜色与网页内容颜色合理搭配对收入有很大影响，本书后面章节将专门讲述优化办法。

3.4.4 渠道的种类和设置

渠道的运用是提高 AdSense 收入的一个关键环节，这里先讲渠道的概念，后面还要深入讲解如何跟踪渠道和优化广告。

AdSense 提供 2 个渠道：

（1）网址渠道：用于跟踪某个域名、子域、目录或者某个网页的报告，如 example.com、www.example.com、abc.example.com、www.example.com/abc、www.example.com/abc.html 等。

（2）自定义渠道：用于专门针对某个广告单元、展示位置或者某类广告的更为细致的报告，例如图 3.34 中一个页面有 3 个广告位，如果希望了解哪个广告位效果最好，那么可以对这 3 个广告位分别创建单独的自定义渠道，以便监控跟踪效果。

图 3.34

对网页中的多个广告单元可采用多个自定义渠道跟踪每个单元的效果。

在 AdSense 后台可以设置渠道的广告类型。

（1）内容广告：自定义渠道和网址渠道。

（2）搜索广告：自定义渠道。

你可以对它们进行添加、删除、修改、启用、停用等操作。Google AdSense 后台的"自定义渠道"界面如图 3.35 所示。

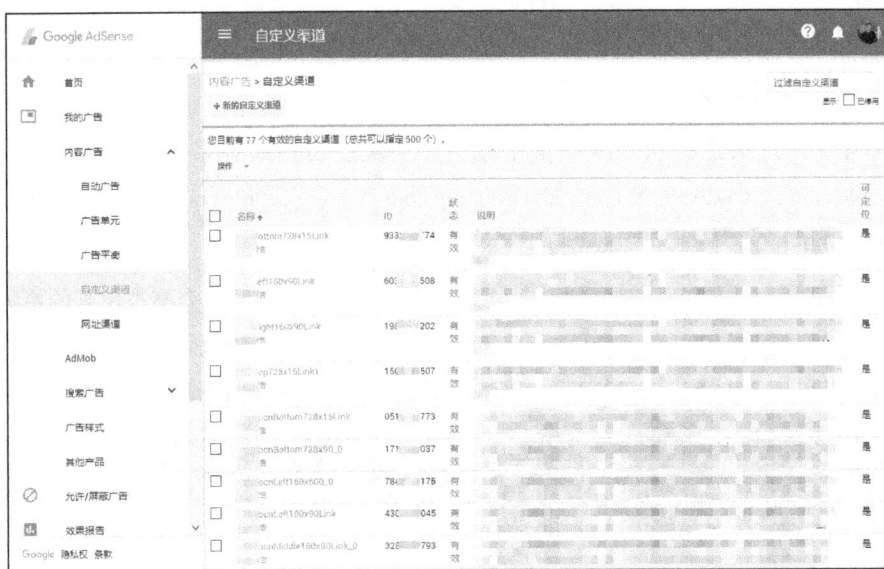

图 3.35

"修改自定义渠道"界面如图 3.36 所示，可以看到自定义渠道中有"说明"及"定位"，这是对该自定义渠道进行说明，作为广告布局向广告主显示此渠道，以便获得广告主的定向投放，获得更高广告收入。

诀窍

多采用自定义渠道可以让你从各个角度观察广告收入情况，在自定义渠道都加上广告位置、说明，如果可以吸引到品牌广告主定向到你的网站投放广告，那么收入可能成倍增长。

图 3.36

3.4.5　竞争性广告过滤

竞争性广告过滤的作用是通过添加一些广告的网址阻止其广告投放到网站上，一般用于屏蔽竞争对手的网站，例如在一个语言翻译的网站上不希望出现另外一个竞争性语言翻译的网站。一些发布商用这项功能屏蔽不喜欢的广告、虚假骗人的广告、内容匹配不好的广告或者单价过低的广告。

可以在内容广告和搜索广告中运用过滤器，在每种广告形式中都可以独立设置200 个过滤网址。

在 Google AdSense 后台中屏蔽指向特定网址的广告等设置界面如图 3.37 所示。

⚠ **提醒**

因为设置过多的竞争性广告过滤可能会屏蔽高价广告，从而减少收入，所以 Google 官方建议慎重使用竞争性广告过滤。

图 3.37

3.4.6 网站验证功能的使用

如果你的网站需要登录后才能访问，显然 Google AdSense 的抓取机器人是无法自己获取到需要登录才能看到的内容，不过 AdSense 提供了网站验证工具弥补，在 AdSense 后台里添加登录信息，也就是输入人工访问需要填写的网址、登录用户名和密码，这样抓取机器人也可以访问这些内容，"抓取工具访问权"的设置界面如图 3.38 所示。

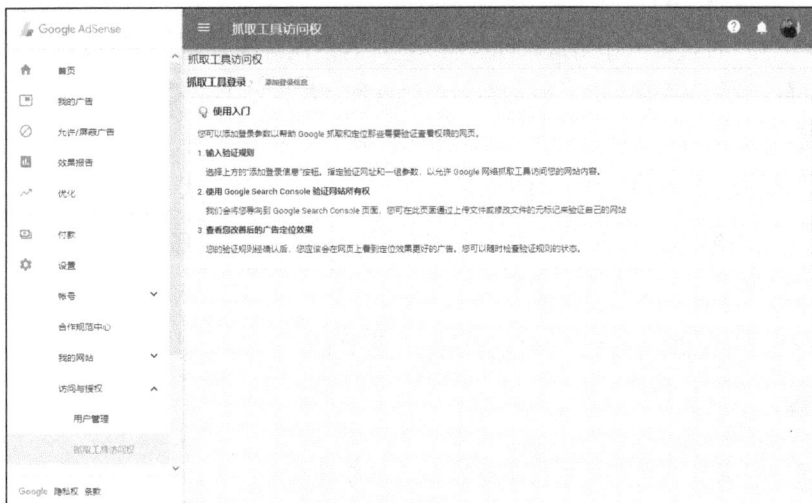

图 3.38

在 Google AdSense 后台中"添加登录信息"的界面如图 3.39 所示。

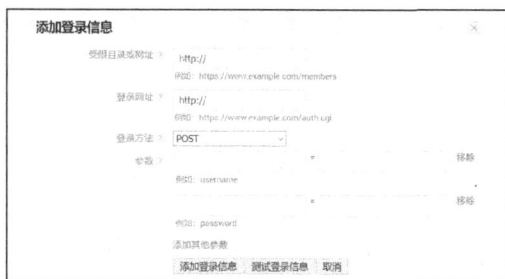

图 3.39

诀窍

　　网站验证功能适合于只对注册会员开放的论坛、交费才能浏览内容的网站，只有让 Google 派出的机器人抓取网页内容才能提供匹配的 AdSense 广告。

3.4.7　广告查看中心

"广告查看中心"又称为"广告审核中心"，在这里你可以看到目前所有已经定位到你的网站上的按展示位置定位的广告。

在默认情况下，系统设置为不预先进行审核而立刻投放广告，当你发现某个广告与你的网站用户无关时，可以通过"广告查看中心"屏蔽该广告以停止展示。

在 Google AdSense 后台中"广告查看中心"的界面如图 3.40 所示。

图 3.40

⚠️ **提醒**

屏蔽某个广告或者将设置修改为需要预先审核再投放，都可能影响收入，需要权衡考虑。

3.4.8　允许的网站

这是一项首先在中国发布商中推出的功能，可以在这里设置只允许哪些网站展示自己账号的广告，据说用于避免自己的广告代码不被其他人滥用，例如陷害点击。我没有遇到过这种情况，对此项保持默认设置，即允许所有网站展示。

在 Google AdSense 后台中"设置网站授权"的界面如图 3.41 所示。

图 3.41

⚠️ **提醒**

如果设置过只允许在某些网站显示自己账号的广告功能，那么在新的网站上投放广告一定要记住回到 AdSense 后台添加相应的网址，否则新网站上的广告得不到任何收入。

3.4.9　广告平衡

一般的广告联盟都鼓励网站站长尽量多地投放广告，以便获取尽可能多的收益。但 Google AdSense 推出了一项新的功能，让站长能在大幅减少广告投放的情况下保持广告收入基本不变，即在投放广告获取收益与减少广告维护用户体验之间获得比较好的平衡。

从 Google AdSense 后台菜单中可以进入"广告平衡"，"广告平衡"界面如图 3.42 所示。

不同的 AdSense 账号有不同的推荐值，图 3.42 所示为只将广告投放 59%，而依然获得 99%的收入，这显然是一个很好的结果。不显示不重要、收益很少的广告，让用户体验得到大幅提高，从而使网站流量获得提高，最终会获得更大的收益。

图 3.42

我在实际设置中发现两个问题：

（1）在不投放广告的时候，广告位显示空白，而不显示取消广告位，在某些情况下觉得不美观。

（2）在检查网站的广告投放时，因为一些广告位显示的是空白，所以不容易清晰地查看广告投放位置和效果。

所以，我在进行了一定实验后，又还原为 100%投放广告了，即取消了广告平衡功能。各位网站的站长可以根据自己的实际情况选取和设置。

3.5 报告获取

3.5.1 报告"首页"，适合每日关注

AdSense 后台对广告的投放情况有详细的报告，发布商登录后就可以进入报告"首页"，能一目了然地看到最近的基本情况。

在 Google AdSense 后台中报告"首页"界面如图 3.43 所示。

图 3.43

注意：中国发布商 AdSense 后台的时间可以以结算时区为准，也就是（−7:00）太平洋时间，也可以设置以账号时区为准，也就是（UTC+08:00）上海，这样就可以按中国时区东八区查看报告，如图 3.44 所示。

可以自己选择每次进入报告"首页"时显示的收入时间段，如图 3.45 所示。

另外，报告"首页"的下方还有"优化建议"和"最新动态"：

（1）优化建议：Google 对发布商的网站进行自动分析，给出了一些途径优化设置，可能包括确保用户能够看到广告、在自动广告中启用更多格式、设置网站授权、专注于效果最佳的广告（转到"广告平衡"）等。

（2）最新动态：显示一些产品的最新动态，如自定义匹配内容单元等。

图 3.44

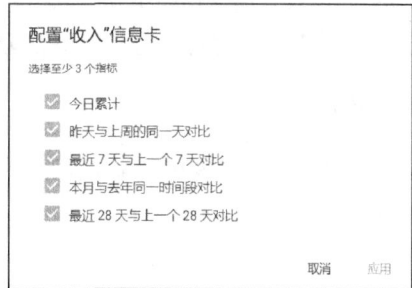

图 3.45

诀窍

据 Google 统计，每位 AdSense 发布商平均每天花 10 分钟左右查看账号信息，这对于及时了解收入变化情况、有针对性地优化网站很有必要。

3.5.2　效果报告，适合深入分析

AdSense 后台"首页"中的报告显示数据一般用于了解当天的情况，而当需要了解详细情况、跟踪优化效果的时候，发布商就需要查看"效果报告"。Google AdSense 后台中"默认报告"的界面如图 3.46 所示。

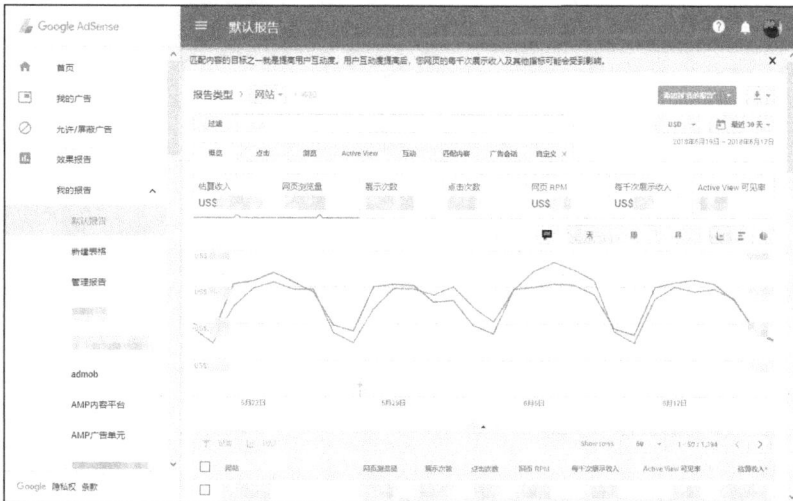

图 3.46

AdSense 提供的报告非常丰富，可以选择不同产品、不同的渠道、日期范围、广告单元以及其他数据显示元素查看，也可以使用保存的报告模板查看。显示的报告可以根据多种项目排序，还可以保存为 csv 格式导出，功能很强大。

诀窍

可以将渠道数据或者汇总数据导出的 csv 格式文件导入 Excel 或者其他软件，并利用生成折线图的功能，直观查看变化趋势。

3.5.3 管理报告，方便数据分享

AdSense 后台还有"管理报告"功能，将最近生成的报告集中存放，便于重复查看和保存为 csv 文件。

还有一个更好的功能是可以将已保存的报告模板通过电子邮件方式发送，发送频率、邮件地址和格式都可以自行设定，对于不能每天都上网查看 AdSense 后台的发布商来说这是一个便利的功能，另外，如果希望与其他人分享 AdSense 的全部或者部分数据，那么可以通过发送邮件的方式。Google AdSense 后台中"管理报告"的界面如图 3.47 所示。

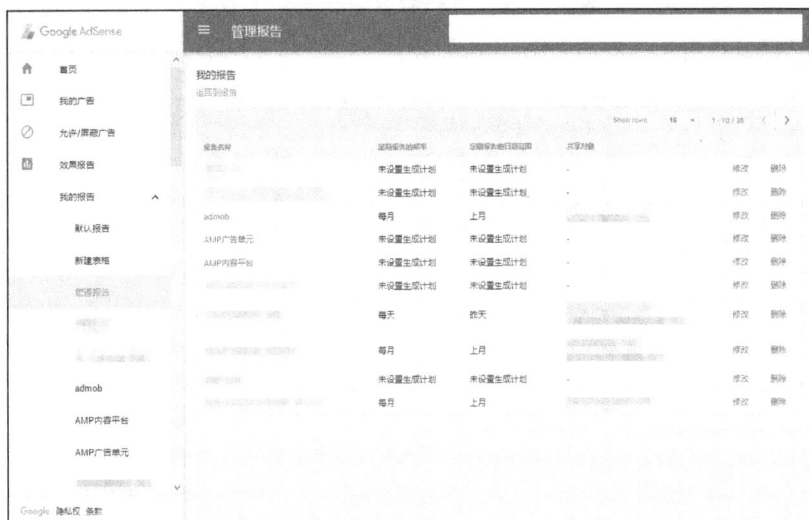

图 3.47

我们在实际应用中把有些站的数据设置为每日发送邮件给相关网站的负责人，以

便随时掌握涨跌动向。另外，设置每月再发送一次汇总邮件作为财务月度收入统计的数据来源。

3.5.4　网站诊断，避免无法访问

前面说过，AdSense 的原理是派出抓取机器人获取网页内容，然后给出与内容匹配的相关广告，如果不能抓取，则往往因为抓取机器人被 robots.txt 拦截了或者在机器人来访的时候网站无法访问，这些信息会反映在 AdSense 后台的"网站诊断"中。

这些信息可以与其他网站管理员工具（例如，后面章节中要说到的 Google Analytics 和 Google Webmaster Tools）结合使用，确保 Google AdSense 派出的机器人（User-agent: Mediapartners-Google*）能顺利获得网页内容。Google AdSense 后台中"抓取工具错误"的界面如图 3.48 所示。

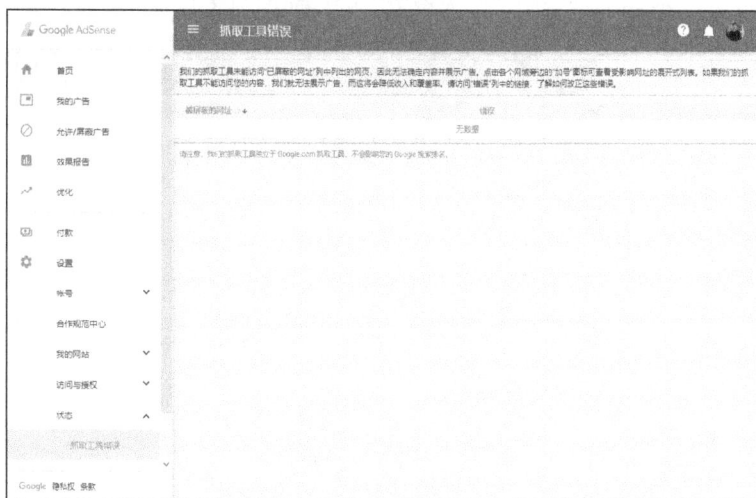

图 3.48

在 robots.txt 中有时需要添加一些不需要爬虫抓取的网址，这样的设置可能导致 AdSense 的网站诊断报错，为了避免这种报错可以在 robots.txt 开头的地方加入两行：

User-agent:Mediapartners-Google

Disallow:

这样，所有网址都允许 AdSense 爬虫抓取。

3.6 账号设置

3.6.1 个人设置、账号信息

在 AdSense 后台选择"设置"就进入了"账号"，在"个人设置"界面可以设置的地方有以下几个：

（1）登录电子邮箱：即登录 Google 账号，还可以修改密码。

（2）联系人详情：名字和姓氏、联系人电子邮箱和联系电话。

（3）电子邮件接收设置："合作规范中心电子邮件"肯定有必要选上，"营销电子邮件"建议全部选上，发送频率都很低。

（4）显示语言：就选中文（中国）。

在 Google AdSense 后台中"个人设置"的界面如图 3.49 所示。

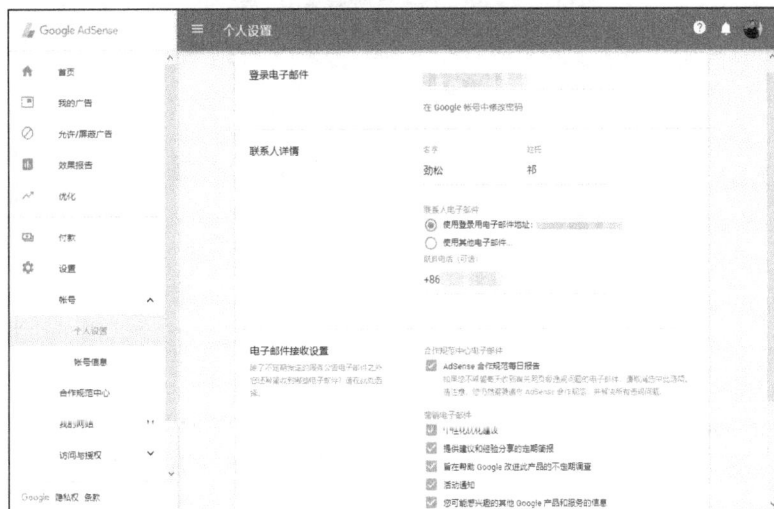

图 3.49

在 Google AdSense 后台中"账号信息"的界面如图 3.50 所示。

⚠️ **提醒**

如果以前的电子邮件信箱、联系电话不再使用，那么请记得在这里更改，以免收不到来自 Google AdSense 的通知而影响账号使用。

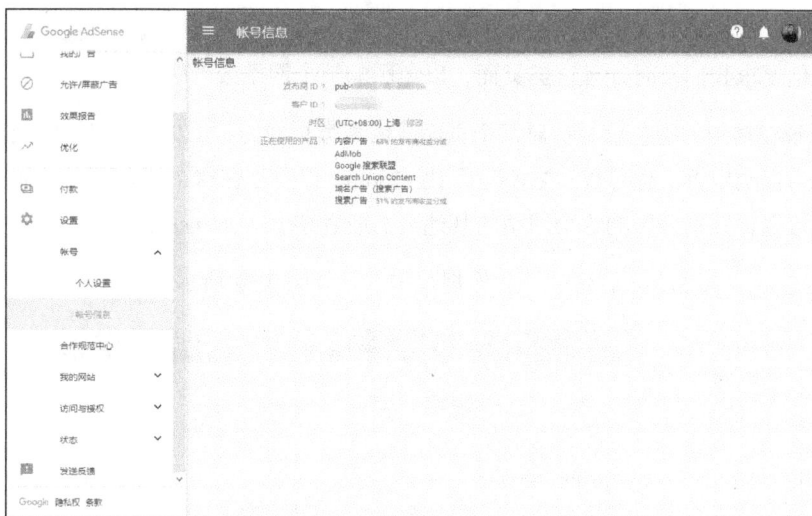

图 3.50

3.6.2　政策中心、违规处理

在本书第 1 版出版的时候，我就收到过违规警告信，也有过不被警告直接停止在部分栏目中投放广告的情况。网页级警告邮件的例子如图 3.51 所示。

图 3.51

后来 AdSense 有了一个大的改进，就是增加了针对页面一级违规的警告和处罚，而不仅仅针对栏目、网站或者账号一级。

例如，我们有一个黄页网站，里面有各行各业的单位，包括烟草行业，以前接到的警告信要求我们及时处理这类页面，以免影响整个网站或者账号。

而现在接到的警告信是针对某个页面或者某类页面的，可以像以前一样处理这些页面然后提交申诉，也可以置之不理，让 Google 以后不在这个或者这些页面上投放广告就可以，并不会影响这个网站的其他页面或者整个 AdSense 账号。

在 Google AdSense 后台中"合作规范中心"如图 3.52 所示。

图 3.52

诀窍

在不是有意作弊的情况下，发布商收到违规警告并不可怕，可以根据具体情况进行相应的处理。

3.6.3 管理网站、相关内容

在 AdSense 后台中可以管理自己要展示广告的网站，可以验证属于自己的网站，并手动添加新网站。只有在这里添加进去的网站才能进行 AdSense 的相关操作，如设置网站级屏蔽规则、设置网站级自动广告规则等。例如，如果需要对某些网站设置独特的自动广告规则，就需要把这些网站先加入网站列表。可以将域名（如 example.com）或者子域名（如 subdomain.exmaple.com）添加到网站列表。

网站的状态有"已验证"和"未验证"两种，如果需要适用于 AdSense 中的所有网站操作，就需要对该网站进行验证。

如果担心别人把你的 AdSense 广告代码恶意投放到不属于你的网站中，可以开启"网站授权"功能，这样广告只会显示在自己已验证的网站中，如果使用了你的 AdSense 广告代码的网站不在你的已验证网站名单中，那么广告就不会在该网站中显示。

图 3.53 是 AdSense 后台中"管理网站"操作的界面。

图 3.53

在后台的"相关内容"中，可以进行 AdSense 匹配内容设置。符合使用匹配内容的网站列表如图 3.54 所示，这个列表是 Google 根据自动算法产生的，发布商自己不能控制。

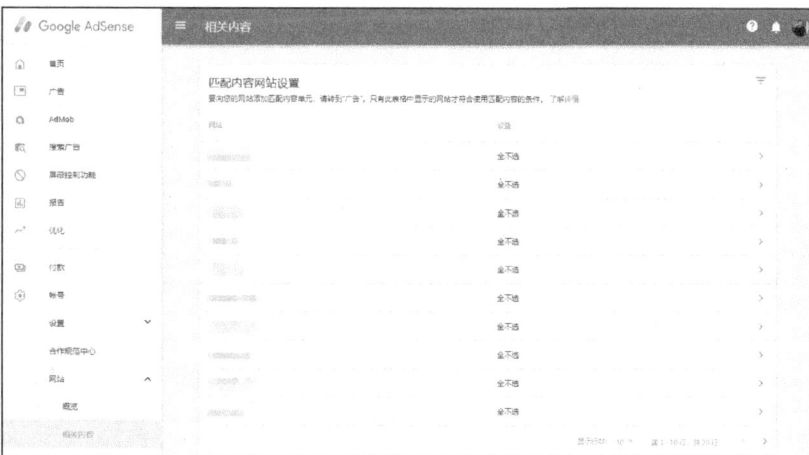

图 3.54

点击网站可以进入该网站的匹配内容设置，包括新鲜度（选择推荐文章的新旧程度）、屏蔽列表（屏蔽单个网页、子域名或整个版块，以阻止其在匹配内容单元中显示）、首选内容（在任何情况下，匹配内容都会至少推荐一篇此列表中的文章）等。这个匹配内容的功能也越来越强大了。

3.6.4　访问与授权

访问与授权有"用户管理""抓取工具访问权""第三方访问权限""Google Analytics（分析）集成""AdMob 账号"几个下级功能。

在本书第 1 版出版的时候不能添加其他账号访问自己的 AdSense 账号后台，如果需要与其他人共享 AdSense 数据，可以使用相同的 AdSense 账号、密码，或者用前面说到的"管理报告"中的邮件方式发送指定数据。

现在在 AdSense 后台中可以添加其他账号访问自己的 AdSense 账号后台了。

Google AdSense 后台中"用户管理"界面如图 3.55 所示。

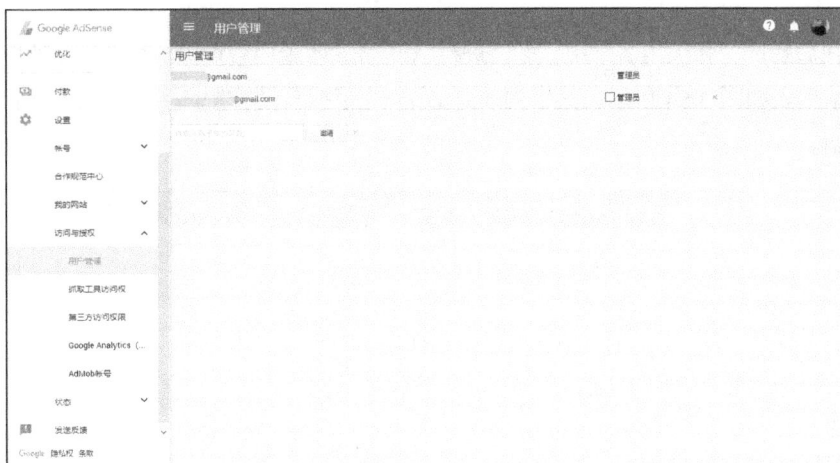

图 3.55

我曾在 Google 提供的其他服务中开通了 AdSense 支持功能，所以"第三方访问权限"界面中可以看到如图 3.56 所示的几个网站。

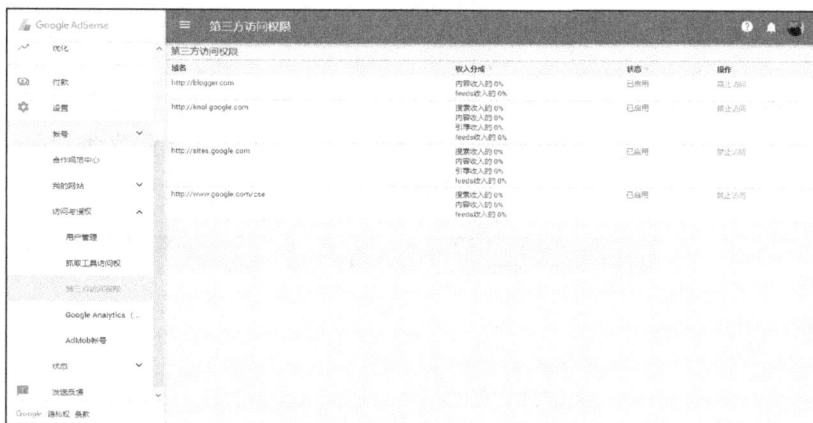

图 3.56

3.6.5　状态信息、抓取报错

AdSense 为了在网站上展示与网页内容相关的广告必须先了解网页内容，但有的时候可能因为各种原因 AdSense 抓取网页内容失败，在 AdSense 后台会列出抓取失败的页面列表及错误，也会收到邮件提醒。

如果不解决这些问题，就无法显示相关性广告，从而降低收入。这时可以根据列出的网址和被屏蔽的原因做针对性检查和修改。

"状态"菜单的下一级菜单为"讯息"，列出了一些一次性或者周期性的通知信息，这些也都可以通过邮件获得通知，如图 3.57 所示。

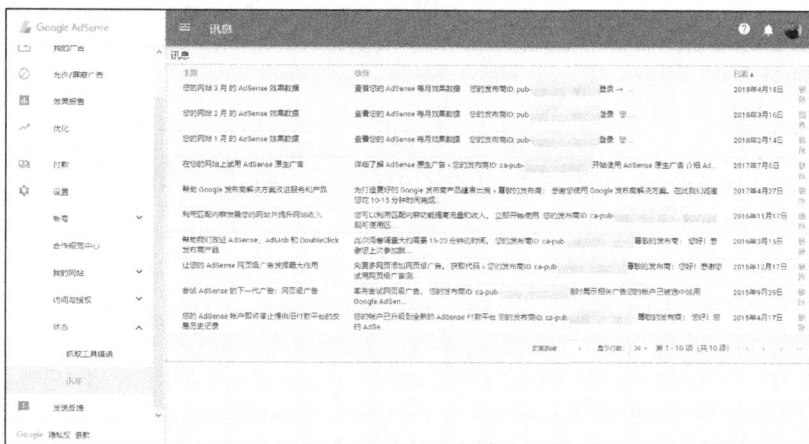

图 3.57

3.6.6 收入历史、收款设置

在 AdSense 后台"付款"→"交易"的"查看交易"页面中默认提供最近 3 个月的收入和付款记录，也可以查询在有收入的那个月以后的所有数据。在 Google AdSense 后台中"付款"的界面如图 3.58 所示。

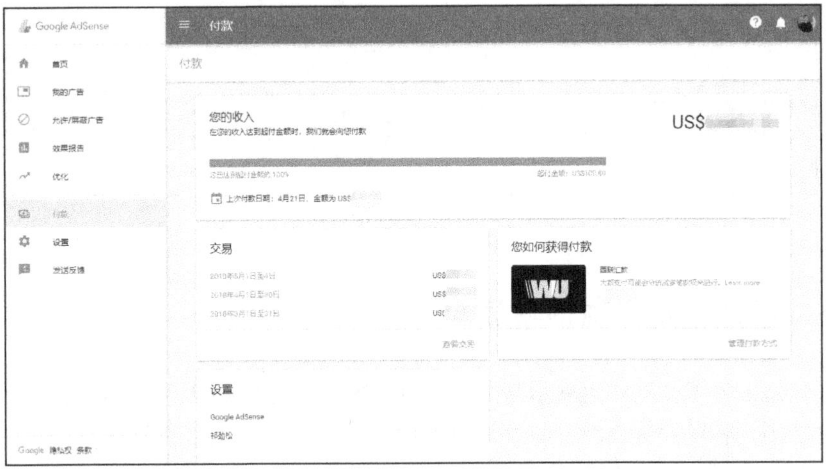

图 3.58

一般在某月初（2 日左右）核算出上个月的全部收入，在月底之前（22 日左右）看到上个月收入的付款通知。

"详细交易视图"显示了各种类型广告的收入以及总和，如图 3.59 所示。

图 3.59

"自动付款：西联汇款"的链接中显示了西联汇款的监控号、金额或者支票金额等信息，并提供"付款收据"，如图 3.60 所示。

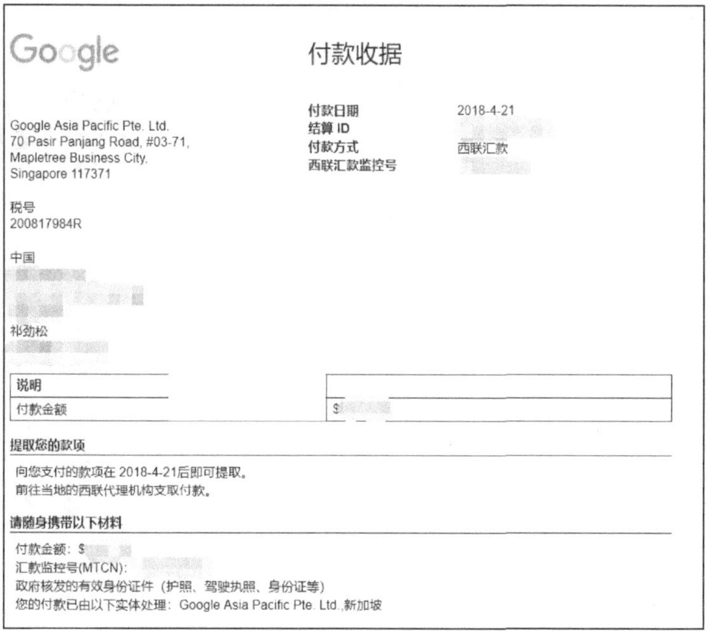

图 3.60

3.6.7 收款方式、纳税信息

刚申请到 AdSense 账号的发布商可以先不填写纳税信息，当账号余额达到 10 美元以后再填写纳税信息。

纳税信息有在美国没有经营活动的认证、IRS 表 W-9、IRS 表 W-8 ECI、IRS 表 W-8 BEN、IRS 表 W-8 EXP、IRS 表 W-8 IMY、IRS 表 8233 等选项。

中国大陆的发布商一般都选择"在美国没有经营活动的认证"，如果选用支票方式或者西联汇款，那么 Google 不会代为扣税。如果选用人民币电子转账则需先扣除劳务所得税款。

本书后面章节的问答专门介绍了在国内采用电子转账方式时，劳务所得税款的计算办法。

第 4 章

优化设置技巧，
大幅提高收入

本章要点：

■ 优化概述

■ 广告位置更显眼

■ 广告颜色更协调

■ 广告内容更匹配

■ 使用更多广告

■ 跟踪广告效果

■ 更多优化技巧

■ 拒绝作弊

本章是本书的重点，采用其中的优化技巧能迅速、有效地提高发布商的 AdSense 收入，其中包含优化概述、广告位置更显眼、广告颜色更协调、广告内容更匹配、使用更多广告、跟踪广告效果、更多优化技巧、拒绝作弊，每节又分为若干小节，是作者多年 AdSense 优化的经验汇总，也是目前可以找到的 AdSense 优化最全的中文资料。

4.1　优化概述

4.1.1　AdSense 收入组成

AdSense 广告的总收入由投放的各种形式广告收入相加而成。为了使 AdSense 收入最大化，我们需要根据各自网站的情况尽量从以下多种广告方式中获得收入：

（1）内容广告：这是一般网站最主要的收入来源，包括非原生广告（包含链接广告、文字广告和展示广告）和原生广告（包含信息流广告和文章内嵌广告）。

（2）搜索广告：通过浏览者在搜索结果页面中点击广告，发布商获得分成。

每种形式都有其特点，我们以一般网站收入中比例最多的内容广告为例详细分析其组成。

内容广告从形式上又细分为链接广告、文字广告和展示广告两种方式，并且有各种尺寸规格，也有文字、图片、视频、互动等多种广告，广告主可以用内容匹配和定向广告投放，计费模式有按每次点击计算广告费用的 CPC 和按每千次展示计算广告费用的 CPM 两种。听起来有些复杂，但可以用以下简单的公式计算

$$AdSense \text{ 收入} = \text{广告页面展示量} \times \text{网页的 eCPM} / 1000$$

其中，广告页面展示量就是你的各个网站页面展示的总和，也可以由访问 IP 数和每个 IP 浏览页面数相乘，即

$$\text{广告页面展示量} = \text{访问 IP 数} \times \text{每个 IP 浏览页面数}$$

而 eCPM（effective cost per mille，有效的每千次展示费用）是每一千次展示可以获得的广告收入，展示的单位可以是网页、广告单元或者单个广告，一般是指一千次页面展示的收入。

当广告主投放 CPM 广告时，eCPM 就等于广告主的出价，而当广告主投放 CPC 广告时，eCPM 等于网页点击率和广告单价的乘积，再乘以 1000。

$$网页的 eCPM = 网页点击率 \times 广告单价 \times 1000$$

将以上后面的两个公式代入前面的一个公式，可以得出

$$AdSense 收入 = 访问 IP 数 \times 每个 IP 浏览页面数 \times 网页点击率 \times 广告单价$$

诀窍

要全面了解 AdSense 收入组成，设法用每一种可能的办法提高 AdSense 收入。

4.1.2　优化的途径和目的

为了使 AdSense 收入增加，我们就需要设法让访问 IP 数、每个 IP 浏览页面数、网页点击率、广告单价 4 个参数都尽量增大。

（1）访问 IP 数：让浏览者尽量多，可以通过搜索引擎优化、对外宣传、付费广告、相关链接、社交网络等各种方式让网民访问。

（2）每个 IP 浏览页面数：让每位浏览者观看的页面数量尽量多，需要提供更丰富的内容和更方便的导航、相关内容推荐，网页打开速度要快。

（3）网页点击率：让广告在页面中更显眼、颜色更协调、内容匹配更好，尽量放置更多广告位等。

（4）广告单价：网页内容有更多高价值广告匹配，第一个广告位价值最高，放在最容易点击的地方，以便吸引广告主定向投放等。

诀窍

影响 AdSense 收入的因素很多，经过仔细分析后，可以逐项调整，让收入持续增长。

4.2　广告位置更显眼

4.2.1　广告热点示意图，关注焦点位置

将广告放在什么位置才能使收入最大化？这是一个对于初学者来说很普遍的问

题。其实 Google 早就对很多广告数据进行过详细统计分析，图 4.1 所示为 AdSense 官方网站上的广告热点示意图。

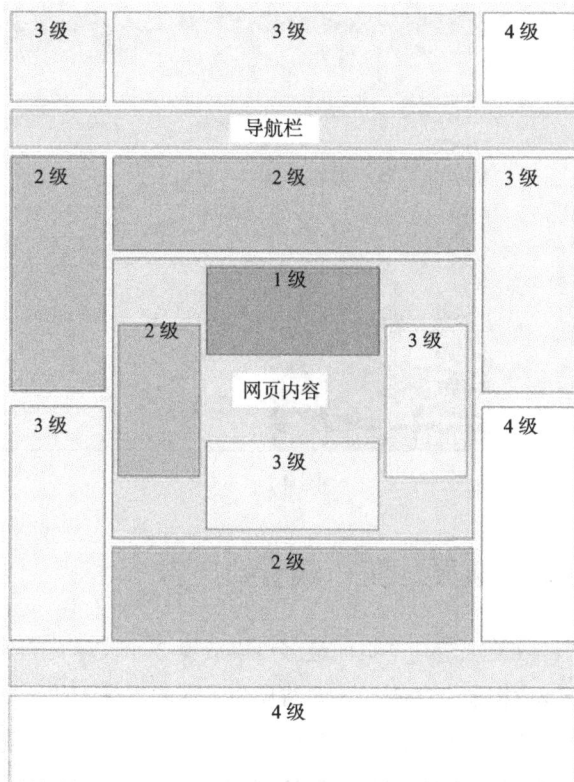

图 4.1

图 4.1 中颜色越深的地方（数字越小）可能带来的广告收入越多，颜色越浅的地方（数字越大）放置广告的价值越低。可以看到，网页的主要内容周边以及导航菜单附近是黄金宝地，这些地方最容易被浏览者在浏览内容时顺便看到，因此点击率最高，也最容易吸引 AdWords 广告主投放网站定位广告。

以一个实际例子来看，在标题上方的 728px×15px 链接广告、企业联系方式旁边的 300px×250px 中等矩形内容广告都是浏览者很容易关注的，因而广告点击率都不错。图 4.2 为放在网友重点浏览的内容周围的内容广告。

诀窍

调整广告位置是新发布商的必做功课，可能是成效最快、收入提高幅度最大的

153

优化技巧。

图 4.2

4.2.2 第一屏绝对重要，第一眼看到广告

AdSense 的项目政策规定一个页面最多可以放置 3 个文字广告和展示广告、3 个链接广告以及 2 个搜索框，一些刚加入的站长为了让收入最大化，就把这些数量用到极限，往往一个页面的上下左右到处都是广告，不仅影响页面美观和用户感受，而且广告收入并不会与放置的单元数成正比增加。

大量网站与网民的统计表明，浏览者在进入一个页面后，往往都先仔细查看电脑屏幕的第一屏，获得尽量多的信息，然后才会滚动鼠标查看页面下方，而且有很多浏览者根本就不会查看第一屏下方的内容就离开，因而放在第一屏的广告点击率远远超过下方广告的点击率。

图 4.3 所示为第一屏放置了一个 728px × 15px 的文字链接广告、一个 728px × 90px 的横幅图片展示广告和一个响应式展示广告，这 3 个广告单元加起来的点击率可以超过 1%，而在此第一屏下方无论再放置多少广告，点击率都不会超过 0.2%，因为浏览者一般在第一屏就获得了需要查找的信息，或者觉得在这个页面找不到需要的信息就马上离开，基本上不会查看下方。

广告要放在第一屏中浏览者能够看到的地方，不要麻烦浏览者滚动鼠标才能看到。

诀窍

放在第一屏与放在第一屏下方的广告点击率大约有 5 倍的差别。

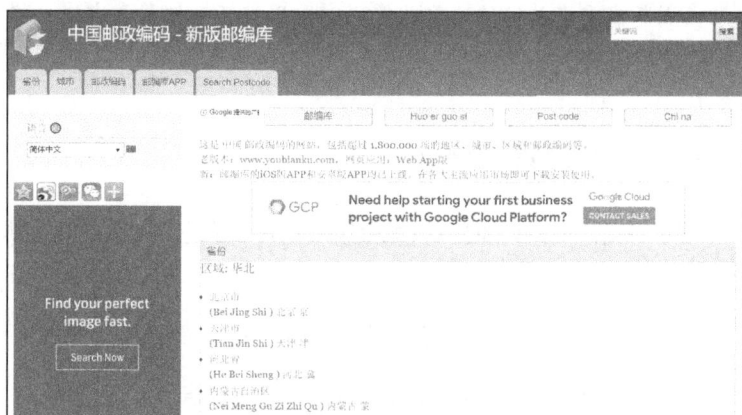

图 4.3

4.2.3 常用操作链接旁边，引起顺便关注

除了将广告放在网页的主要内容旁边以吸引浏览者关注之外，还可以在网页的常用操作链接旁边放置广告，因为这些链接也是网页比较被关注的地方。

例如，图 4.4 为一个基于维客（Wiki）技术的网站，网友参与内容编辑以及留言讨论是常用的功能，因此在"编辑""讨论"这些链接附近放置广告会有不错的效果。

图 4.4

放在操作链接旁边的 AdSense 广告容易引起网友关注，使其"顺便"点击。

诀窍

在网站上浏览者重点关注的地方就像现实中川流不息的黄金宝地一样，周边的地方是商业价值最高的。

4.2.4　不要放置的位置和格式

在网页中添加多个广告单元时应该配上渠道统计，通过后台数据观察哪些位置和格式效果更好。

我们对众多 AdSense 发布商的经验教训进行了总结，提示需要注意以下几点。

1．不要在页面顶部右侧放置 468px×60px 小横幅广告

这是老式横幅广告最常放置的位置和尺寸。普通浏览者是为了观看网站上的内容而来的，而不是不专门看广告的，浏览者只需要在页面中瞟眼一看就知道页面顶部右侧的 468px×60px 横幅广告是广告，在那里放置一幅广告等于对浏览者说"我就是广告、我就在这里、快来查看、快来点击"，浏览者反而会躲得远远的，根本不会关注其内容，点击率自然低得惊人，如图 4.5 所示。

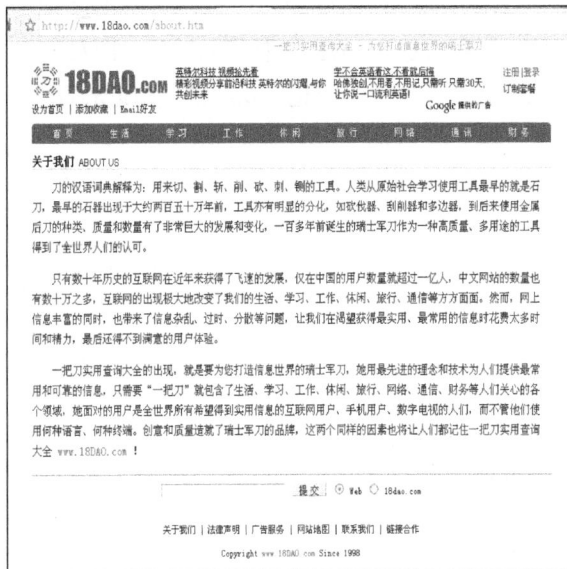

图 4.5

2．不要放置尺寸过小或者不常用的广告格式

半横幅（234px×60px）、按钮（125px×125px）、小矩形（180px×150px）、竖幅（120px×240px）、正方形（200px×200px、250px×250px）这几个广告格式不要放。

根据点击率统计，这些广告的效果都不佳，尽量采用首页横幅（728px×90px）、宽幅摩天大楼（160px×600px）或者摩天大楼（120px×600px）、大矩形（336px×280px）或者中等矩形（300px×250px）3 种格式。这 3 种格式是公认的效果最好的格式。

3．误导浏览者的位置不要放广告

故意混淆网页内容和广告的差别（一些软件下载网站常这样做），以为这样可以获得更多的点击和收入，其实正好相反，无效点击增多会导致广告单价下降，对整体收入不利，用户的体验变差，甚至会因为违反 AdSense 项目政策而被终止账号。

图 4.6 中的 AdSense 放置方式明显误导浏览者，是被 Google 政策禁止的。

图 4.6

4.2.5　关注数据分析，提高可见率

本书第 1 版就写了网页第一屏的重要性，但当时 AdSense 后台还没有数据来衡量，后来有了明确的数据指标"广告可见率"，也就是在可衡量的展示次数中，广告可以

被用户看见的比例。"广告被看到"的定义是某个广告至少有 50%区域在屏幕上显示的时间超过 1 秒。

我的网站在 PC 时代很注重第一屏的显示，收入在 2012—2013 年达到高峰，随着移动化的发展虽然我们也做了网站的手机版或者响应式版本，但发现广告的收入越来越低，2015—2016 年持续下降，却并没有发现很明显的问题。直到 2017 年我去北京参加 Google 组织的 AdSense 交流活动，在会上 Google 客户经理 Juliana 反复提到广告可见率的指标，我这才发现自己的网站针对手机的广告展示效果很差，综合可见率指标只有 30%多。

后来，我们专门针对这个指标做了详细研究，把 PC 和手机版的广告都上移到首屏或者紧邻首屏下方，而在网页下方需要用户下拉查看的位置减少了广告投放，这样广告可见率提高到 60%左右，广告收入立刻提升了一大截。

图 4.7 为我在 2017 年的 AdSense 收入（波动较大的曲线）、广告可见率（波动较小的曲线）对照图，广告可见率从 30%多提升到了 60%，收入也有了很明显的提高。

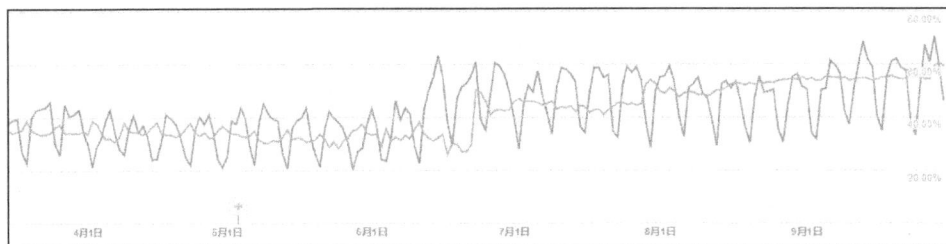

图 4.7

4.2.6 针对移动终端的位置优化

2009—2010 年，手机网站还是老式的 WAP 网站，智能手机在国外才刚刚出现，此后的这些年大家见证了移动互联网的飞速发展，我们在自己的网站统计分析后台也看到移动终端浏览比例从刚开始不起眼的 1%~2%发展到需要引起重视的 10%左右，再继续发展到现在的 50%左右甚至更多，用户终端环境的变化已经与以前不可同日而语。

最开始在手机上放置广告的方法是在屏幕顶部放置一个 320px×50px 或者 320px×100px 的广告，类似 PC 上的 Banner 广告，然后在屏幕底部放置一个 300px×250px 的中等矩形广告。

但我们慢慢发现，用户对顶部 Banner 广告越来越无感，甚至直接就忽略了，底部的广告因为可见率太低收入更少。

在移动互联网发展早期，手机屏幕普遍比较小，当时不允许在首屏放置 300px × 250px 的矩形广告，但我们发现在紧邻首屏的下方放置一个 300px × 250px 的广告，或者在首屏靠下的地方露出半个 300px × 250px 的广告时，效果非常好，再仔细研究原因，原来是人们在手机上操作的时候，一个最常见的手势动作就是按住屏幕向上滑动手指来查看首屏下面的内容，这时马上看到一个 300px × 250px 的矩形广告出现，就会自然而然地注意到广告内容，从而增加广告点击率。

如图 4.8 所示，在滑动查看下面内容的时候，第一屏下方的广告很引人注意。

除了第一屏下方这样的广告放置办法之外，也可以考虑文字链接广告，只在首屏宝贵的位置里面占用很窄一条，也可以带来不错的收入。

此外，2015 年 Google 推出了网页级广告，2018 年将其升级为自动广告，都可以为手机终端提供专门的广告格式：锚定广告和插屏广告。

锚定广告是固定显示在用户屏幕边缘（底部或者顶部）的移动广告，可由用户轻松关闭，如图 4.9 所示。

图 4.8

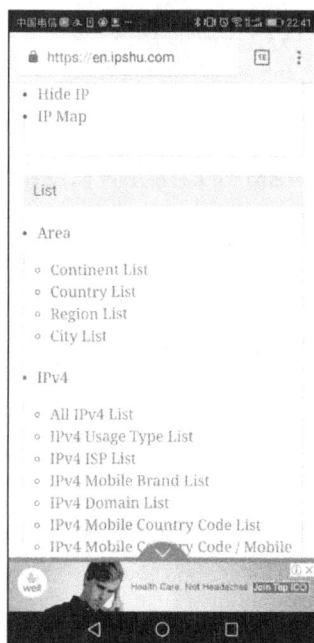

图 4.9

插屏广告是在网站的页面跳转间隙展示的移动全屏广告，可由用户轻松关闭，如图 4.10 所示。

这些广告都是由 Google 自动判断当用户有可能点击的时候才投放的，可以平衡考虑用户体验和广告收入，做到二者兼顾。我强烈建议发布商在手机网站中投放。

另外，如果发布商做适合手机浏览的 AMP 版本网站，那么优化方式与上面类似，如图 4.11 所示。

图 4.10

图 4.11

延伸：AMP 的广告组件甚至比普通 AdSense 更丰富，可以投放专门的悬浮广告。具体见 AMP Project 官方网站文档中的广告组件（https://www.ampproject.org/zh_cn/docs/reference/components）。

4.3 广告颜色更协调

4.3.1 重要策略：让广告与网页内容融合为一体

AdSense 广告与传统广告最大的不同之处是与网页内容的相关性，广告本身是对网页内容的补充，浏览者会对广告内容有兴趣。因此，发布商在放置广告的时候的一个非常重要的策略是让广告与网页内容融合为一体，特别是在界面上要看上去协调。

有些网站为了突出广告让浏览者点击，采用了很特别的颜色，放置在最明显的位置，与网页本身的内容及风格差异很大，显得很突兀，如图 4.12 所示，广告与正文颜色反差很大。

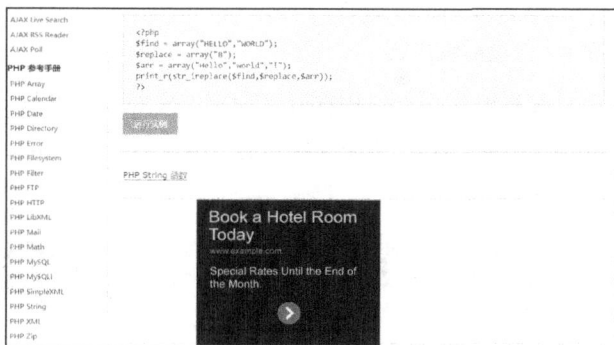

图 4.12

广告不应该显得太突兀，只有与正文内容匹配才会让浏览者更容易点击。

如果广告太突兀，那么浏览者显然不会感到舒适，点击的意愿也会降低。在另一个例子中广告虽然明显，但是看上去却比较协调，如图 4.13 所示，广告与内容颜色相近。

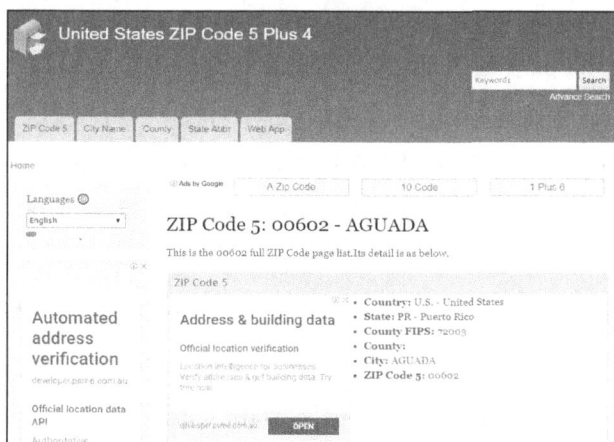

图 4.13

在色彩上让广告与整个网页融合，网友看起来更自然、更容易点击。

📄 诀窍

AdSense 本意就是提供与网页内容相关的广告，因此可以尽量让广告与网页内容在界面上显得是"一家"的。

4.3.2　高收入广告格式推荐

Google 官方推荐以下 3 种收入最高的格式。

1．728px×90px 首页横幅广告

728px×90px 首页横幅广告可以用在网页顶部、底部或者中部，有文字和图片两种格式。图 4.14 为 728px×90px 横幅文字广告。图 4.15 为 728px×90px 横幅图片广告。

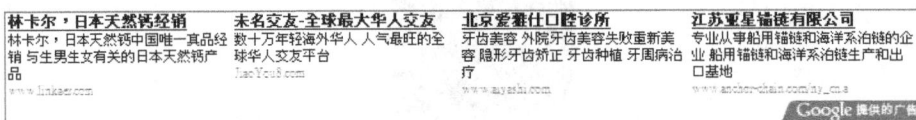

图 4.14

图 4.15

2．160px×600px 宽幅摩天大楼广告或者 120px×600px 摩天大楼广告

160px×600px 宽幅摩天大楼广告或者 120px×600px 摩天大楼广告可以用于网页左侧、右侧或者中间，有文字和图片两种方式。图 4.16 为 160px×600px 宽幅摩天大楼文字广告。图 4.17 为 160px×600px 宽幅摩天大楼图片广告。图 4.18 为 120px×600px 窄幅摩天大楼文字广告。图 4.19 为 120px×600px 窄幅摩天大楼图片广告。

3．336px×280px 大矩形广告或者 300px×250px 中等矩形广告

336px×280px 大矩形广告或者 300px×250px 中等矩形广告可以用于各种位置，有文字和图片两种格式。图 4.20 为 336px×280px 大矩形文字广告。图 4.21 为 336px×280px 大矩形图片广告。图 4.22 为 300px×250px 中等矩形文字广告。图 4.23 为 300px×250px 中等矩形图片广告。

从我的经验来看，刚加入 AdSense 不久的发布商往往喜欢将各种广告格式都试一遍，但随着渠道跟踪数据的累计，会发现不少格式效果都很差，最后留下的也就是上面的这几种。

图 4.16

图 4.17

图 4.18

图 4.19

图 4.20

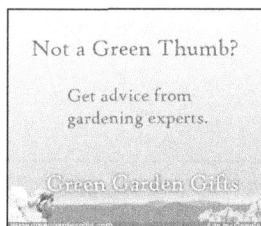

图 4.21

图 4.22

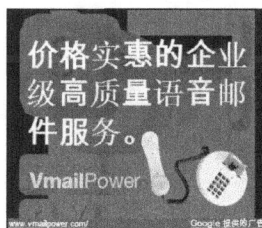

图 4.23

📋 **诀窍**

广告的尺寸越大往往效果越好，在我的统计中，160px×600px 的宽幅摩天大楼广告就比 120px×600px 的窄幅摩天大楼广告收入稍高，336px×280px 的大矩形广告也比 300px×250px 的中等矩形广告收入稍高。

4.3.3　常用调色板推荐

前面提到让广告与网页内容融合是一项重要策略，你可以根据网页风格修改广告颜色，使之搭配合理。

内容广告的样式有 6 种：默认样式、尊贵典雅样式、极简主义样式、深蓝反色样式、色彩缤纷样式、记事本样式、分别如图 4.24 ~ 图 4.29 所示。

图 4.24

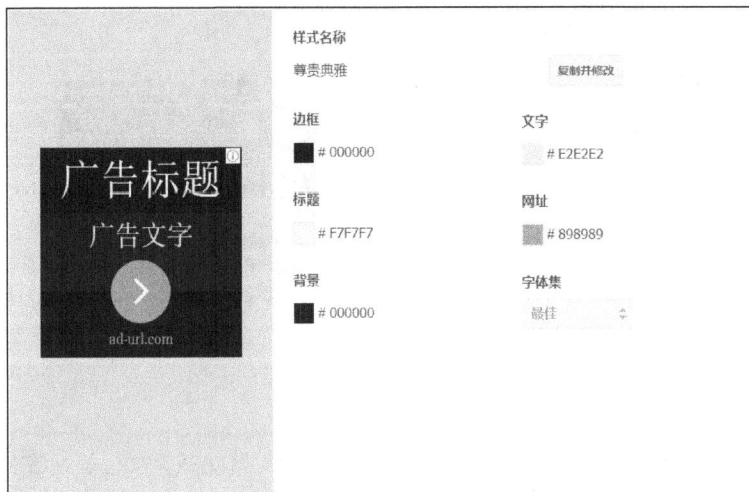

图 4.25

图 4.26

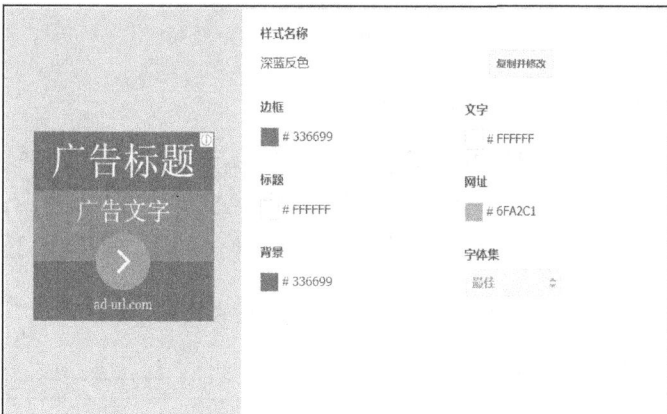

图 4.27

图 4.28

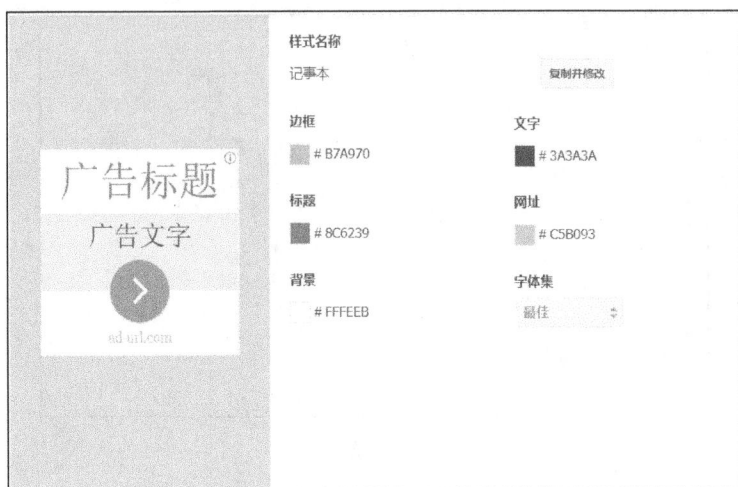

图 4.29

其中默认的调色板适合于大多数网站。

默认的配色是白色边框、蓝色标题、白色背景、黑色文字和灰色网址，我将网址的绿色修改为蓝色后另存为一个叫"blue"的新调色板，如图 4.30 所示，应用到多数网站中，因为蓝色网址比灰色网址更像一个可以点击的链接，也更容易让浏览者点击。

在另一个例子中，整个网页采用了红色的风格，因此可以新建一个叫"red"的新调色板来配套，如图 4.31 所示。

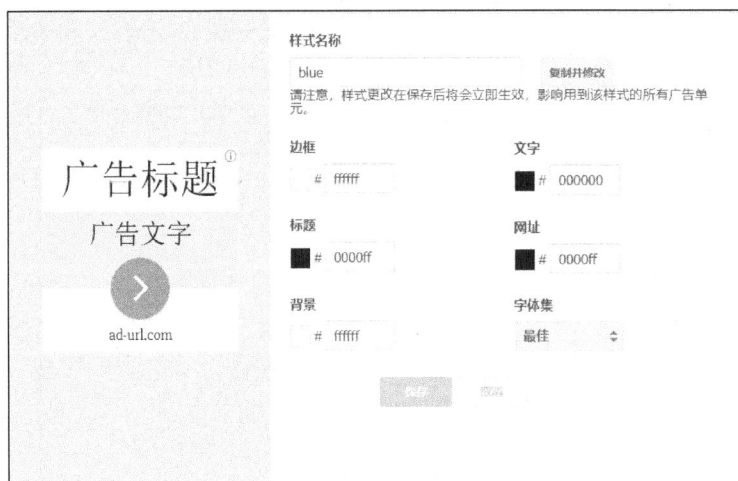

图 4.30

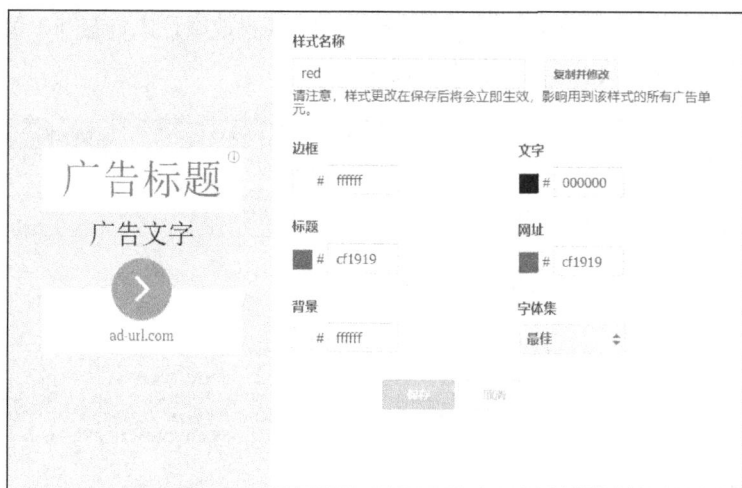

图 4.31

📋 **诀窍**

让广告的边框颜色、背景颜色与四周的网页内容的背景颜色相同是一个相当有效的策略。

4.3.4　图片广告的运用

AdSense 的内容广告支持文字、图片、视频、互动广告等多种格式，其中视频、互动广告都归于图片选项中。

在后台获取广告的设置中有文字与图片广告（默认）、仅文字广告、仅图片广告3 个选项。

AdSense 早期绝大多数都是文字广告，只有少量大的品牌广告主推出图片广告，不过这个情况目前有所变化，越来越多的广告主为了吸引更多浏览者而采用图片广告，而且 Google 在 AdWords 中推出了图片广告的 DIY 工具，使得制作一个看上去很专业的图片广告只需要几分钟，广告主免去了聘请专门美工人员设计图片广告的麻烦和费用。

另外，在第一屏以外的部分（如屏幕底部）放置的文字广告很不起眼，很容易被浏览者忽略，因而点击率极低。这时可以尝试在该广告位指定仅发布图片广告，这样更容易让浏览者注意到。例如，图 4.32 为一个页面的底部截图，如果在广告位投放文字广告，那么很容易被淹没在上下的文字说明中，而投放图片广告有利于引起浏览者注意，而且还会使网页看上去更协调、漂亮。

图 4.32

在首屏以外的地方放置图片广告，让页面底部的广告更吸引浏览者。

诀窍

除了极个别情况之外，建议不要只投放仅限于文字的广告，可以设置为"文字/图片"自动匹配的方式，让 AdSense 自动放置收入高的广告。

4.3.5 原生广告的使用

广告的技术、浏览者对广告的审美要求、广告主对广告吸引力的要求都在变化。本书第 1 版的广告示范截图多数是简单的文字广告，而且在一个广告单元中挤满多个广告，每个广告的字都很小，典型的广告如图 4.33 所示。

图 4.33

这看上去有点类似于传统报纸上的分类广告，现在的浏览者已经不愿意看这样挤得密密麻麻的内容了，在信息过于丰富的时代，用户没有耐心仔细看很多的文字内容。而广告主也对这种与其他广告主的广告挤在一起不满意，希望能单独展示自己的广告，以便在品牌形象和点击效果上都得到提升。

图片广告比文字广告的效果更好，如图 4.34 所示。

图 4.34

但时间长了以后，浏览者对图片广告也会熟视无睹，特别是放置在广告顶部的Banner 广告，往往会被熟悉网站界面的用户直接忽略，造成广告效果的下降。

2017 年，Google 推出了更符合发展趋势的广告形式：原生广告，包括信息流广告和文章内嵌广告。

图 4.35 为一个文章内嵌广告。

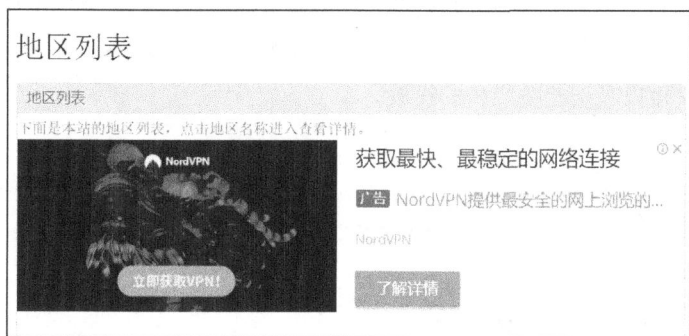

图 4.35

可以看出，原生广告包含了图片和文字内容，尺寸更大，更醒目，嵌入文章内或者信息流中与周围内容形成一体，让用户不会明显识别出广告而产生反感或者忽略，因此有更好的广告效果。

目前，越来越多的广告主开始采用这种原生广告，特别是在国外，投放原生广告的广告主多起来后竞价效果明显，提升了广告价值，广告发布商换用这种格式的广告后也获得了更高的收入。

上面的几幅广告截图都是电脑版的效果，手机上的效果类似，原生广告受到更多广告主和发布商的欢迎。

4.4　广告内容更匹配

4.4.1　页面内容调整以"控制"广告内容

AdSense 的特点是自动投放与网页内容相关的广告，因而投放的广告并不受发布商控制，但并不是说广告内容就只能听天由命了，发布商依然可以做一些工作引导广告的投放，让广告与网页内容更好地匹配，以便获得更多的点击和收入。

最直接的办法就是改进页面内容，增加你希望吸引广告投放的相关内容。可以在原来的页面中修改和增加内容，也可以添加新的页面加入新的内容。

例如，在查号吧网站里已有的电话区号页面中加入一些包含"长途电话""电话卡""电信""移动""联通"的相关关键词语，就有希望吸引这类广告的投放。

又如，在查号吧网站里添加新页面，提供各省运营商网上营业厅链接和说明，在其中加入"话费查询""充值""流量"等相关关键词语句，这样既可以为网民提供方便的服务，又可以吸引相关广告的投放。

> **诀窍**
>
> 能否调控页面匹配的广告是区别 AdSense 新手和高手的明显办法。

4.4.2　设置区段定位突出重要内容

网页文件也许会很大，包含很多文字、图片以及导航等内容，这有可能让 Google AdSense 的抓取机器人难以分析出重点内容，因而影响广告匹配效果，这时候可以采用 AdSense 提供的区段定位功能。

在网页的 HTML 代码中合适部分加入以下强调代码：

```
<!-- Google_ad_section_start -->
希望强调的部分
<!-- Google_ad_section_end -->
```

如果你希望忽略网页 HTML 代码中的部分内容，那么可以用以下代码：

```
<!-- Google_ad_section_start(weight=ignore) -->
希望忽略的部分
<!-- Google_ad_section_end(weight=ignore) -->
```

在一个网页中可以在多处加上以上强调或者忽略的代码，而每一段都应该包含足够丰富的文字内容，否则容易造成 AdSense 判断不准而投放相关性差的广告或者公益广告。

需要说明的是，区段定位是一种建议工具，并不是一种控制或者操纵工具，Google 不保证一定能改善广告匹配结果和增加收入，而且可能需要两周的时间抓取、调整、投放新的广告。

2018 年，我在网上搜索这种区段定位的办法，只在第三方网站的少数较老的文章中看到，目前在 Google AdSense 官方的帮助文档中已经找不到这个办法，所以也只能参考。

4.4.3　少用图片、Flash，多用文字描述

与 Google 抓取机器人一样，AdSense 派出的机器人也无法对网页中的图片、Flash 内容进行适当的分析判断，因而为了得到更相关的广告投放，我们应该在网页中多用文字描述。

页面导航菜单也应该使用文字链接，而不用图片或者 Flash，这样更有利于 AdSense 机器人的抓取和判断。

如果页面中只需要少数文字就能满足浏览者的需要，而这些文字又不好匹配合适的广告，那么我们可以考虑浏览网站的网民还有什么相关的需求，可以补充包含相关关键词的文字内容。

例如，在一个查询邮政编码的页面中，只需要一行表格就可以告诉浏览者某地的

邮政编码，文字太少而且不好匹配广告，这时我们可以添加该地的各种快递公司的信息和链接以及补充说明，既为网友提供了其可能需要的信息，又丰富了适合匹配广告的关键词，便于吸引高质量的广告。

图 4.36 为简单的页面添加了更多相关的文字内容，引导合适的广告投放。

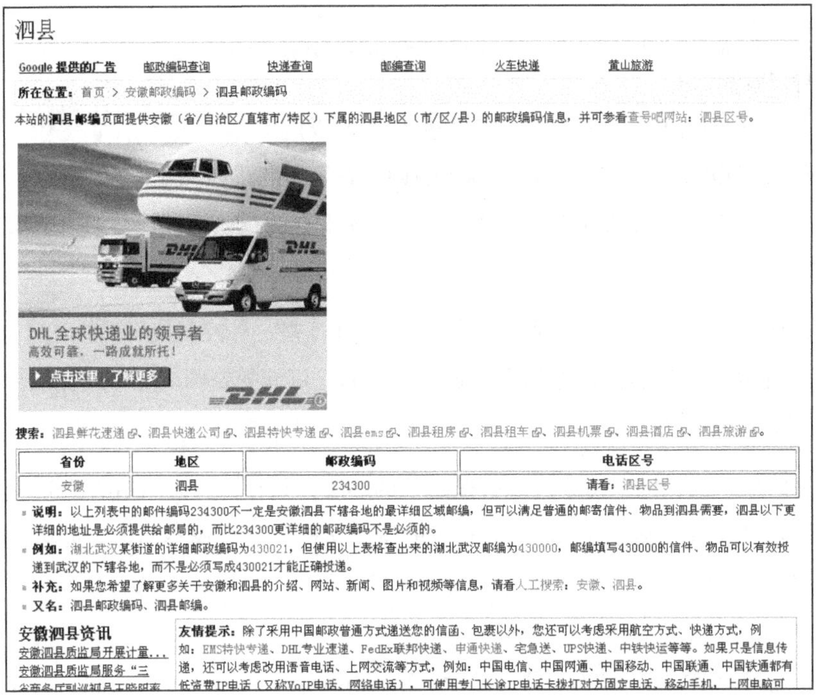

图 4.36

4.4.4　页面标题、页内标题、URL 保持一致

在 2.6 节讲过搜索引擎优化的内容，为了让页面在搜索引擎特定的关键词搜索中排名靠前，需要尽量将页面标题、页内标题和 URL 保持一致，这样搜索引擎会很准确地判断这个页面的重点就在这个关键词上，从而在与其他同类页面的竞争中可能得到好的排名。

为了让 AdSense 投放更相关的广告，我们同样需要让页面标题、页内标题、URL 尽量保持一致。例如，对于一个关于 0755 长途区号的页面，页面标题写成 <title>0755 电话区号查询|手机号码归属-查号吧 www.ChaHaoBa.com</title>，页内

标题写成<h1 id="firstHeading" class="firstHeading">0755</h1>，URL 写成 http://www.chahaoba.com/0755。

在页面标题、页内标题、URL 中重复关键词，吸引搜索引擎和广告匹配。如图 4.37 所示，在浏览器标签、URL 和页面中都可以看到"0755"。

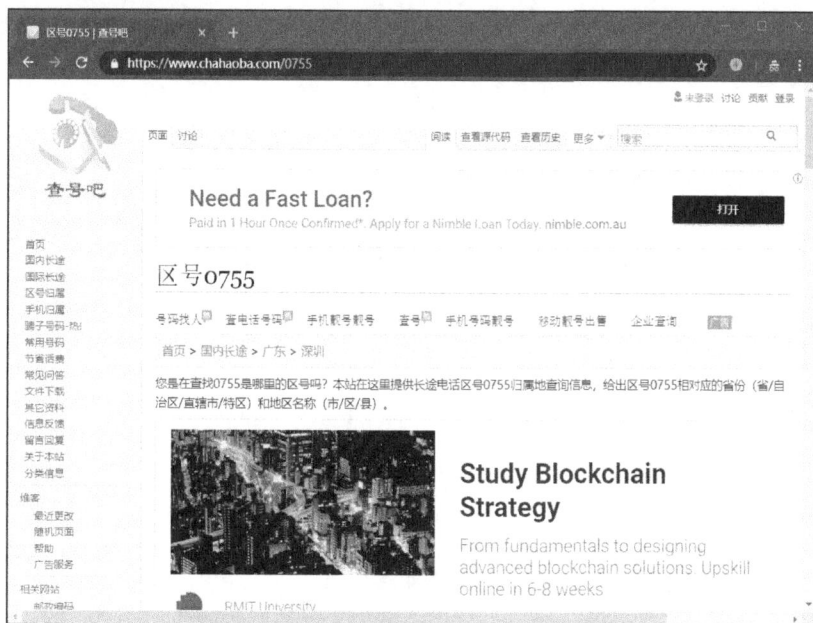

图 4.37

📋 **诀窍**

搜索引擎优化的很多技巧都可以运用到 AdSense 优化中，两种优化有异曲同工之妙。

4.4.5　合适的关键词和密度

与搜索引擎优化中的说明一样，为了提高 AdSense 匹配广告的相关性，需要使用合适的关键词和密度。

例如，为了吸引充值卡、IP 电话卡类型的广告投放，我在查号吧网站中专门新增了"话费查询"栏目，里面有全国各地电信、联通和移动公司的网上营业厅相关信息和网址，并在页面中多次提到"话费""充值""电话卡""IP 卡""网络电话""手机"等关键词，从实际效果来看匹配的广告都不错。为页面多补充合适的关键词，就可以吸引到同类广告的投放，如图 4.38 所示。

图 4.38

4.4.6　整站主题匹配

在创建新页面前，Google 常先投放公益广告，过一段时间在抓取、理解了网页内容后再投放更准确的广告。我发现有一些网站现在直接投放非公益广告，而且广告的相关性还不错。

虽然 AdSense 派出的是机器人，但是 Google 不断令其具有更高的智能，虽然新页面内容还没有被判断出来，但是因为这个页面所在的整个网站的主题已经被判断出来，所以这个新页面也被默认为具有同整个网站一样的主题，因而可以直接投放相关广告。机器人在获取了页面内容、进行分析后，根据实际情况再投放更加匹配的广告。

除了整个网站的主题匹配之外，AdSense 还会根据 URL 中的目录路径对新页面主题进行预判。例如，http://www.example.com/sports/newpage.htm 。因为在/sports/目录下，所以可以投放与体育运动相关的广告内容。

因此，我们在网站的主题定位、目录结构、文件命名等各方面都应该注意相关性，这些都可能对 AdSense 投放广告的准确性产生影响。

诀窍

要从 AdSense 获得高收入，吸引广告主的定向投放很重要，有定向投放意向的广告主越多就会让网站上广告位的竞价越高，所以需要让网站主题鲜明，让浏览者符合广告主的潜在客户特征，从而更吸引广告主投放。

4.4.7　屏蔽无关或者反感的广告

虽然 AdSense 在大多数情况下会做出最佳选择，但是毕竟不如人的判断准确，我们应该经常关注自己的网站，查看网站上匹配的广告内容，如果有明显的问题，就要采取措施屏蔽。

例如，一个娱乐性的网站，以前以匹配影视、交友等方面的广告为主，而有一段时间却发现各个页面的各个广告位几乎都被治疗男女性病的广告占据，显得很不协调，这时可以去 AdSense 后台屏蔽相关网址。

又如，查号吧网站"骗子号码"栏目的网页内容本来是让网友曝光骗子的，但却发现匹配的一些手机窃听器等广告本身就涉嫌骗人，这是由 Google 的审核不严、AdWords 被人钻了漏洞引起的，发布商可以在 AdSense 后台屏蔽。

屏蔽有两种办法，一种是在"竞争性广告过滤器"中添加广告网址，另一种是针对网站定位的广告在"广告审核中心"阻止。

一些发布商希望用关键词屏蔽，但 Google 暂无相关计划。

另外，Google 现在也推出了广告类型选择，可以用来指定特别的类型，减少非指定类别的广告，在 AdSense 后台可以直接操作。

提醒

我咨询过 Google 的工作人员，他们建议屏蔽广告的功能尽量少用，以免减少可能的收入，他们会根据人工审核以及自动算法调整。另外，发布商自己盯着看广告工作量太大，屏蔽广告只适合个别情况。

4.5 使用更多广告

4.5.1 页面中使用多个广告单元组合

在前面讲述 AdSense 收入组成公式的时候，可以清楚地看到广告的展示越多越好，在页面展示量一定的前提下，在每个页面中广告单元的数量越多对提高收入越有利，虽然在数量上并不成正比。

AdSense 项目政策中规定，每个页面最多可以放置 3 个文字广告和展示广告、3 个链接广告和 2 个搜索框，如果数量超过规定，那么一般来说是不会显示出来的（但我在实践中发现如果通过 Google Ad Manager 投放 AdSense 广告，那么数量是不受限制的）。

前面还说到效果较好的内容广告是 728px×90px 横幅、160px×600px 宽幅摩天大楼、336px×280px 大矩形这 3 种格式，可以将这些广告以及合适的链接单元组合起来放置，如图 4.39 所示。

图 4.39

⚠ **提醒**

因为广告太多会造成用户体验下降，从长期来说影响网站的流量和收入，所以需要综合考虑。

4.5.2 内容广告代码放置的顺序

如果一个广告单元有多个广告，那么单价最高的广告会排列在最靠前的位置。当一个页面有多个 AdSense 广告单元时，单价最高的广告会放在网页 HTML 代码最靠前的广告单元中。

例如，在图 4.40 中有一个 336px×280px 的大矩形内容广告和一个 160px×600px 的宽幅摩天大楼内容广告，虽然 160px×600px 的广告位置高于 336px×280px 的广告位置，但根据渠道跟踪统计我们发现 336px×280px 广告的点击率比 160px×600px 广告的点击率要高出数倍，这时如果 160px×600px 的广告代码在页面中比 336px×280px 的广告代码先出现，高价广告就会出现在 160px×600px 的广告单元中，这显然不是我们希望的，因此我们可以调整代码或者广告位置让点击率高的广告代码出现在 HTML 中更靠前的位置。目前很多网页都采取 CSS+DIV 的设计架构，这样代码出现的先后次序与在屏幕上的位置是分离的，因而也更便于 AdSense 广告的调整。

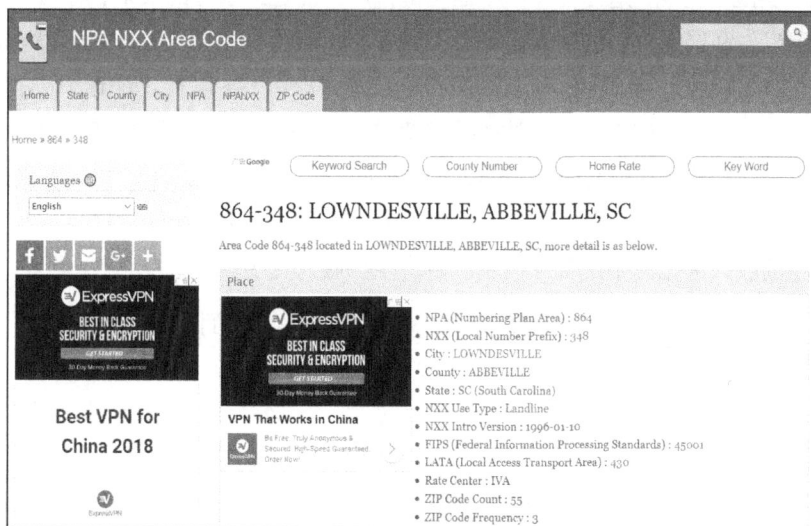

图 4.40

图 4.40 中中间的 336px×280px 广告的点击率比左侧 160px×600px 广告的点击率要高，注意代码顺序。

另外，在以上例子的页面中还有 728px×15px 链接单元，点击其中的文字链接后会出现专门广告页面，其中的内容广告单元与以上页面中 336px×280px 和 160px×600px 广告单元的价格是独立分开的，不会有链接单元先出现就单价更高的情况，即链接单元与内容单元之间是不存在竞价关系的，只有内容单元之间有竞价关系。

4.5.3　巧妙利用链接广告起到的奇效

在获取 AdSense 内容广告时可以看到首先会有"文字广告和展示广告""链接广告"两个选项，其中的"文字广告和展示广告"直接显示广告内容，在用户点击（针对 CPC 广告）或者浏览（针对 CPM 广告）后，发布商就可以获得收入，而"链接广告"并不直接显示广告内容，而显示几个关键词的文字链接，浏览者浏览甚至点击这些文字链接都不会产生收入，只有在点击打开的专门广告页面中再次点击感兴趣的广告单元才会产生收入。

很多发布商对于能直接产生收入的文字广告和展示广告非常青睐，而对于需要两次点击才能产生收入的链接广告不太重视。

我在实践中发现，适当在页面中运用链接广告能起到很好的效果，有时甚至可能超过文字广告和展示广告的收入。例如，如图 4.41 所示，有一个 728px×15px 链接广告以及 336px×280px 和 160px×600px 两个文字广告和展示广告，浏览者往往将顶部的 728px×15px 链接广告视为网站的导航菜单，当匹配出的关键词文字与网页内容很相关时，很可能获得比 336px×280px 广告更好的收入，相比之下，位于左侧菜单栏位置的 160px×600px 广告获得的关注并不多。该网站的实际统计数据也证实了链接广告产生的收入常比文字广告和展示广告产生的收入更多。

需要点击两次的链接广告可能会超过只需要点击一次的文字广告和展示广告的收入。

📋 **诀窍**

链接广告所占位置小而功效大，绝对不要放弃使用。其文字链接与页面内容匹配很好，容易让浏览者感兴趣。

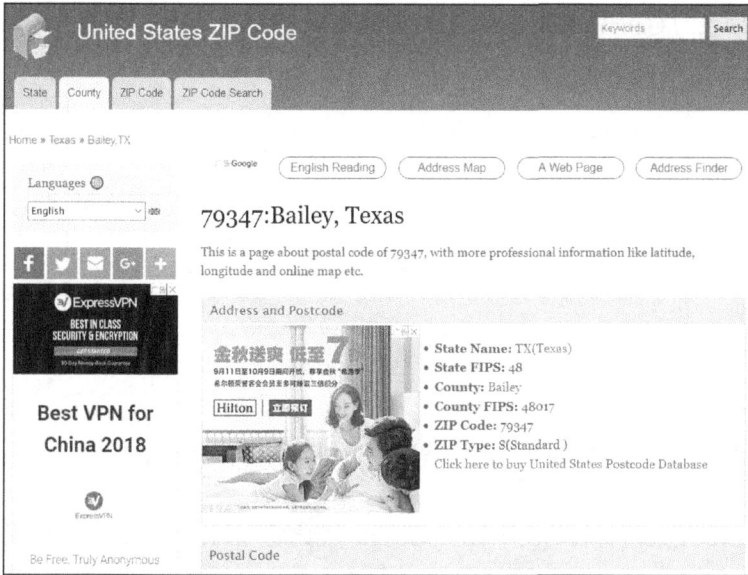

图 4.41

所有链接广告的格式排在下面，可以根据网页实际情况选用。

纵向列表的 Google AdSense 链接广告如图 4.42 所示。

图 4.42

横向列表的 Google AdSense 链接广告如图 4.43 所示。

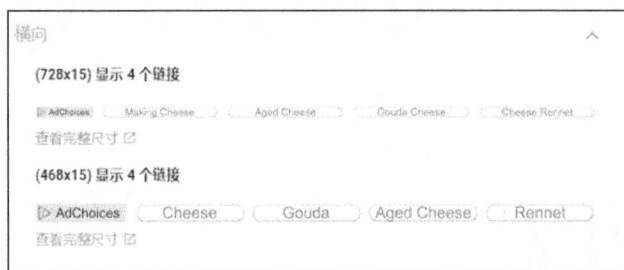

图 4.43

4.5.4　利用搜索广告提供的搜索功能并获得收入

AdSense 搜索广告在为网页提供 Google 搜索功能的同时也让发布商多了一个赚钱的方式，当浏览者使用搜索功能时，如果点击搜索结果页面中出现的广告，那么发布商也能获得收入分成。

在以信息搜索为主的网站（包括网址导航类的网站）中，网站顶部的搜索框非常重要，多用于外部搜索，其使用频率很高，发布商采用搜索广告能获得不少收入。

以信息内容为主的网站，除了外部搜索之外，还需要提供内部搜索功能，站内搜索功能日益成为一个专业网站必备的部分，而自行开发搜索功能不仅麻烦而且效果不一定好，Google 提供的搜索广告正好能提供站内、站外搜索，还有可能带来广告收入，这样的好事何乐而不为呢？

在以内部搜索为主的情况下，建议将搜索框放置在页面第一屏突出的位置，这样更方便用户的使用。

在屏幕最下方可以放置一个主要用于外部搜索的搜索框，这样浏览者在看完全部内容后，如果还希望查找更多的相关信息，就正好可以不离开页面而使用 Google 提供的搜索功能了。

有几点需要注意的地方：

（1）在搜索框附近可以设置相关关键词或者热门关键词，浏览者不用在输入框中输入就可以直接点击搜索。

（2）不要去掉 Google 的图片 LOGO，在有 LOGO 时用户往往更放心使用。

（3）发布商可以自己在搜索框中搜索，但绝对不要自己点击搜索结果中的广告。

（4）在 2010 年的时候国内还可以使用 Google 搜索，但现在国内不能直接使用 Google 搜索功能，所以 AdSense 的搜索广告也不能放在供国内用户浏览的网站上，只能放在供国外用户浏览的网站上，而且广告代码要放在国外的服务器上，以避免拖慢网站打开速度和搜索功能被阻断的情况。

4.5.5　原生广告数量不做限制

2017 年，Google 推出了原生广告的形式，对同一个页面中的广告数量限制的规定也有了变化，不再限制广告单元的数量，只规定广告的篇幅不能超过正文内容的篇幅。

在比较多的信息流内容中，可以加入多条信息流广告。例如，在分类信息列表页面，单页下拉查看共有 50 条信息流内容，可以在每隔 10 条（超过 1 屏）的地方插入 1 条信息流广告。

在比较长的文章内容中，可以加入多段文章内嵌广告。例如，在一则问答中，回答的内容分成了 5 个大的段落，每个段落的篇幅都超过 1 屏，可以在各个段落之间插入 1 条文章内嵌广告。

4.5.6　广告收入与用户体验的平衡

多数国内发布商都希望在网站上多放广告以便获得尽可能多的收入，但我也遇到过少数发布商非常注重用户体验，不是增加广告而是设法减少广告，做好广告收益与用户体验之间的平衡。

这种人工考虑的办法比较麻烦，也不一定能兼顾好平衡。其实 Google 在 2017 年 1 月已经推出了"广告平衡"功能，让发布商在大幅减少广告展示数量、改善用户体验的情况下广告收入基本不变或者只有很少的下降，后台如图 4.44 所示。

进入"广告平衡"后可以看到 Google 自动给你计算了一个"广告填充率"的"良好用户体验的范围"，例如图 4.44 中的 0%～50%，发布商可以自己拖动滑块选择"广告填充率"，当我选择 55%的时候"估算"变为了 99%，也就是说投放以前广告量的 55%就可以获得以前广告收入的 99%，这应该是很划算的事情，减少 45%的广告投放肯定能大大提升用户体验。当用户体验得到大幅提升时，网站的吸引力和流量应该还会提高，从而长期带来更多的广告收入。这种用大数据分析和人工智能的办法做平衡是一个很好的功能。

图 4.44

我们在实际设置广告平衡后，观察了一段时间，从 AdSense 后台数据来看，广告展示量明显下降，但单价上升，总收入基本不变。但有一个问题是广告不是 100%展示，不方便我们修改调试广告看效果，所以我们又把广告填充率还原为 100%。无须经常调整广告设置的发布商可以一直坚持使用该功能。

另外，"广告平衡"还提供了"实验"的办法，将两者设置进行效果对比，并且可以自动或者手动选择要采用的办法。

4.6 跟踪广告效果

4.6.1 用渠道细致测量

前面讲到的一些优化技巧是他人的经验总结，发布商自己使用的效果是否好呢？这就需要评测，AdSense 提供的渠道功能就可以非常好地用于数据跟踪对比。

Google 在评测广告效果方面做了很多细致工作，内容广告、搜索广告等几乎所有的广告形式都支持渠道跟踪。

最常用的内容广告有网址渠道和自定义渠道两种渠道设置，网址渠道用于跟踪域名、子域名、目录或者单独网页的数据，自定义渠道可用于自己任意设定的指标，例如为网页的一组广告位新建一个自定义渠道，从统计数据中就可以知道这一组广告位的展示数量、点击次数、网页点击率、eCPM 和收入情况。

诀窍

AdSense 优化不是盲人摸象，完全可以及时得到有效的评估，渠道测量是优化 AdSense 的必修课。

4.6.2 用专门报告跟踪效果

在 AdSense 的"高级报告"中可以挑选需要显示的渠道查看所需数据，而当渠道数量相当多的时候，每次查看需要挑选渠道比较麻烦，这时可以使用"添加到'我的报告'"功能，将选择的产品、显示汇总/渠道、日期范围、广告/链接单元、显示依据等保存起来，以便下次直接使用。Google AdSense 后台中"高级报告"如图 4.45 所示。

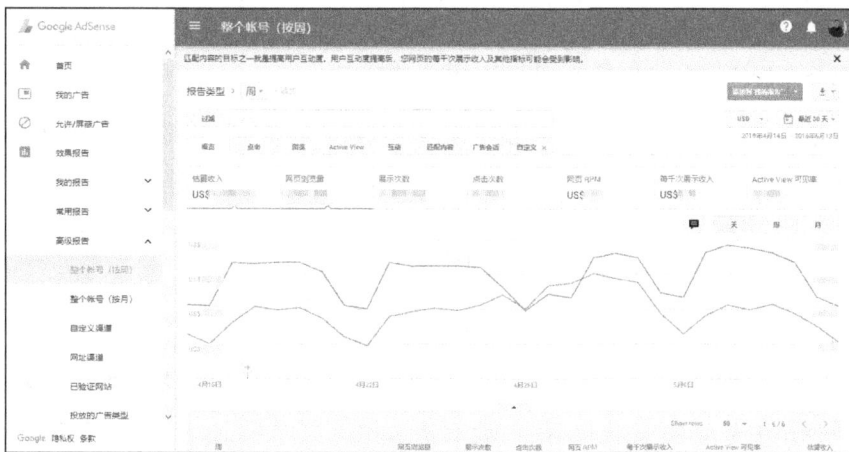

图 4.45

如果需要与他人分享你的 AdSense 部分数据，可以在"管理报告"中设置将需要共享的报告模板定期发送到指定的电子邮箱中，如图 4.46 所示。

图 4.46

4.6.3　其他工具跟踪

以前 AdSense 自带的网址渠道和自定义渠道数量总和上限为 200 个，后来增加到 500 个，但对于有更多域名、子域名、目录和自定义渠道需要跟踪的发布商来说，这些数量有可能不够用，如果希望跟踪每个网页的情况，那么显然 AdSense 本身无法实现。

2009 年，Google 在其 Analytics 分析产品中推出了与 AdSense 结合的功能，可以看到每个页面的 AdSense 收入情况，这样就提供了无数个网址渠道。据我所知，目前使用这个功能的发布商并不多，强烈推荐赶快试用。

Google Ad Manager 的报告功能也可以起到跟踪的效果，这将在本书后面的部分专门讲述。

4.6.4　建立 AdSense 优化笔记

PDCA 循环（又名戴明环）按照 P（Plan，计划）—D（Do，执行）—C（Check，检查）—A（Action，行动）的顺序进行质量管理，并不断循环，向更高的质量推进。

在网站中做 AdSense 优化不是一蹴而就的事情，同样可以借用 PDCA 循环的概念：

（1）P：根据他人以及自己以往的经验，准备优化调整。

（2）D：执行修改网站网页、补充完善内容、调整 AdSense 代码等工作。

（3）C：在一段时间后对 AdSense 后台数据，特别是渠道跟踪数据，进行检查分析。

（4）A：把有效的调整保留下来，把无效或者负面的调整还原，进入新的循环。

这个循环的周期可以自己掌握，从几天到几个月都可以。需要提醒的是，在调整时要做好笔记，记录调整的内容和时间以及调整前的数据，过一段时间查看渠道跟踪数据后，将调整前后的数据对比，并记录时间和数据，这样就可以很容易得出结论。

⚠ **提醒**

如果有多个调整优化的想法要实施，那么最好逐个想法实验。如果同时调整多个地方就可能造成不知道引起最后变化结果的真正原因是什么。

具体记录的方式不限，可以记录在纸质记事本上，也可以用电脑上的文档、表格、日程表、任务表跟踪记录。

一个 AdSense 优化笔记如表 4.1 所示。

表 4.1

优化内容	设置记录	修改时间	修改前数据	检查时间	检查时数据	结论
*.example.com 改用 Ad Manager 投放广告						
example.com 修改浏览器报错						
修改广告尺寸						
更多其他修改……						

在 AdSense 后台也可以直接做笔记，如图 4.47 所示。

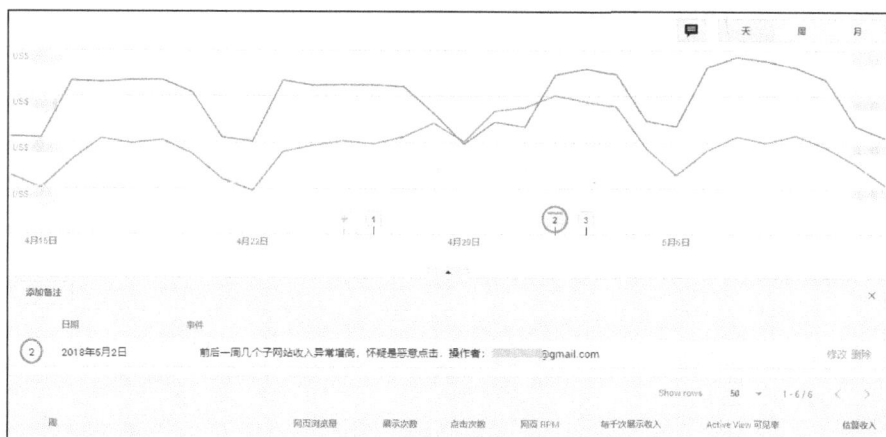

图 4.47

可以直接在时间线上添加备注，例如备注 2。自己做的一些设置修改或者 AdSense 自身的一些调整也会被记录下来。

备注 1　　2018 年 4 月 26 日　　自动广告：添加了自定义组"启用全部广告格式"

备注 2　　2018 年 5 月 2 日　　前后一周几个子网站收入异常增高，怀疑有人恶意点击

备注 3　　2018 年 5 月 3 日　　"展示次数"指标已经根据 IAB/MRC 准则更新

诀窍

对自己目前 AdSense 收入比较满意、认为难以再继续提高的朋友也不要松懈，每隔一段时间做好统计分析工作，只要不断调整就可以让收入再上新的台阶。

4.7　更多优化技巧

4.7.1　论坛优化，关键在第一帖周边

在某些特定类似的网站上放置 AdSense 广告有一定技巧，在 Google 官方帮助中心网站上有一幅论坛的广告率热图如图 4.48 所示。

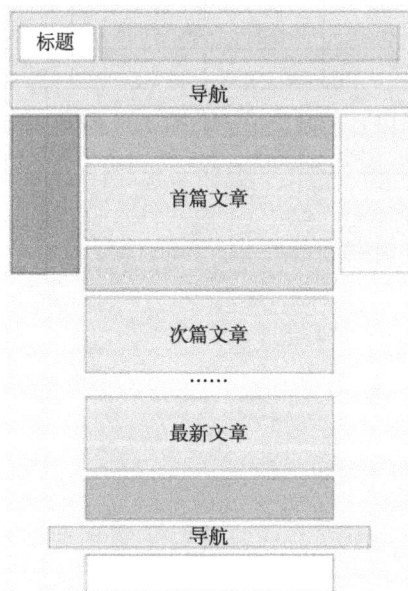

图 4.48

在论坛上公认的最佳放置位置是：

（1）论坛中发帖的第一帖（一楼）标题与正文之间。

（2）论坛中发帖的第一帖（一楼）正文下方。

（3）论坛中发帖的第一帖（一楼）与第一篇回复（沙发）之间。

这些地方是浏览者最关注的地方，如图 4.49 所示。

第一帖标题与文字之间、第一帖与第二帖之间都是浏览者关注的焦点位置。

不过也可能会引起发帖与广告之间的混淆，特别是部分论坛忠实用户感觉会有些不好，这时可以进行以下调整：

（1）指定只对匿名用户展示广告，对登录用户不展示广告，通过程序控制实现。

（2）将第一帖（一楼）的广告放置在屏幕右侧，不插入文字上方或者下方。

（3）使用占用位置更小的链接单元，而且可以供常客查看相关主题的广告。

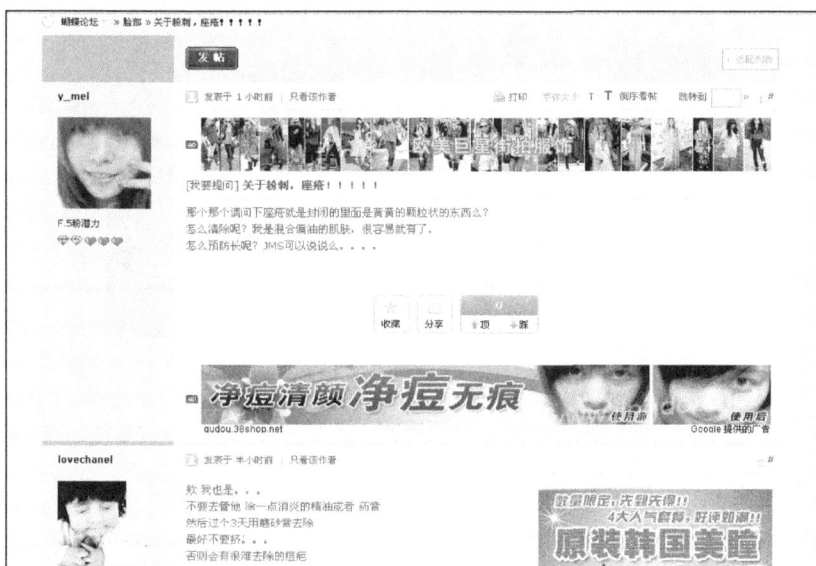

图 4.49

另外，还要根据论坛的特点注意以下几个方面：

（1）在论坛首页、列表页可以不展示广告，因为用户停留时间短，所以点击率很低。

（2）每隔一定周期调整广告位置或者演示，以免老用户忽略广告的存在。

（3）使用"文字与图片"的广告形式，图片广告可能带来不少收入。

（4）为了忽略跟帖中可能有的不相关内容，可以采用区段定位让广告只匹配第一帖内容。

4.7.2　博客优化，文章周边组合投放

博客有自己的特点。例如，回访常客较多、页面格式固定、内容主题集中等。

Google 官方帮助中心里建议在博客页面中运用多个广告单位，并且使其颜色鲜明以获得关注，应该确保广告与投放区域使用相同的背景颜色，如图 4.50 所示。

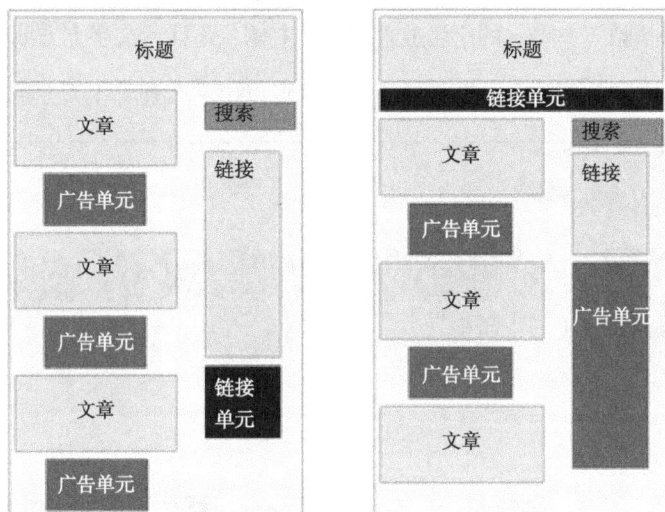

图 4.50

上面的例子中有以下几个特点：

（1）在文章之间用明显的背景颜色投放广告，吸引用户注意。

（2）顶部可以使用横向链接单元，为浏览者提供相关主题的关键词查看广告。

（3）在右侧上方提供搜索广告框，方便浏览者搜索，网站通过结果页的广告点击获利。

（4）在右侧下方提供纵向链接单元或者摩天大楼内容单元。

与多数网站以及论坛一样，还可以采用区段定位、允许图片格式提高广告收益。

4.7.3　其他语言版本 AdSense 赚钱

在中国大陆，一般网站运营者运营的都是简体中文网站，目前网站数量众多，发布商与愿意出钱做广告的广告主比起来，广告主相对更稀缺一些，因此中文网站获得的广告收入单价普遍不高。

有数据表明，英文网站 AdSense 广告的 eCPM 大约是简体中文网站的 30 倍（这是 2010 年的数据，我发现 2018 年基本上还是如此），即使与香港、台湾等地区的繁体中文网站相比，简体中文网站 AdSense 的 eCPM 也相差数倍之多。

因此，一些有英语功底的站长倾向于做英文网站。我运营的网站中以简体中文网站为主，但也有部分繁体中文和英文网站，从后台数据统计中可以证实繁体中文和英文网站的 AdSense 点击率、单价、eCPM 都比简体中文网站的要高不少。

英文网站要获得流量不是一件容易的事情，以下是需要注意的地方：

（1）英文水平要高，页面中的英文要让外国人看得明白，自动翻译工具产生的批量内容外国人是看不懂的。

（2）需要选用国外的主机，这样可以让国外的访问者获得更快的浏览速度，搜索引擎抓取更好。

（3）页面风格要适合国外读者，简洁明了而不花哨堆砌，广告不要过多而干扰正文，这点与国内读者习惯不同。

（4）选题可以考虑用英文介绍与中国相关的信息，这样更容易做出有深度的原创内容。

（5）注意知识产权，国外的网站很少有复制、粘贴做成的，更少用采集等办法做垃圾网站。

我们做的一个英文网站如图 4.51 所示。英文网站匹配出来的英文广告点击率和收入比中文网站的要高。

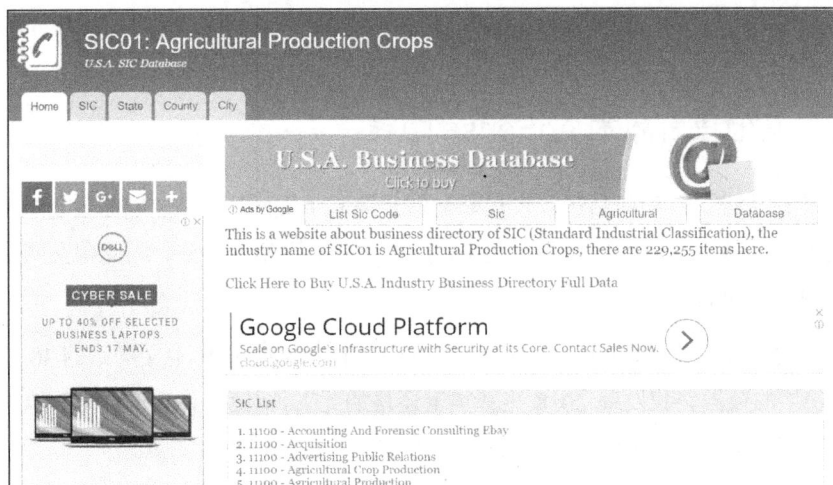

图 4.51

4.7.4　适当让浏览者放慢脚步

在看过网站后台统计分析报告后我们会发现，对于绝大多数网站来说，浏览者都是来去匆匆的，停留时间一般为几分钟，甚至几十秒、几秒，浏览的页面数量只有几页，要在这么短的时间内让其对网页上的广告产生兴趣不是一件容易的事情。

这时，可以采取以下两种办法：

（1）如果无法控制浏览者停留时间，就让广告更突出、更明显、数量更多。

（2）设法让浏览者停留的时间更多、查看的页面数量更多。

后者往往意味着提供更深入的内容以及吸引人的其他相关页面。在网页中提供除了普通浏览信息之外的服务是让浏览者放慢脚步的好办法。例如，在网站中提供 Flash 小游戏，让浏览者在网页浏览器中直接玩。

我偶然发现一个实用查询类网站的广告点击率比其他同类网站的广告点击率都高，该网站如图 4.52 所示。

从图 4.52 中可以看出，这是一个提供网络速度测试的页面，让浏览者从网站中下载一个小文件，然后计算出连接速度，这往往需要几十秒，在这期间浏览者除了看着进度条和完成百分比变动之外，在无聊等待中会自然而然地关注到旁边的广告。

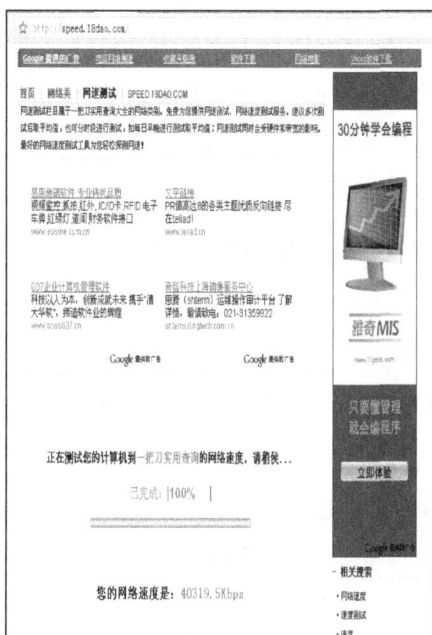

图 4.52

4.7.5　吸引定向投放

AdSense 的新手常常只关注关键词匹配，认为广告多是靠 Google 自动匹配出来的。这确实没有错，但依靠 Google 自动匹配出来的广告效果是有限的，在一些 AdSense 相关的论坛中我常看到有人发帖抱怨单价太低，其实可以使用一些技巧来吸引广告主定向投放到自己的网站，这是提高收入的一个重要办法。

首先，需要网站的主题明确、内容丰富、网民喜欢。

广告主花钱投放广告是为了吸引优质流量，只有优质网站才有可能吸引到品牌广告主的定向投放。那种"伪原创网站"虽然可能骗过机器，但是很容易被广告主人工识别出来，这类网站是无法获得广告主青睐的。

其次，要注意让广告主在 AdWords 中搜索到自己的网站。

AdSense 的广告一般是广告主通过 AdWords 投放的，在 AdWords 后台中可以选择是关键词投放还是定向投放，当定向投放时选择"内容联盟网络""仅选择我自选的展示位置上的相关网页"，可以看到发布商在 AdSense 后台设置自定义渠道中的描述，因此这个撰写描述的工作很重要。

再次，还有两个地方可以发布广告位信息吸引定向投放：Google Ad Manager 和 Google AdPlanner。

其中，Google Ad Manager 是对每个"展示位置"（对应于 AdSense 中的自定义渠道）说明，并可以让 AdWords 和 AdPlanner 中的广告主看到。Google AdPlanner 也可以介绍网站，吸引高端广告主。在本书后面将详细介绍 Google Ad Manager 和 Google AdPlanner。

最后，还可以在自己网站上做一个专门的"广告服务"介绍界面。

在 AdSense、Ad Manager 和 AdPlanner 中介绍网站和广告位篇幅都有限，可以在自己的网站上专门做一个"广告服务"的页面，全面介绍网站与广告相关的情况，包括网站的定位、浏览量和排名、目标人群特点、广告位置及尺寸、广告形式及代码、广告计费方式、投放的方式、联系的方式，这样方便潜在的广告主查看情况并联系。

诀窍

有没有针对网站的定向投放在广告单价上可能有很大区别，获得众多广告主定向投放的网站，广告位的价格在竞争下会有成倍的提高。

4.7.6　各国广告价值不同

除了网站语言不同导致广告单价不同之外，网站访问者所在的国家或者地区不同，广告价值也会有很明显的差异。

从 Google AdSense 后台菜单中进入"效果报告"→"常用报告"→"国家/地区"。

在界面中可以看到 eCPM 高的都是发达国家，而发展中国家的广告价值普遍不高。

有一次一位站长朋友很较真地问我中文内容、英文内容、中国流量、美国流量几种交叉情况的单价对比，我先凭感觉说了说，后来专门找了数据，得出的广告价值对比结论如下：

美国流量英文内容>（略大于）美国流量中文内容>>（远大于）中国流量英文内

容>（略大于）中国流量中文内容。

可以看出，浏览者所在国家对于广告价值的影响更大，浏览者所用语言对于价值的影响也有，但小一些。

4.8　拒绝作弊

4.8.1　AdSense 作弊手段大曝光

在 AdSense 推出之前，大多数互联网广告按照展示数量或者包月方式计费，而在 AdSense 投放的广告中大部分都是按照点击计费的 CPC 广告。

如果点击才计费，那么多数不点击的展示不白白给别人做了广告吗？我身边的一些朋友都有这样的疑问，甚至说怎么不自己或者找人多点击几次呢？

这些都是对 AdSense 不了解而提出的疑问，也有不少刚刚加入 AdSense 项目的站长看到点击数量带来的收入实在太少，而尝试自己点击，结果很快就被 Google 终止了合作，业内常称这种情况为被 K。

在 AdWords、AdSense 推出的初期，Google 确实存在对作弊监管不严的问题，结果导致广告主集体诉讼，为此 Google 还支付了数千万美元的大笔赔偿金。此后，Google 一直与欺诈点击做斗争，通过技术手段和人工判别，目前已经能很好地发现作弊行为而又不冤枉正规做站的站长。

作弊的人在不断翻新花样，但可能短期有效，终究难以长期得逞，这里列举出常见的作弊办法：

（1）自己点击：这是最初级的错误，Google 能通过 IP、Cookie 轻易发现。

（2）找人点击：总来自固定 IP、机器、归属地的作弊行为也不难判断。

（3）互相点击：Google 的反作弊算法已经可以分辨出来。

（4）鼓励点击：在网站中承诺给予点击者积分等好处也是不允许的。

（5）误导点击：例如，告诉浏览者在点击广告后才能开始下载需要的文件。

（6）机器点击：用一些作弊软件，用机器人的方式刷浏览、增加点击。

（7）代理服务器点击：使用国外的代理服务器，在点击时每次都变换 IP。

（8）更改广告代码：使用漂浮广告等方式非正常投放广告。

（9）诱导匹配无关高价关键词：例如，在中文网站页面中嵌入 iframe 投放英文广告。

⚠ **提醒**

再"聪明"的作弊者、再"巧妙"的作弊手法都不能长期骗过 Google，新发布商要及早断绝这种幻想。

4.8.2 不要心存侥幸、听信小道消息

目前，Google 每年的广告收入高达上百亿美元，聚集了数十万个全球顶尖互联网人才，有全世界最先进的网络搜索技术，因而对付 AdSense 作弊轻而易举。

要想通过 AdSense 挣钱唯一安全的办法是遵守其项目政策，而不是想方设法作弊。一些网站站长在一个账号被封后，再设法新申请一个账号作弊，但他们会发现作弊越来越难。在一些讨论 AdSense 主题的论坛中，我常看到被 K 喊冤的帖子，有的站长说刚申请获批几天就被封了，有的站长说刚积累到 100 美元等支付时就被 K 了，还有的站长说要去告 Google，但真正赚钱的站长不会参加这些讨论，他们会把注意力集中在如何做好网站、如何为网民服务、如果吸引流量、如果优化广告等方面。

⚠ **提醒**

不要看到其他人作弊自己也尝试，不要听信别人说的所谓作弊秘诀。

4.8.3 Google 反作弊手法，自动和人工结合

Google 有专门的 AdSense 反作弊小组，以其先进的技术不断完善识别作弊的数学模型，作弊者能想到的办法都被包含在内了，另外还有至少以下 4 种人工识别办法：

（1）AdSense 反作弊小组成员定期人工检查值得怀疑的账号。

（2）浏览者如果发现有网站在 AdSense 上有作弊行为（如鼓励点击、欺骗引诱等）就可以向 Google 举报。

（3）其他发布商如果发现有网站在 AdSense 上有作弊行为（如入侵其他网站修改账号名称等）就可以向 Google 举报。

（4）通过 AdWords 投放广告的广告主会监控广告投放情况，如果有异常就可以向 Google 举报。

网站运营者应该调整心态，立足长远发展，只有把精力投入网站内容建设、宣传、优化等方面，真正为浏览者提供他们喜欢的信息和服务，并为广告主提供良好的广告发布平台，才会得到应有的回报。

诀窍

> 只有浏览者、网站运营者（发布商）、Google、广告主 4 者达到共赢，产业链才能良性发展。任何试图破坏规则、快速获取不正当利益的行为最终都无法获得成功。

4.8.4　接到警告邮件如何处理

如果 Google 发现你的 AdSense 账号有违规行为，一般都会给出警告邮件，而且对于违规具体内容、需要进行的改正和期限都有明确指示，所以一定要保证账号邮箱可以正常收发邮件，并且经常（应该每天或每个工作日）查看收到的邮件。

警告分为账号一级、网站一级、页面一级。

1. 账号一级

如果是账号一级的警告就比较严重了，有发布商就遇到过直接收到账号被停用的邮件，除非有很明确的证据拿去申诉，通常无法恢复账号。

2. 网站一级

我接到过网站一级的警告，通常是因为部分页面带有两性内容、在没有实质内容的登录页面也放置了广告、广告与菜单链接之间距离太近等，这种警告一般要求在 3 个工作日内检查、修改，只要按照警告邮件的指示认真核对、修改就可以了，注意不要只修改警告邮件中指出的例子网址，其他同类页面也需要修改，在修改后无须回复邮件，Google 会自动在 3 个工作日后检查。

3. 页面一级

从 2017 年开始 AdSense 推出了页面一级的违规警告，我接到的警告信比较多，例如，在国内工商名录网站的某个页面中有烟草企业、在国外黄页网站中包含了两性服务的内容等，在这种情况下删除页面或者不处理也可以，Google 不在这些页面中自动投放广告了，而网站的其他页面并不受影响。

⚠ **提醒**

一定要保证在 Google AdSense 后台中填写的邮箱可以正常收到邮件，而且需要经常查看邮箱是否收到重要信息，不要因为没有及时处理警告邮件而被封账号。

4.8.5 如何保障账号安全

确实有一些发布商的本意并不是作弊，而是因为没有注意到一些细节问题而导致账号被 K，这时已经后悔莫及了。要保障账号的安全，发布商需要注意以下几点：

（1）不要自己尝试任何作弊行为，不管是否在 AdSense 项目政策的规定以内，都要主动做到"不作恶"。

（2）明确告诉网站的共同运营者、亲戚朋友，千万不要"好心"帮忙点击广告，那样只会帮倒忙。

（3）自己不小心在操作中误点击广告，如果次数极少，就可以不管，Google 会自己判断。

（4）如果万一不小心自己多次误点击广告，就要给 Google AdSense 小组发邮件说明。

（5）在 AdSense 账号设置中启用"允许的网站"功能，避免广告代码被无聊的人恶意放在其他网站中陷害。

（6）如果收到来自 Google AdSense 团队的警告邮件，那么一定要非常重视，马上检查邮件中所说的情况，按照要求及时处理，并回复邮件说明处理结果。

（7）收到来自 Google AdSense 团队终止账号的邮件，然而自己确信没有作弊，可以给 AdSense 团队回复邮件详细说明实际情况，拿出有说服力的理由和数据，态度要诚恳、实事求是，对方是不会随意 K 号的，如果你拿出的证据可以证明是被误解了的，还是有希望解封的。

📄 **诀窍**

Google 的信条是"不作恶"，不会冤枉好人，但也不会放过坏人。

第 5 章

应用辅助工具，
促进网站提升

本章要点：

- Google Analytics

- Google API

- Google Ad Manager

- Google AdWords

- Google 网站管理员工具

- 其他辅助工具

- 阿里云工具介绍

要想让 Google AdSense 收入不断提高，除了改善自己的网站和研究 AdSense 本身以外，还要多借助其他工具帮忙，本书主要介绍 Google 提供的其他工具和服务，其中包含 Google Analytics、Google API、Google Ad Manager、Google AdWords、Google 网站管理员工具、其他辅助工具、阿里云工具介绍，每节又分为若干小节，详细介绍各项服务的内容、功能以及如何用来提高 AdSense 收入，这些辅助工具的运用会使你的网站上升到一个新的层次。

5.1 Google Analytics

5.1.1 Google Analytics 介绍

Google Analytics 是 Google 收购 Urchin 后推出的 Web 分析产品，可以全面记录、统计和分析网站的访问情况。

这是一个免费的产品，不在网页上显示任何图标，在安全方面值得信赖，所以受到很多网站管理员的青睐。

该产品在刚推出的时候，因为申请的网站太多，所以必须通过邀请的方式申请。我当时申请后等待了几个月才获得邀请可以开始用该产品，后来 Google 对该产品进行了扩容，用户才可以自由申请。

在使用 Google Analytics 的时候用户只需要在网页的 HTML 代码中添加一段 JavaSrcipt 代码，例如：

```
<!-- Global site tag (gtag.js) - Google Analytics -->
<script async src="https://www.googletagmanager.com/gtag/js?id=UA-
123456-99"></script>
<script>
  window.dataLayer = window.dataLayer || [];
  function gtag(){dataLayer.push(arguments);}
  gtag('js', new Date());
```

```
gtag('config', 'UA-123456-99');
</script>
```

登录 Google Analytics 后台看到的控制台如图 5.1 所示。

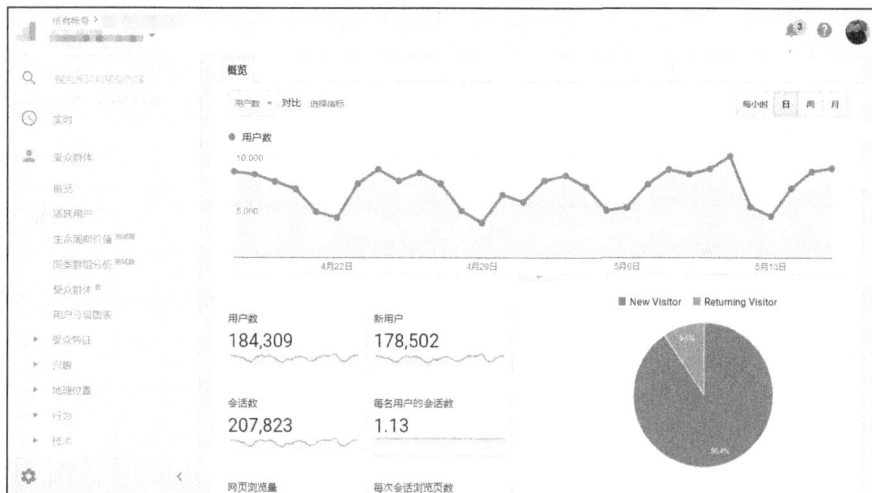

图 5.1

5.1.2　Analytics 功能

1．普通统计功能

和其他许多 Web 分析软件一样，Google Analytics 提供普通统计功能，如流量统计、访问者浏览器设置、各种流量来源细节、搜索关键词、热门访问内容等。

2．高级统计功能

Analytics 还提供了很多其他普通 Web 分析软件没有的功能，如 AdWords 广告投资回报率分析、与 AdSense 的整合功能、跨渠道和多媒体跟踪、自定义的报告功能、通过邮件和账号分享统计数据、以图形化让数据变得更直观等。

另外，Google 的服务器基础架构保证了数据的完整性和私密性，与 Google 提供的多数服务一样，Analytics 也是全免费的，这都是网站管理员选用 Analytics 的原因。

Analytics 的官方说明，如果每月统计超过 500 万 PV，需要有一个激活的 AdWords 账号，每日预算至少是 1 美元，但我的 Analytics 账号每月统计已经超过 500 万 PV，没有预算至少 1 美元的 AdWords 投放广告，也没有见到任何限制或者提示。

5.1.3 Analytics 与 AdSense 的关联

Google Analytics 在 2008 年下半年推出了与 AdSense 关联的功能，这使得网站管理员可以更细致地观察流量和收入的变化情况，从而有针对性地优化网站，让广告收入得到提高。

关联的 Analytics 与 AdSense 应该使用相同的 Google 账号。设置 Analytics 与 AdSense 关联的步骤如图 5.2 和图 5.3 所示。

图 5.2

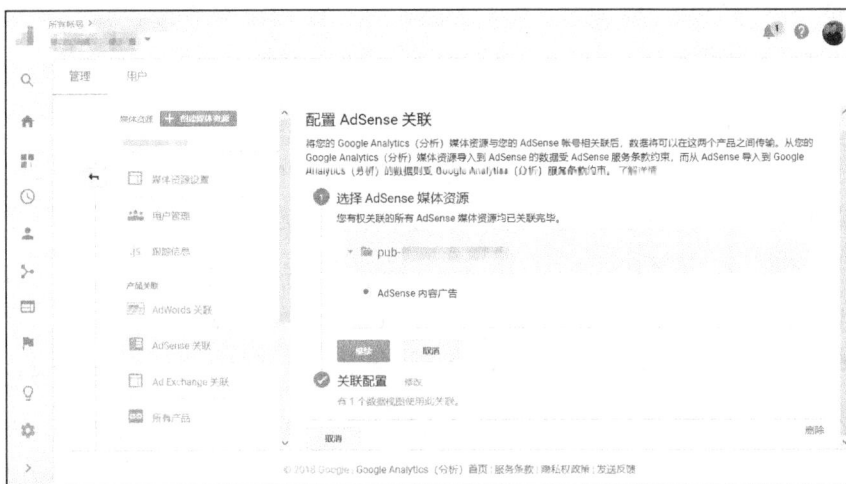

图 5.3

前面说到，AdSense 的网址渠道跟踪功能很有用，可以让发布商看到来自各个网址的不同收入。不过其设置的数量上限是 200 个，如果你需要跟踪的网址众多，如需要对各个网站、子网站、目录、重点网页跟踪，那么 200 个可能不够用。我曾经请 AdSense 客户经理帮忙增加该数量到 500 个。现在有了 Analytics 结合的功能，这个问题就迎刃而解了，现在的网址渠道数量是无限的，网站有多少个可访问页面，就可以看到多少个网址的流量和收入情况，这对于网站和页面数量很大的发布商来说非常有用。在 Google Analytics 中发布商可以看到 AdSense 的各种详细数据，如图 5.4 所示。

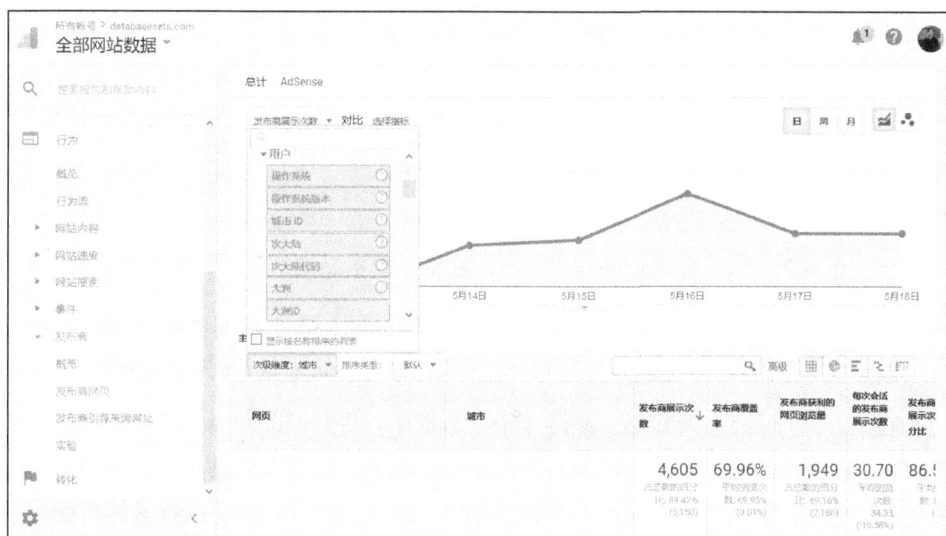

图 5.4

📋 **诀窍**

强烈建议还没有使用 Web 分析功能或者使用其他 Web 分析功能的发布商马上添加或者更换成 Google Analytics，这对提高 AdSense 收入很有帮助！

5.1.4　应用 Analytics 提高 AdSense 收入

在设置好 Analytics 与 AdSense 的关联后，24 小时内就可以看到 Analytics 中出现的 AdSense 数据，这些数据比单纯从 AdSense 获得的数据量要大很多倍，发布商可以充分利用这些数据以提高 AdSense 收入，具体可以从下面几个方面着手：

（1）热门 AdSense 内容：可以看到网站内哪些页面产生的收入最多，然后有针对性地完善和添加相关网页内容。

（2）热门 AdSense 推介：可以看到从哪些网站过来的流量产生的收入最多，然后定制适合浏览者访问的内容，吸引回头客。

（3）地理位置：可以看到用户所在的地理位置，然后更改网站以更好地吸引来自这些地方的浏览者。

（4）浏览器功能：可以观察到访问者的浏览器设置情况，然后检查网站的屏幕尺寸、Flash、Java 等设置，确保目标受众可以查看网站。

📋 **诀窍**

> 在 2008 年 Google 推出 Analytics 与 AdSense 关联的功能后，我马上将其应用到网站中，经过一段时间的数据积累和分析，再做相应的调整优化，AdSense 收入有了成倍的增长。

下面是我在一篇《用 Analytics 整合 AdSense 功能提高网站收入》日志中写的内容：

2008 年 12 月初，我看到 Google AdSense 后台有了整合 Analytics 功能后，我们马上就进行了相关设置，然后等待数据的积累，这可是盼了很长时间的功能！

在 12 月、1 月、2 月积累下来的 3 个月数据中，我们可以发现一些以前难以发现的问题，最明显的就是可以清楚地知道 AdSense 收入到底来自网站中哪些内容，可以精确定位到产生收入的具体页面以及搜索引擎来源对应的关键词，通过具体页面及关键词就能知道网站中哪些内容产生了广告收入。

我们以前的网站数量比较多，网站中的栏目和页面更多，以前虽然能够通过大约100 个网址渠道判断大致的收入来源，但最多判断到栏目，远不如现在这样方便定位到页面。我们可以通过最多浏览页面和最多收入页面的对比，分析哪些内容有人气却无收入，哪些内容人气少却收入多，最好能找到"叫好又叫座"的内容。我们还可以发现在一些流量大的图片、分类以及内部搜索页面中我们没有安排广告位，而在添加广告后，马上就有收入产生，甚至还可以发现一些在编辑时意想不到的收入点。

从 3 月开始，我们有意识地通过跟踪 Analytics 中的 AdSense 报告改进网站的编辑工作，到 3 月的最后一天可以看到效果非常明显，主要体现在人工搜索这个网站上，这个网站已经一年多了，有了一些流量，但此前收入少得可怜，而在 3 月的编辑内容调整中收入平均提高了一倍。

5.1.5　应用 Analytics 提高网站流量

网站的流量与广告收入基本上是成正比的，因此进行详细的 Web 分析优化完善网站非常重要。在 AdSense 与 Analytics 关联之前，我就一直使用 Analytics 统计网站的访问情况。在应用 Analytics 的过程中以下几个办法可以提高网站流量：

（1）访问流量：观察网站整体流量变化、访问者趋势、访问者忠诚度，找出改进办法。

（2）流量来源：查看搜索引擎来源、推介网站来源及直接访问来源，有意识地进行有针对性的搜索引擎优化和外部链接宣传。

（3）网页内容：查看热门内容、常见目标网页、常见退出网页，揣摩用户需要。

（4）网站搜索：看浏览者在站内搜索的输入框中输入的关键词、搜索频率，有可能发现用户潜在需求。

我的一个例子是我在添加 Analytics 统计后看到以前的一个电话区号查询网站的很多细节，在有针对性地改版后继续通过 Analytics 观察，又发现在新增加的网站内部搜索功能中有很多浏览者直接输入需要的号码查询，进而将网站升级改版为查号吧网站，使整个老网站有了更广阔的发展空间。

5.2　Google API

5.2.1　Google API 介绍

API（Application Programming Interface，应用程序接口）即软件系统衔接的约定，通过调用 API 可以不关注其内部细节，直接使用其预定的功能。

Google 是一家以搜索为核心技术的公司，提供了丰富的 API 程序库，让其他网站很容易调用以获得相应功能。

Google API 中有一个 AdSense API，但目前在中国停止使用，其他的 API 与 AdSense 一般没有直接关系，我们可以利用这些 API 向网站提供更多的服务功能吸引更多用户的访问，在网站的浏览量增大后带来更多的广告收入。

需要说明的是，我不是有经验的程序员，但是在了解了简单的 HTML 代码知识后可以运用很多 API 工具。

5.2.2　Google API 功能

目前 Google 提供的 API 已经非常丰富，主要功能清单的网址为 https://developers.google.com/apis-explorer/。

目前，Google 提供的所有 API 有几百项，但有一部分因为各种原因并不适用，在适用的部分中发布商可以根据自己网站的实际需要选用。我主要用其中的地图 API、网站管理员工具 API、自定义搜索 API 和翻译 API 等。Google APIs Explorer 如图 5.5 所示。

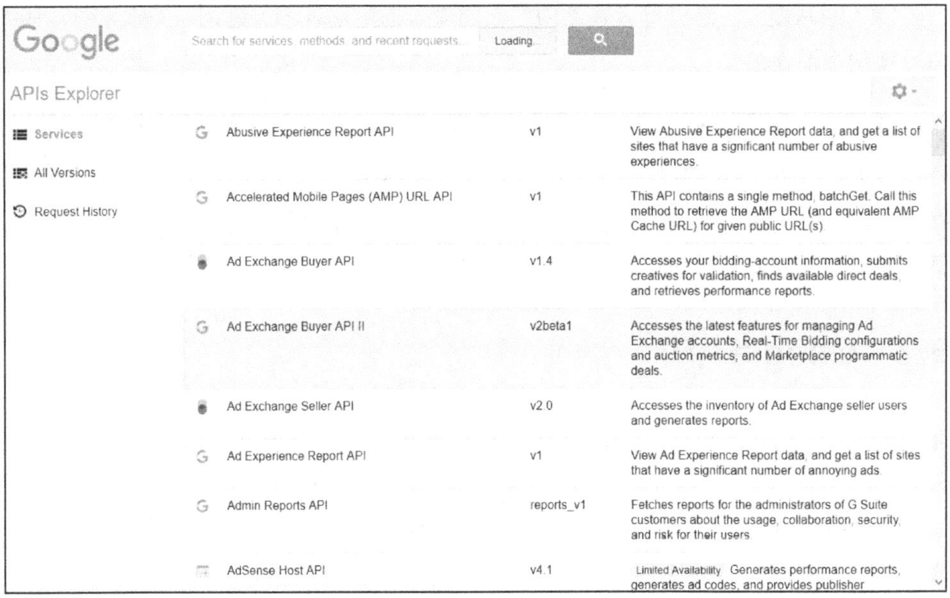

图 5.5

5.2.3　Google AdSense API

在 Web 2.0 方式的网站中，很多网页内容都是用户提供的。如果能将 Google AdSense 收入与提供内容的网友分成，那么相信是会得到用户欢迎的。Google AdSense API 就是一个专门提供这种功能的平台软件。其有以下几个特点：

（1）与用户共享收益：可以设置网站与创建内容用户之间的分成比例。网站还可以获得推荐 AdSense 新用户的奖金。

（2）关心网站的社区：通过允许用户共享他们在网站上操作产生的收益，鼓励他们更多地参与网站的计划，使他们有动力创建更高质量的内容。

（3）集成用户体验：AdSense 可以通过 API 与网站无缝衔接，整个 AdSense 新账号创建、投放广告、监控效果都可以结合到网站中。

只有用户页面的每日综合浏览量超过 100 000 的网站才能够参加 AdSense API 计划，我的网站中有达到这个要求的，在填写申请表格后，马上收到了邮件回复，有测试账号和密码，可以用于先熟悉 Sandbox。

Google AdSense API 的文档都是英文的，比很容易嵌入页面的 Google AJAX Search API、Google Maps API，AdSense API 的运用要麻烦一些，需要用 Java/PHP 或者 Python 等编程，以便实现账号管理、广告选择、渠道添加、报表输出、网站过滤等。

AdSense API 的核心是让参与内容编辑的用户新建（或者使用自己原有）AdSense 账号，由网站管理方设置分成比例。2006 年，我在上海参加 Google AdSense 交流会的时候曾经听 mofile.com 网站的参会者说过这种模式，不过目前在国内运用者很少，只有一些国外的例子。如果这种方式与我们一直在做的 Wiki 结合，那么相信能形成一定的特色。可后来我发邮件询问过谷歌中国 AdSense 团队，她们说目前 AdSense API 项目在世界范围内还在运作，但在中国已经暂停了。

所以，API 在中国国内目前没有办法使用，要实现网站与少量贡献内容的用户的分成，可以采用以下变通办法：

（1）使用网址渠道：对部分域名或者在目录下设置网址渠道，每天自动发送定制 AdSesne 报告到合作伙伴的邮箱。

（2）使用 Analytics 统计：对部分合作网站设立 Analytics 与 AdSense 的关联，然后将 Analytics 数据共享给合作伙伴。

（3）使用另外的 AdSense 账号：在合作伙伴创建的页面中嵌入另外一个 AdSense 账号广告代码，可以自行在 AdSense 后台查看数据，需要说明的是在一个页面中允许多个 AdSense 账号代码出现，只要总体广告单元数量不超过 AdSense 项目政策规定的 "3 个文字广告和展示广告+3 个链接广告+2 个搜索框"就可以。

5.2.4　应用 Google API 丰富网站内容

我的网站需要使用 Google 自定义搜索 API 和 Google Maps API 丰富网站内容。

例如，在页面中调用了 Google Map API 中的地图，为浏览该页面的用户提供了更丰富的相关信息。

实际调用 Google API 的时候并不需要懂编程，只需要会编辑 HTML 代码就可以。当然，自己不懂 HTML 可以让别人帮忙。

在 Google APIs Explorer 网站中，每个 API 都有介绍、文档、常见问题解答、文章、博客、网上论坛、使用条款等详细信息，甚至有向导界面，只需要在页面中设置一些选项，就可以预览结果、获取代码。

本书不讲述更多实施细节，只要按照官方网站的文档仔细调试就可以。

5.2.5　应用 Google API 提高 AdSense 收入

在 Google 的各种 API 调用结果中目前没有广告，但 Google 保留了未来添加广告的权利。

从目前来说，应用 Google API 提高 AdSense 收入的办法不是直接的，而是通过丰富网站内容吸引浏览者间接提高 AdSense 收入。

Google API 可以看作网页中的一个功能模块，如果其提供的信息很重要、很吸引人，那么可以放在 AdSense 旁边，从而提高 AdSense 的点击率和收入，例如我们在邮政编码查询网站中，将 Google Maps API 放置在 AdSense 的旁边，增加了直观性，并吸引浏览者关注旁边的广告。

诀窍

> 很多网站站长都感慨难以找到合适的素材丰富网站，其实 Google 提供的各种 API 都是网上的精华信息，如果充分利用，就是一个信息宝库。

多数 Google API 在国内不能使用，但这些 API 可以放在国外服务器的网站上，用于对海外浏览者提供服务。

5.3　Google Ad Manager

5.3.1　Google Ad Manager 介绍

Google 虽然有众多的产品，但是收入几乎都来自广告，因此在广告方面也做了很多深入的研发工作。2008 年，Google 推出 Ad Manager 这个产品（后来更名为 DFP，DoubleClick for Publisher，2018 年再次更名为 Google Ad Manager），这是一种托管型的全面广告管理解决方案，可以管理直接销售广告、网络联盟广告和网站内部广告，在广告的销售、计划、投放、报告等各方面都有很强的功能。一些智能比价系统可以实现 AdSense 与其他广告的对比，使网站的广告收入最大化。

Google Ad Manager 系统运作的原理如图 5.6 所示。

图 5.6

可以看到，该系统是一个广告管理枢纽，管理来自 AdSense、其他广告联盟以及直销团队带来的广告，然后找出收入最高的广告，投放到网站中。

按照 Google 的说法，如果符合以下情况，可以考虑在业务中使用 Google 广告管理系统：

（1）运营包含预留广告资源和富余广告资源的大型网站。

（2）直接向广告主销售广告（或计划未来向广告主直接销售）。

（3）希望提高销售流程的效率并提高预测的准确性。

（4）需要持续投放可带来最大收益的广告。

（5）发现由于无法准确预测广告资源的可用性，总会有些广告资源未能售出。

我所在的网站目前没有直销广告团队，多数中小网站目前也难以有专人进行广告直销，但 Google Ad Manager 依然有用，主要有以下几点原因：

（1）广告代码可以一次性部署，以后不用修改网站页面代码就可以控制广告内容。

（2）方便投放百度联盟广告、内部广告等内容。

（3）用自定义定位功能实现在不同页面的相同广告位在投放不同的广告。

广告管理的功能是今后很多发布商无法离开的重要功能，因此百度也在 2009 年推出了自己的广告管理功能，与 Google 的产品功能近似。

2010 年 3 月，Google 宣布 Ad Manager 这个产品升级到 DFP 广告管理系统标准版，DFP 是 DoubleClick 公司针对中小网站发布商的广告管理系统。

2018 年 7 月，我收到 Google 通知邮件，这个服务再次更改名称为 Google Ad Manager，网址为 https://admanager.google.com/。

5.3.2　Google Ad Manager 功能

Google Ad Manager 系统提供了丰富的功能，列表如下：

（1）广告资源管理：广告资源分为"广告位置"和"广告产品"，可以对广告资源可用性进行跟踪，广告标记生成及管理的功能可用于避免反复修改网页代码。

（2）收益优化：该产品将 AdSense 集成进来，与其他直接销售广告和联盟广告智能比价。

（3）广告定位：该产品可以通过内置定位选项和自定义定位标准对广告定位投放。

（4）广告投放管理、广告投放和下订单：该产品具有丰富、灵活的广告控制手段。

（5）广告和富媒体管理：该产品具有富媒体支持、免费广告托管、支持重定向广告等功能。

（6）报告：该产品可以按照订单、广告资源、总体销售等各种情况提供报告，符合国际标准。

（7）用户界面：该产品具有搜索功能、直观的工作流程、AdSense 渠道集成、浏览器会话支持。

（8）账号管理：该产品具有访问权限控制、联系人管理、多国语言和货币支持。

Google Ad Manager 的投放优先级是一个重要而又有些难以理解的概念，下面进行说明：

（1）独占：这是固定位置的广告系列和以时间为基础的广告系列的首选订单项类型。

（2）优先和标准：适用于以展示为基础的广告系列。

（3）补余和联网补余：针对未售出的广告资源。 联网补余的每日上限不受限制，也可不规定结束日期。

（4）内部：针对未售出的广告资源。

我一开始不太理解这些概念，但接触多了、反复设置就能逐渐清楚，再参加Google 组织的网上培训课程就能全面理解，并在自己的网站中灵活运用。

5.3.3　Google Ad Manager 与 AdSense 的结合

在 Google Ad Manager 中的广告位置可以启用 AdSense，其好处如下：

（1）最大限度地提高网站收入：与 Google 广告管理系统集成后，Google AdSense 能自动使未售出和补余广告资源的收入实现最大化。

（2）展示能吸引用户的广告：AdSense 不只考虑了简单的关键词匹配，还考虑了网页的内容和相关情况，能使 Google 广告与每个网页相匹配。

（3）享受到最大的在线广告主网络：数十万个广告主参与广告空间竞价，你将能享受到那些相关性最高、付费最高的可用广告。

（4）选择多种广告格式：AdSense 广告提供文字、图片、视频和富媒体格式。各种格式的广告都参与 AdSense 广告竞价，有助于你的网站获得尽可能高的收入。

AdSense 将在价格上针对你的补余和内部广告资源竞争。也就是说，AdSense 仅在与其他备选方案相比能让你得到更多回报时才投放广告。

5.3.4　应用 Google Ad Manager 提高 AdSense 收入

AdSense 广告出现的条件如下：

（1）该广告位置已启用 AdSense。

（2）所关联的订单项类型是"补余"或"内部"。

（3）相应 AdSense 广告的每千次展示费用高于其他备选广告。

在实际实施时，需要先在 Google Ad Manager 中设定"默认 AdSense 广告资源设置"，如图 5.7 所示。

图 5.7

然后，在相应的广告位置开启 AdSense 设置，如图 5.8 所示。

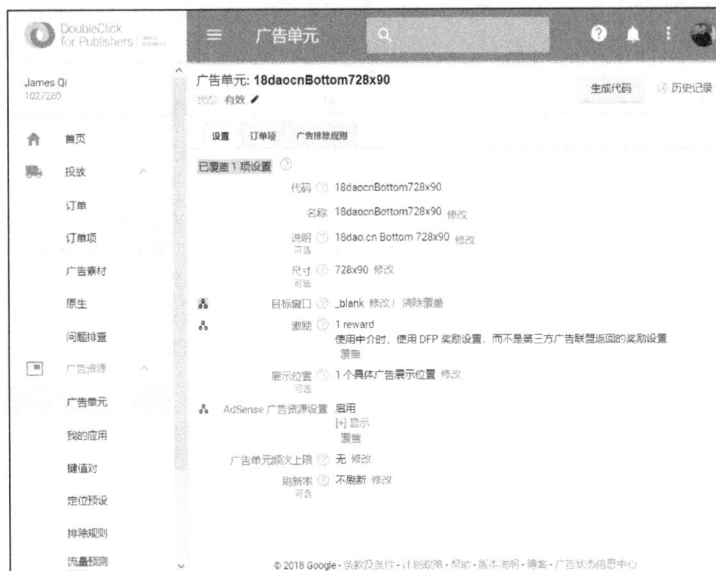

图 5.8

如果不需要与其他广告竞争，那么直接从展示位置生成代码，复制到网页中就可以。

如果需要与其他广告竞争，那么可以创建"补余"或者"内部"订单，给出对应广告的每千次展示价格，只有当 AdSense 价格更高的时候才会展示 AdSense 广告内容。

诀窍

> 可能促进 AdSense 收入提高的办法都值得尝试，理解、设置 Google Ad Manager 对于中小站长来说麻烦一些，但应该了解、使用。

5.3.5　应用 Google Ad Manager 发布其他广告内容

除了 AdSense 之外，其他直接销售的广告、其他网络联盟广告以及网站内部广告都可以通过 Ad Manager 统一管理发布。流程如下：

（1）在"订单"栏目中选择"新订单"或者"新广告联盟订单"。

（2）设置该订单，并进入"新订单项"。

（3）设置新订单项，并进入"上传广告"。

（4）选择广告类型为"多媒体"，将其他广告代码嵌入"代码段"并保存。

Ad Manager 的官方帮助中心有更详细的使用说明和视频教程可供参考。

5.4　Google AdWords

5.4.1　Google AdWords 介绍

AdSense 发布商应该都知道在其网站上发布的广告一般都是广告主通过 AdWords 发布而来的。因此了解、试用 AdWords 对于 AdSense 发布商来说很有必要，对 AdWords 越了解，对 AdSense 收入的提高越有帮助。

AdWords 目前几乎是 Google 收入的全部，所以 Google 非常重视，不断地将 AdWords 做得更好。

广告主可以在其中方便快捷地制作和投放广告，广告可以在以下位置出现：

（1）Google 搜索网站：一般在 Google 搜索结果页面的右侧或者少量在顶部、底部，与 AdSense 发布商无关。

（2）AdSense 联盟网站：广告主投放广告在 AdSense 发布商的网站中，又有两种投放方式可以选择。

① 定向投放到某个网站：广告主指定投放在某些加入 AdSense 项目的网站中。

② 按关键词匹配投放：由 Google 自动匹配投放在加入 AdSense 项目的网站中。

广告主投放到"Google 搜索网站"中的广告与 AdSense 发布商无关，只有广告主投放到"AdSense 联盟网站"中的广告 AdSense 发布商才参与分成。一般联盟网站上出现的广告多是广告主"按关键词匹配投放"的，这类广告的单价不高，要想获得更高的收入，联盟网站有必要设法吸引广告主以"定向投放到某个网站"的形式投放广告到自己的网站上，这样会出现更多的广告主竞价的情况，广告收入自然会更高。

5.4.2 Google AdWords 功能

只要有 Google 账号，发布商就可以马上申请加入 AdWords，而不需要预存费用，因此都可以加入试用。

登录后可以看到 Google AdWords 的界面和主要的菜单，如图 5.9 所示。

图 5.9

可以看出，AdWords 后台功能主要包括广告制作及修改、优化、报告、结算等部分。

对于 AdSense 发布商来说，Google AdWords 关键字工具特别有用，下面进行介绍。

5.4.3　Google AdWords 关键字工具

以关键字工具为例说明如何发掘新的内容。

在关键字工具中可以先输入自己的网站网址，得到系统默认给出的推荐关键字。

Google AdWords 的关键字工具界面如图 5.10 所示。

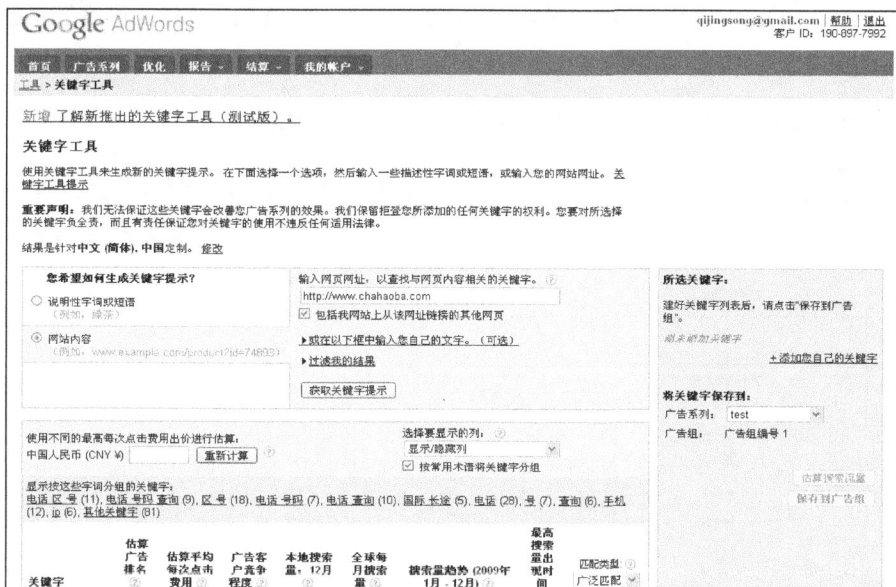

图 5.10

系统给出了几百个相关关键字，网站管理员可以查看每个关键字每次点击费用、广告竞争程度、搜索量等信息，选择其中值得挖掘广告收入潜力的部分关键字来制作专门的页面进行介绍或者补充、完善原有的页面。例如，从图 5.11 中可以看到 "外贸" 等关键字很热门。

213

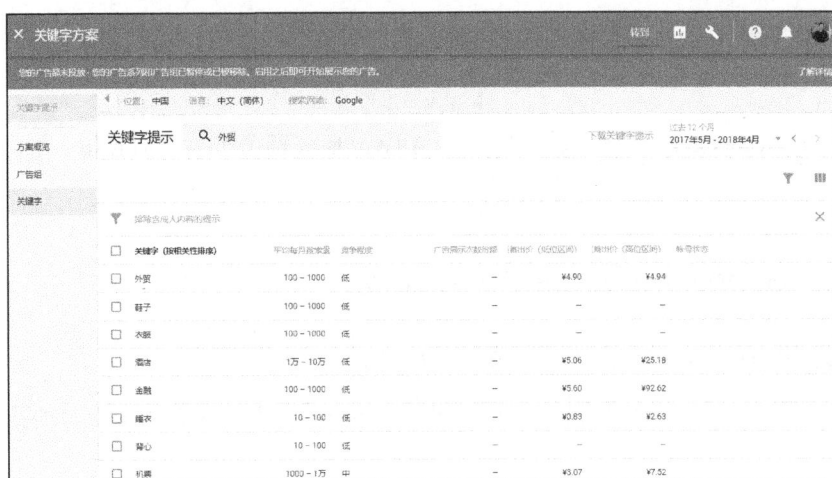

图 5.11

另外，可以将上面得到的关键字输入"关键字提示"查询，这样又可以得到更多的可用关键字。

例如，输入"外汇"可以获得更多的相关关键字，如图 5.12 所示。

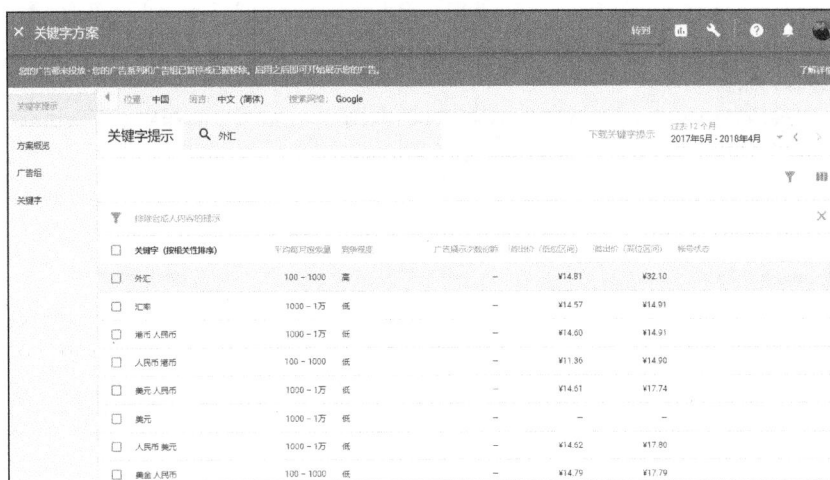

图 5.12

📖 诀窍

通过获得的以上这些关键字，发布商可以对网站内容优化和补充，增强网站吸引高价广告的能力。

5.4.4　应用 AdWords 提高 AdSense 收入

在使用 AdWords 时以下几个办法可以用来提高 AdSense 收入：

（1）了解 AdWords 运作机制，在 AdSense 中做自定义渠道吸引定向投放。

（2）运用关键字工具，发掘更多合适关键字完善网站。

（3）运用基于搜索的关键字工具，发掘更多合适关键字完善网站。

（4）运用搜索分析，发掘更多合适关键字完善网站。

（5）在 AdWords 中投放广告，吸引用户访问（要注意投入产出比）。

5.5　Google 网站管理员工具

5.5.1　Google 网站管理员工具介绍

Google Webmaster Tools 的前称是 Google Sitemaps，从一个只能提交网站地图的功能逐步发展为比较全面的网站管理员工具，后来再次改名为 Google Search Console。

同样，这也是一项免费的服务，拥有 Google 账号就可以直接申请，然后将自己的网站加入，登录后可以看到网站列表，如图 5.13 所示。

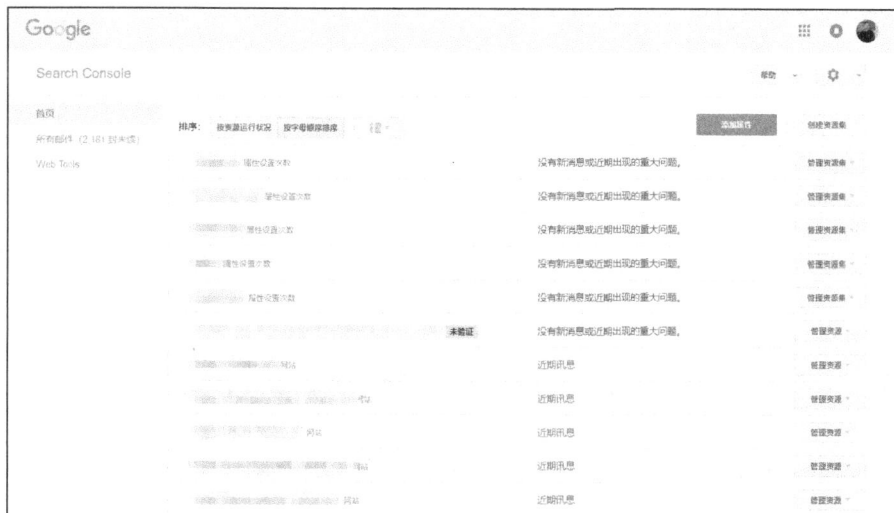

图 5.13

5.5.2　Google 网站管理员工具功能

添加到 Google 网站管理员工具中的每个网站都有如下的功能：

（1）控制台：集中主要信息的初始界面。

（2）网站配置：包括 Sitemaps、抓取工具访问、网站链接、地址更改和设置。

（3）你的网站如何显示在网页搜索结果中：包括热门搜索查询、指向你的网站的链接、关键字、内部链接和订阅用户统计信息。

（4）故障诊断：包括抓取错误、抓取统计信息和 HTML 建议。

（5）实验室：包括像 Googlebot 一样抓取、恶意软件详细信息、网站性能。

Google 网站管理员工具中单个网站的管理功能菜单如图 5.14 所示。

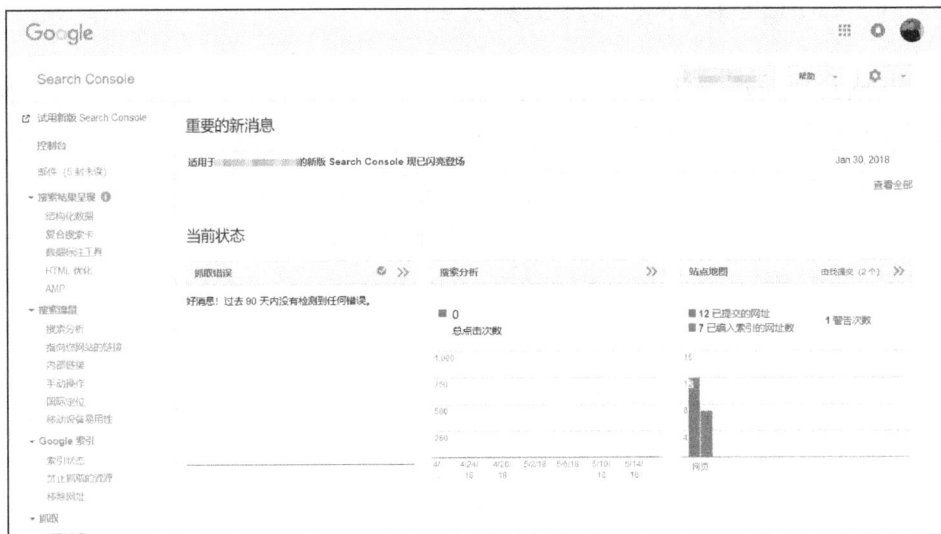

图 5.14

5.5.3　应用 Google 网站管理员工具提高 AdSense 收入

Google 网站管理员工具与 AdSense 没有直接的关系，但可以用来设法提高网站的浏览量从而间接提高 AdSense 收入，可以采取以下办法：

（1）提交网站地图：提交各种版本的网站地图，提高收录覆盖面和收录速度。

（2）检查网站错误：系统会提示 Googlebot 遇到的各种错误，可以对照排除故障。

（3）关键字查询：查看热门搜索、外部链接、内部链接、关键字等信息，可以有针对性地修改完善网站。

（4）排查恶意软件：如果 Google 搜索提示网站包含恶意软件，那么可以在管理员工具中看到详细提示，在排除恶意软件后重新向 Google 提出收录要求。

（5）改变抓取速度：可以看到 Googlebot 来访的频率，如果有必要，那么可以人工设置要求 Googlebot 修改抓取速度。

诀窍

Google 网站管理员工具还在不断推出新功能，例如，查看模仿 Googlebot 抓取的结果、网站性能概况和提高速度建议等，即使不做 AdSense 的网站也有必要使用这个工具。

5.6　其他辅助工具

5.6.1　网站监控服务

对于网站运营者来说，网站就像门面对于商店一样重要，如果网站无法访问，就相当于商店关门，因此保持网站的正常运行是很重要、很基础的工作。

网站在运行时可能会遇到各种问题而导致无法访问，典型的情况如下：

（1）网站所在服务器死机而导致网站无法打开。

（2）网站所在服务器负载过大而导致网站速度非常慢。

（3）网站所在服务器上部分服务（如程序、数据库）出故障而导致页面报错。

（4）网站所在服务器磁盘空间满，无法上传文件。

（5）网站被黑客入侵导致带有病毒代码。

217

（6）网站嵌入的外部服务链接变化导致网站内容出错。

上面每一种情况都可能成为网站运营的噩梦。网站管理员不可能 24 小时盯着网站看，因此需要监控服务代替人工巡查，有以下几种方式：

（1）免费监控服务：网上有一些提供免费网站监控服务的网站（例如，site24x7.com 网站提供的免费服务），在监控的网站数量、时间间隔、报警方式上有一定限制，可以满足业余网站需要。

（2）收费监控服务：国外和国内都有提供收费监控服务的网站（例如，site24x7.com 网站提供的收费服务），有各种收费套餐，能提供无限数量的网站监控，时间间隔可调，有邮件、短信等多种报警形式，可以满足专业网站的需要，不过价格有些高。

（3）安装监控软件：如果有现成的服务器，那么可以安装一套监控软件（例如，Radar Website Monitor）实现更多网站的监控，监控软件也有不少选择。

诀窍

短信通知方式是目前最方便的，不过监控服务服务商出售的短信通知服务都偏贵，可以选用免费的邮件通知方式，发送到与手机绑定的邮箱，例如电信手机信箱、联通手机邮箱、移动手机邮箱，每个月只需要几元钱，就可以让邮件通知通过短信转发到手机上。

上面是本书第 1 版时内容，我现在把服务器迁移到阿里云，阿里云的监控服务能很好地满足一般需要，在监控数量不多的情况下，阿里云的监控服务是免费的，只有监控更多的项目才需要付费。

另外，随着智能手机的普及，监控也基本不需要用短信方式发送了，用邮件就可以，在手机上安装一个邮箱 App 就可以随时看到，如果采用阿里云的监控，那么还可以安装一个阿里云 App，也能随时收到监控报警信息。

5.6.2　数据备份机制

即使网站加上了监控服务，也只能保证当时可以访问，而并没有办法应对硬件损坏、人为误操作、黑客攻击等原因引起的数据丢失，因此网站的数据备份非常重要。

不同的网站可以有不同的备份周期和手段。

1．不常更新的网站

如果网站以提供信息浏览为主，数据变化不频繁，可以降低备份频率，以周或者月为备份间隔，甚至有些网站在上线后很少变化，就只需要在上线前在本地备份。

2．经常更新的网站

如果网站有网友互动部分，即用户可以进行留言、评论、提问等操作，这时必须缩短备份间隔，保证万一出现硬件故障不至于丢失过多数据，一般可以以天或者小时为备份间隔。

3．不能中断的网站

大型互动网站需要采取多重热备份的方式保证每时每刻的数据安全，保障网站随时在线。

我的网站有多台服务器、多种服务，我们的备份策略是每日备份，凌晨服务器自动启动备份脚本，将目录文件打包、将 MySQL 数据库导出备份到本地硬盘，然后上传到专门备份服务器或者备份硬盘中。每天白天还会有人工检查备份是否成功，每个季度从备份服务器或者备份硬盘中复制一份全备份数据。

⚠ **提醒**

数据备份的重要性怎么强调都不为过，一个网站由于硬盘损坏而丢失几年累积数据的事时有发生，希望不要发生这样的悲剧！

第 2 版更新信息：在本书第 1 版出版时我们网站采用的是自己的服务器放到电信机房托管，后来租用过国外服务器，现在已经全部迁移到阿里云国内、国外的 ECS/RDS 上，硬件损坏的可能性极低，基本可以忽略，我们现在基本为月度备份，再下载到本地。

5.7　阿里云工具介绍

5.7.1　ECS 云服务器

ECS（Elastic Compute Service）是一种弹性可伸缩的计算服务。所谓弹性体现在各种硬件配置可以自行选择，计费周期和方式灵活。

图 5.15 为我们使用的 ECS 控制台，一台 8 核 CPU、16GB 内存、5Mbps 带宽的服务器，比同档次服务器自购托管或者租用的费用稍微高一些，但可靠性要高得多，基本上不存在服务器硬件坏了要跑机房或者等待客服检查更换，避免了停机风险。阿里云的客服从技术能力到回复时效、服务态度等方面都很专业。

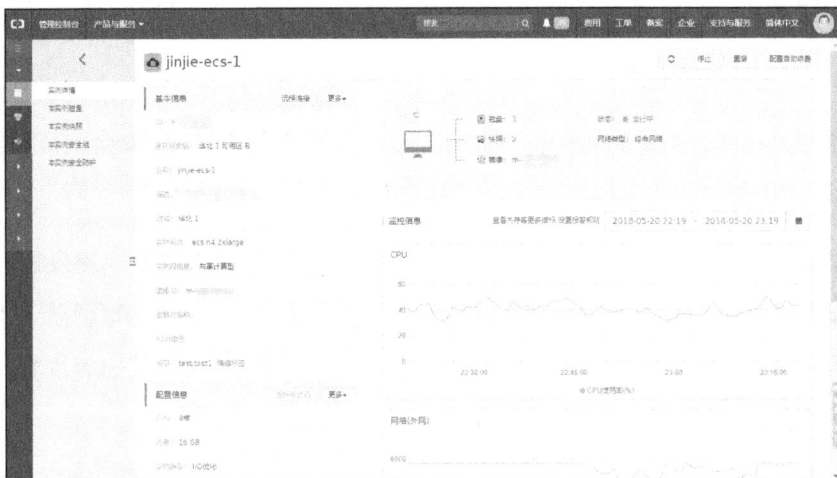

图 5.15

目前，阿里云已经在国际上有几十个机房可供选择。

5.7.2　RDS 云数据库

除了简单的纯静态网页之外，一般稍微复杂一些的网站都需要数据库。而 LAMP（Linux+Apache+MySQL+PHP）是最经典的组合，所以我们一直选用 MySQL 作为服务器。以前在自购服务器或者租用服务器上安装 MySQL 服务，性能监控及优化一直是一个难题。在选用 ECS 后，虽然也可以在 ECS 上安装 MySQL 服务，但这样就无法享用 RDS（Relational Database Service，关系型数据库服务）带来的好处了。

RDS 支持 MySQL。其配套的管理工具、监控工具、优化工具、操作工具都比自建数据库更专业。

图 5.16 为我们购买的 RDS 管理后台截图，主要配置参数为 8 核 CPU、2400MB 内存、最大 IOPS 1200、最大连接数 600。图 5.17 为阿里云数据管理系统后台。

图 5.16

图 5.17

5.7.3　监控

前面已经说过监控对网站运营的重要性，我们以前采用外部免费服务以及内部脚本监控的方式，后来使用阿里云后把外部免费服务和一部分内部脚本监控都取消了，直接使用阿里云提供的监控服务，如图 5.18 所示。

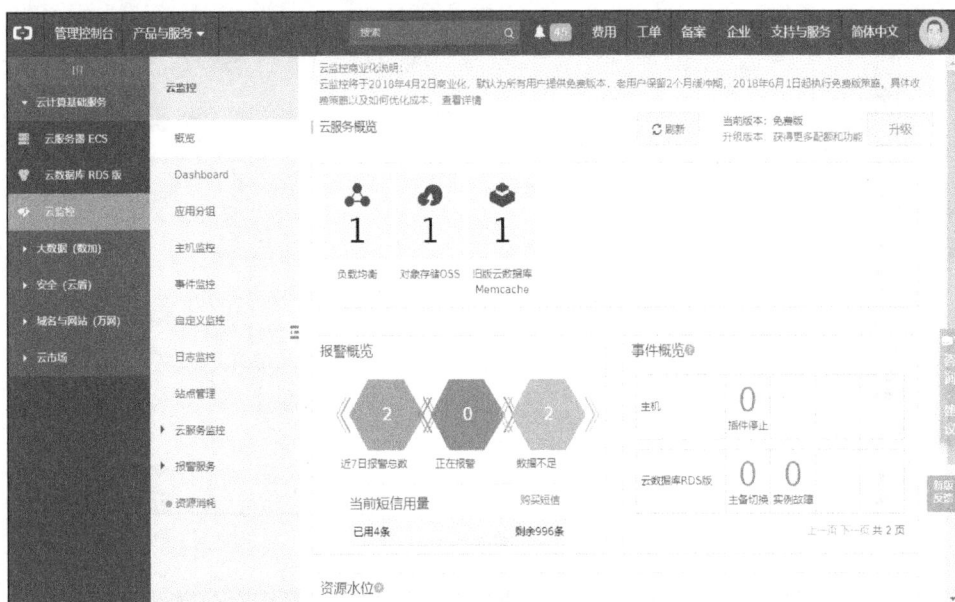

图 5.18

可以看到，这里把 ECS、RDS 的各种性能数据都监控起来了，还可以提供网站可访问性、速度等各方面的监控。

5.7.4　其他

阿里云还提供非常丰富的服务。例如，备份、安全、大数据、智能、API 市场等，都可以根据自己网站的需要选用。图 5.19 为阿里云提供的云市场。

云服务不仅是花钱的地方，而且还可以用来赚钱。

图 5.19

以 API 市场为例，它是一个资源非常丰富的宝矿，合理挖掘相关资源提供给合适的客户，也可以成为另外一种收入方式，我选用了其中一些数据做成收费服务后，也扩展了 AdSense 广告以外的收入来源。

第 6 章

其他收入来源，
扩展赚钱渠道

本章要点：

- 百度联盟

- 阿里妈妈

- Google Ad Exchange

- 更多其他广告联盟

- 直接广告

- 增值服务

- 内部广告

本书以 Google AdSense 为主要讲述对象，不过考虑到网站站长会考虑其他收入方式，所以专门用一章讲解 AdSense 以外的收入方式，其中包含百度联盟、阿里妈妈、Google Ad Exchange、更多其他广告联盟、直接广告、增值服务、内部广告，每节又分为若干小节，读者可以全面了解其他网络广告提供商以及收入方式，网站站长完全可以自由选择、组合投放，希望这些补充的收入方式能给读者有效的帮助。

6.1　百度联盟

6.1.1　百度联盟介绍

百度联盟在中国网站广告联盟中的名气仅次于 Google AdSense，也拥有大量的合作网站。

百度联盟的主要产品有以下几个：

（1）搜索推广：与 AdSense 搜索广告类似。

（2）工具栏推广：软件作者将自己的软件与百度工具栏捆绑合作。

（3）网盟推广：与 AdSense 内容广告类似。

与百度联盟相配合，百度还推出了以下配套服务：

（1）百度广告管家：与 Google DFP/Ad Manager 类似。

（2）百度统计：与 Google Analytics 类似。

百度联盟的特色如下：

（1）积分制度：可以用积分兑换奖品。

（2）信誉等级：表示诚信程度的一个指数。

（3）大联盟认证：分为绿色认证、黄金认证、钻石认证，对不同认证，百度给予不同支持。

（4）常青藤计划：给合作伙伴的高层管理人员的培训。

（5）步步高计划：优化课堂，分享百度联盟优化的经验技巧。

登录百度联盟后的界面如图 6.1 所示。

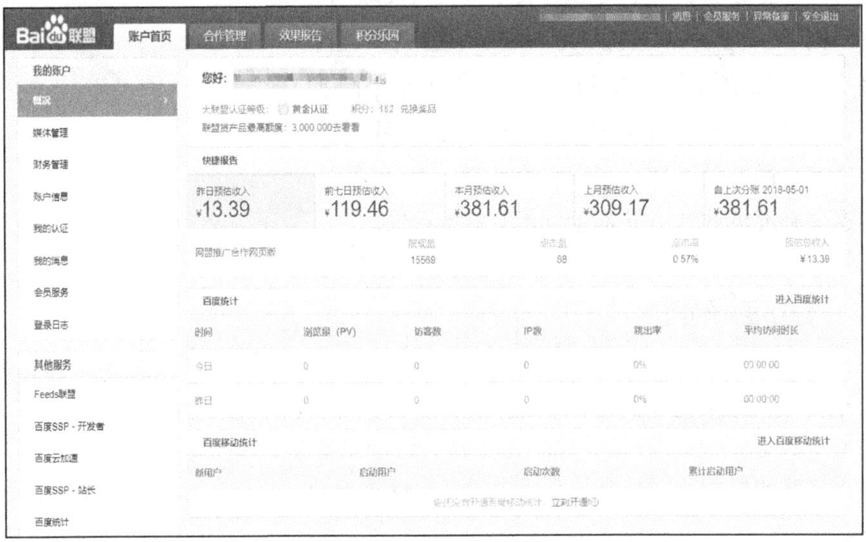

图 6.1

6.1.2　百度联盟与 Google AdSense 的比较

表 6.1 为百度联盟与 Google AdSense 的比较。

表 6.1

	百度联盟	Google AdSense
广告形式	文字、图片、多媒体	文字、图片、多媒体
广告匹配度	与网页内容匹配较好	与网页内容匹配较好
产品种类	网盟推广、搜索推广、工具栏推广	内容广告、搜索广告
账号申请	相对较难	相对容易
统计功能	比较简单	非常强大
添加域名	需要申请审核	不需要申请
支付起点	100 元	100 美元
支付方式	电子转账	支票托收、西联汇款、电子转账
代扣税款	代扣个人劳务所得税或者单位提供发票则不扣税	仅电子转账方式代扣税款，其他方式不扣税
分成比例	约 55%	约 68%
封杀作弊	以前不严，后来严格	严格

网站广告发布商选择联盟最关键的是看谁能给自己带来的收入多，根据我自身几年的测试，以及网上论坛中一般网站站长的说法，在流量相同的情况下，百度联盟产生的收入比 Google AdSense 少，早期只有 Google AdSense 产生的收入的几分之一，相差几倍的收入导致多数网站站长选择以 Google AdSense 为主，但后来在 Google 搜索退出中国大陆后，广告主减少了，百度联盟和 Google AdSense 产生的收入比较接近了，甚至有部分种类广告的收入超过了 AdSense 的收入。

诀窍

目前，对于多数网站来说，百度联盟带来的收入比 Google AdSense 少，但考虑到百度的快速发展，其联盟还是有发展潜力的，建议一般网站都去申请一个账号观察试用。

6.1.3　应用百度联盟提高网站收入

可以考虑以下办法提高网站收入：

（1）如果曾经因为作弊在 Google AdSense 遭到封号，那么可以选择百度联盟重新开始，但一定注意不能作弊。

（2）如果网站中使用搜索的人比较多，那么用百度的搜索推广可能会得到比 Google 搜索广告更多的收入，因为百度搜索结果页面出现的广告更多。

（3）在点击率最高的位置放置 AdSense 广告，而在顶部 Banner 等点击率不是最高的地方可以放置百度联盟广告作为补充。

（4）在做百度联盟广告的同时，可以申请加入百度大联盟认证，能得到宣传流量支持及更高的广告分成比例。

（5）有传言说百度对只做 AdSense 的网站收录效果会差一些，可以考虑也投放部分百度联盟广告消除这种可能的因素。

诀窍

百度的新业务合作提供了更多广告形式，包括在网盟合作中推出悬浮广告，这是目前 Google AdSense 中没有的，可以作为很好的收入补充来源。

6.2　阿里妈妈

6.2.1　阿里妈妈介绍

阿里妈妈是阿里巴巴于 2007 年推出的广告交易平台，其使命是"天下没有难做的广告"，提出"广告是商品"的概念，希望借鉴阿里巴巴、淘宝的成功经验打造连接广告主和网站主的广告交易平台。

计费模式有按时长和按点击计费，广告形式有图片、文字链接，在刚开始推出时在国内做了很多市场推广活动，吸引了大批对 Google AdSense 和百度联盟不满意的网站站长参加。

但实际上效果并不好，大多数参加阿里妈妈联盟的都是质量不高的小网站，出价甚至在每周几元以下，发布广告的广告主也多以淘宝的小卖家为主，出现"劣币驱逐良币"的现象，优质的网站逐步离开。阿里妈妈在按照点击付费的方式上难以竞争过 Google 和百度。

2008 年 9 月，阿里妈妈与淘宝网合并，采用淘宝的品牌，阿里妈妈更倾向于为淘宝网服务，而不是一个独立的网络广告平台。2009 年 1 月阿里巴巴正式将以前以帮助淘宝网店主销售产品获得佣金的淘客称为淘宝客，在阿里妈妈中大力宣传，号召大家都利用自己的网站做淘宝客，这样为阿里妈妈注入新的活力。

阿里妈妈的首页界面现在包含了多种营销工具，网站广告联盟单独放在一个二级域名 http://pub.alimama.com/中，阿里妈妈淘宝联盟首页如图 6.2 所示。

图 6.2

从图 6.2 中可以看出，为淘宝服务是阿里妈妈的主要目标。

6.2.2　阿里妈妈与 Google AdSense 的比较

阿里妈妈与 Google AdSense 的比较见表 6.2。

表 6.2

	阿里妈妈	Google AdSense
计费方式	按时长、点击、效果计费	按展示、点击计费
广告形式	文字、图片、多媒体	文字、图片、多媒体
广告匹配度	自动匹配一般，做淘宝客人工操作效果好些	与网页内容匹配较好
账号申请	相对容易	相对较难
添加域名	需要申请审核，做淘宝客不需要审核	不需要申请
支付起点	任意数量	100 美元
支付方式	转到支付宝账号，可以从支付宝提现或者消费	支票托收、西联汇款、电子转账
代扣税款	代扣个人劳务所得税	仅电子转账方式代扣税款
分成比例	扣技术服务费 15%，淘宝客佣金不定，最高 50%	约 68%
封杀作弊	严格，淘宝客按效果计费不严	严格

6.2.3　应用阿里妈妈提高网站收入

从我使用阿里妈妈广告的效果来看，不理想，两年来只有一次卖出按照时长计费广告位，其余时间放置的都是按照点击计费的广告，而且获得的收入很少，其审核等操作也很麻烦，并且阿里妈妈常常发各种邮件对网站主进行促销宣传。

不过适当运用阿里妈妈，也可以考虑以下办法提高网站收入：

（1）如果网站的主题是购物类，那么阿里妈妈的淘宝客功能可能可能会让你得到比 Google AdSense 更多的收入，因为在网站的浏览者中有很多潜在网上购物者。

（2）如果曾经因为作弊在 Google AdSense 遭到封号，那么可以选择阿里妈妈重新开始，但一定注意不能作弊。

（3）在点击率最高的位置放置 AdSense 广告，而在顶部 Banner 等点击率不是最高的地方可以放置阿里妈妈广告作为补充。

（4）在做阿里妈妈广告的同时，可以做淘宝卖家，能自己宣传、获得佣金。

（5）AdSense 已经停止了国内的推介广告，如果在阿里妈妈中有合适的推介广告可以拿来放在网站中。

📋 **诀窍**

　　不推荐阿里妈妈的按照时长和点击计费的广告，但是如果自己的网站用户是某一方面的潜在消费者，那么可以考虑淘宝客的广告方式。

6.3　Google Ad Exchange

6.3.1　Google Ad Exchange 介绍

　　Google Ad Exchange（ADX）是 Google 收购 DoubleClick 后推出的一个广告交易平台，它和 AdSense 都是帮助你销售广告资源的强大工具。虽然这两款工具都可以让你的广告资源对接数以百万计的广告主，但是 ADX 面向的是那些需要精细控制功能以免直销业务受损的发布商。

　　ADX 的申请流程比 AdSense 更严谨，毕竟作为更强大的变现工具它有自己的特权。目前，ADX 只针对大客户及核心代理商开放。Google 对于客户和代理商开设的 ADX 账号形式不同，代理商的 ADX 是管理账号，又称 NPM（Network Partner Management），与客户 ADX 账号不同的是 NPM 账号拥有广告联盟合作伙伴，在这里可以添加多个合作伙伴的信息以及网站或者 App。所以，如果中小客户想要申请 ADX 广告 ID，就可以联系代理商。

　　ADX 的申请条件是知名网站、内容质量过关（原创优先）、用户浏览量和权重高等，多项指标审核通过才能接入 ADX。

　　ADX 的功能简介见表 6.3。

表 6.3

功　能　栏	功能选项
首页	可以查看数据概况以及估算收入、近期付款情况
广告资源	取广告 ID
规则	广告位优化建议、屏蔽、广告技术、定价、备用广告等
交易	首选交易、私下竞价
查询工具	数据查询
广告素材审核	展示广告、视频广告、移动应用内广告、游戏广告素材审核中心
账号管理	账号信息、政策、访问与授权、付款信息

ADX 的交易方式有首选交易、私下竞价、公开竞价。

（1）首选交易：ADX 卖方可以先将高价值广告资源按照预先协商好的固定价格提供给特定买方，然后再将该广告资源通过一般竞价的方式提供给其他买方。

（2）私下竞价：当特定发布商为一组特定买方举行 ADX 竞价时，就会发生私下竞价。与公开竞价不同，私下竞价可让一组特定买方在广告资源进入公开交易市场之前优先购买它。例如，如果某个发布商决定在公开竞价中匿名出售其大部分广告资源，则可以通过私下竞价向一组特定买方出售一些实名广告资源。

（3）公开竞价：ADX 会将买方的定价条件与你的广告资源匹配，从中找出最高的出价。简单来说，就是出价最高的买方将会拥有你的广告资源。

登录 ADX 后的首页如图 6.3 所示。

图 6.3

6.3.2　ADX 与 AdSense 的比较

ADX 与 AdSense 的特点比较见表 6.4。

表 6.4

功　　能	ADX	AdSense
公开竞价	能够以实名、半公开、匿名方式或以上任意两种方式的组合形式销售你的广告资源	无法设置公开竞价

续表

功　　能	ADX	AdSense
首选交易	在"交易"界面中，你可以设置与买方商定了固定每千次展示费用的首选交易，或者有多个买方参与且设有底价的私下竞价	无法设置首选交易
过滤与屏蔽	账号级过滤： • Google 认证广告联盟（GCAN）屏蔽 • 网址屏蔽 • 常规类别屏蔽（如果在你所用的语言版本中提供了此功能） • 敏感类别屏蔽 • 广告素材审核：审核并批准/拒登来自各个广告客户的广告 • 广告客户屏蔽 • 广告技术屏蔽 • 针对 Cookie 和数据使用方式设置的屏蔽 屏蔽规则过滤： • Google 认证广告联盟屏蔽 • 网址屏蔽 • 常规类别屏蔽（如果在你所用的语言版本中提供了此功能） • 敏感类别屏蔽 • 广告客户屏蔽 • 针对 Cookie 和数据使用方式（非 Google 需求）设置的屏蔽 • 针对基于用户的数据（Google 需求来源）设置的屏蔽可选择启用以下对象： • 敏感类别 • 广告技术	账号级过滤： • Google 认证广告联盟屏蔽 • 网址屏蔽 • 常规类别屏蔽（如果在你所用的语言版本中提供了此功能） • 敏感类别屏蔽 • 广告素材审核：审核并批准/拒登来自各个广告客户的广告
报告	提供灵活的报告功能，用户可以基于发布商定义的参数创建查询，也可以使用系统查询着手创建查询	提供标准的报告功能，如"网站"报告、"广告单元"报告、"广告尺寸"报告等
买方/广告客户	对接相同的买方和广告客户： • AdWords 广告客户 • ADX 买方（Google 认证广告联盟）。如果买方使用的供应商不是 Google 认证广告联盟（不建议这样做），那么只有 ADX 发布商可以访问此广告资源	对接相同的买方和广告客户： • AdWords 广告客户 • ADX 买方（Google 认证广告联盟）。如果买方使用的供应商不是 Google 认证广告联盟，那么 AdSense 发布商将无法访问此广告资源

续表

功　　能	ADX	AdSense
技术供应商许可	ADX 允许所有供应商接入；发布商可以屏蔽任何供应商	AdSense 允许大多数供应商接入，但发布商不能屏蔽任何供应商。
动态分配	ADX 广告管理系统（以下简称 ADX）中的动态分配功能	ADX 中的动态分配功能
收入支付	由 Google 付款。当你的当前余额达到付款最低限额后，Google 会在次月的月末向你付款	由 Google 付款。如果你的当前余额在月底达到付款最低限额，21 天付款处理期随即开始。当处理期结束后，Google 将向你付款

从表 6.4 中可以看出，网站需要达到相当的规模和知名度才适合使用 ADX。

6.3.3　应用 ADX 提高网站收入

ADX 可通过竞价提高网站收入，提高竞价的方式分别为增加竞价压力、合理调节底价、持续监测效果。下面是我搜网络提供的实施案例。

1．优化案例一

国内某知名论坛网站，图 6.4 中数据来源于网站上方 728px×90px 广告，通过针对广告位买方出价、流量来源、国家/地区、设备类型等数据分析设置底价进行优化后，广告 eCPM 较原来增加 90% 左右，估算收入与原来相比高出 50% 左右。

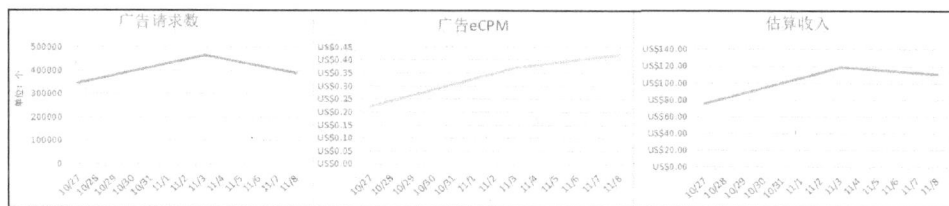

图 6.4

2．优化案例二

国内某知名新闻媒体，把 320px×100px Banner 广告放于文章底部，收入变化如图 6.5 所示。

在测试阶段 eCPM 每日为 0.2 美元左右，经过优化后增长至 0.38 美元，增长约 2 倍。估算收入在测试阶段每日为 150 美元左右，经过优化后增长至 400 美元，较之前增长约 2.5 倍。

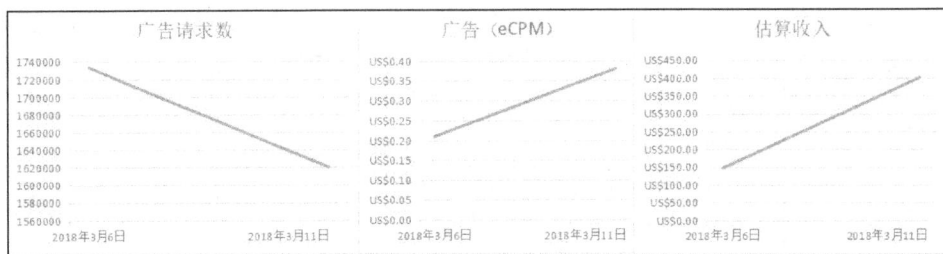

图 6.5

3. 优化案例三

某海外 App，广告位于 App 开启页面，广告形式为插屏。通过针对广告位买方出价、流量来源、国家/地区等数据分析设置底价进行优化，如图 6.6 所示。

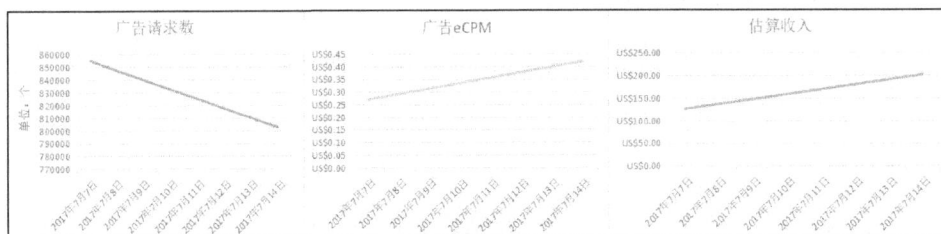

图 6.6

在测试阶段 eCPM 每日为 0.27 美元左右，经过优化后增长至 0.42 美元，增长约 1.5 倍。估算收入在测试阶段每日为 120 美元左右，经过优化后增长至 200 美元，较之前也增长约 1.5 倍。

以上优化案例由 Google 认证代理商我搜公司提供。

6.4 更多其他广告联盟

6.4.1 广告联盟现状

广告联盟的作用是通过网络平台连接广告主和网站主，在牵线搭桥中为双方服务，同时赚取自己的利润，说得更通俗一些，就是网上广告中介。

广告联盟的设立门槛并不高，近年来中小广告联盟数量激增，其中有一些只是个人所办，在资质、信誉、技术方面良莠不齐。

在搜索引擎中搜索"广告联盟"会发现有些与骗子、扣量、卷款、停办等联系在一起。因此，在选择广告联盟的时候需要谨慎。

⚠ **提醒**

对于主动找网站负责人联系投放广告的中小广告联盟需要谨慎，可以在网上搜索对于它的评价，如果觉得它的信誉不好、实力不强、产品影响用户体验，就不用花时间和精力尝试。

6.4.2　广告联盟分类

广告联盟分类如下：

（1）搜索引擎大公司设立的广告联盟：信誉度比较好，偏重利用搜索匹配技术提供 CPC 广告，典型的是 Google AdSense、百度联盟，另外还有搜狗联盟、微软 Ad Center（暂未对国内网站开放）等。

（2）电子商务大公司设立的广告联盟：信誉度比较好，偏重推广自身电子商务的 CPA 广告，典型的是阿里妈妈淘宝客，另外还有当当网联盟、亚马逊联盟等。

（3）中型专业广告联盟：成立时间较长的专门网络广告联盟商，广告产品较多，偏重 CPA 广告，如窄告联盟、亿起发、美通联盟、弈天联盟等。

CPA（按每次行为计算广告费用）类型广告的例子如图 6.7 所示。

CPS（按照每次销售计算广告费用）类型广告的例子如图 6.8 所示。

6.4.3　运用其他广告联盟提高网站收入

可以考虑如下办法提高网站收入：

（1）如果曾经因为作弊在 Google AdSense 遭到封号，可以选择其他网站联盟重新开始，但一定注意不能作弊。

（2）根据网站的主题以及浏览者的类型，可以选择合适的 CPA 广告，有可能获得比 AdSense 更高的 eCPM。

选择	活动LOGO	活动ID	活动名称	计费类型	活动分类	佣金	活动周期	包含协议	审核方式	审核状态	操作
☐	彩视界 caishijie.com	4426	彩视界CPA	cpa	网络服务/其他	2元/注册，5元/购彩	2010-01-22/2011-01-04	否	人工审核	未申请	查看链接 申请加入
☐	三十六计	4384	3gm三十六计CPA	cpa	娱乐/休闲/游戏	12元/有效注册用户	2010-01-01/2010-11-01	否	自动审核	未申请	查看链接 申请加入
☐	大富豪 3gm.com.cn/dm	4368	3gm大富豪CPA	cpa	娱乐/休闲/游戏	12元/有效注册用户	2009-12-21/2010-11-01	否	自动审核	未申请	查看链接 申请加入
☐	爱彩票	4360	爱彩票cpa	cpa	商业/金融/服务	12元/cpa	2009-12-16/2010-12-15	否	人工审核	未申请	查看链接 申请加入
☐	三国梦 3gm.com.cn	4264	三国梦网页游戏cpa新	cpa	娱乐/休闲/游戏	1.5元/有效用户，2.5元/活跃用户	2009-11-03/2010-11-01	否	人工审核	未申请	查看链接 申请加入
☐	三国梦	4254	3gm游戏平台CPA	cpa	娱乐/休闲/游戏	12元/有效注册用户	2009-11-01/2010-11-01	是	自动审核	未申请	查看链接 申请加入
☐	明朝时代 3gm.com.cn/mcsd	4217	3gm明朝时代CPA	cpa	娱乐/休闲/游戏	12元/有效注册用户	2009-11-01/2010-11-01	否	自动审核	未申请	查看链接 申请加入
☐	商业大亨	4199	动网商业大亨cpa	cpa	娱乐/休闲/游戏	1.5元/cpa	2009-10-10/2010-04-10	否	人工审核	未申请	查看链接 申请加入
☐	亿起发 TIQIFA.COM	4119	亿起发网站主加盟计划	cpa	网络服务/其他	100元/有效用户	2009-09-01/2010-12-31	否	自动审核	未申请	查看链接 申请加入

图 6.7

选择	活动LOGO	活动ID	活动名称	计费类型	活动分类	佣金	活动周期	包含协议	审核方式	审核状态	操作
☐	乐行网	4440	乐行网精品鞋包CPS	cps	购物/导购/生活	11%	2010-01-28/2011-01-26	否	自动审核	未申请	查看链接 申请加入
☐	Sesrop 尚诚良品	4431	尚诚良品CPS	cps	服装/时尚/女性	3%~18%	2010-01-25/2011-01-24	否	自动审核	未申请	查看链接 申请加入
☐	Justyle	4429	Justyle	cps	服装/时尚/女性	14%	2010-01-23/2011-01-21	否	自动审核	未申请	查看链接 申请加入
☐	天天购物网 7hhoo24.com	4422	天天购物cps	cps	化妆品/美容/美体	普通会员按有效销售额的12%为佣金，vip会员按有效销售额的8%为佣金	2010-01-21/2011-01-20	否	自动审核	未申请	查看链接 申请加入
☐	Yes Mytea	4413	也买茶cps	cps	购物/导购/生活	18%	2010-01-18/2011-01-17	否	自动审核	未申请	查看链接 申请加入
☐	PHISUNG 菲星	4412	菲星数码cps	cps	购物/导购/生活	11%	2010-01-18/2011-01-17	否	自动审核	未申请	查看链接 申请加入
☐	聚尚网 fclub.cn	4411	聚尚网cps	cps	服装/时尚/女性	10.5%	2010-01-14/2011-01-13	否	自动审核	未申请	查看链接 申请加入
☐	E生活	4410	E生活cps	cps	IT硬件/软件/互联网	3%~7%	2010-01-14/2011-01-13	否	自动审核	未申请	查看链接 申请加入
☐		4207		cps	化妆品/美容/美体	18%	2010-01-12/2011-01-11	否	自动审核		查看链接

图 6.8

（3）在点击率最高的位置放置 AdSense 广告，而在顶部 Banner 等点击率不是最高的地方可以放置其他广告联盟的广告作为补充。

诀窍

一些较大的广告联盟能提供比较丰富的 CPA 或 CPS 类型的广告，可以挑选适合自己网站浏览用户的广告来投放，并记录、计算 eCPM，作为衡量是否继续投放的依据。

6.5　直接广告

6.5.1　让广告主联系你

通过广告联盟获取广告的最大好处是免除了自己联系广告主的麻烦，一般中小网站都难以有专人负责广告联系，网站主也不了解网站、不放心投放广告。

如果你的网站做到一定规模、有一定知名度，那么可以考虑绕过广告联盟，直接与广告主联系。

设立专人或者专门部门负责网站广告销售的开销比较大，一般中小网站可以由网站运营负责人兼职负责与广告主联系。

网站运营的事情非常多，主动联系广告主的效率不高，建议设法让广告主主动联系自己，这样成交的可能性更大一些。

以下几个办法可以让广告主联系你：

（1）在网站的空闲广告位发布自己网站的广告招商信息。

（2）在网站上设立专门的“广告服务”页面，介绍网站用户群体、广告格式、计费方式、联系办法等。

（3）在与网站涉及领域的专业网站、论坛中介绍自己的网站及广告服务信息。

（4）在其他网站投放广告，让潜在广告主发现并主动联系你。

6.5.2　直接广告的定价

既然选择直接与广告主联系，在广告收入上就至少需要与放置联盟广告持平或者更高才行，否则白白花费了联系的时间和精力却降低了收入。

衡量相同广告位收入的办法比较简单的是对比 eCPM，也就是广告的千次展示价值。如果在放置 AdSense 的时候从后台看到某个广告位的 eCPM 是 5 元，则可以将直接广告的价格定为超过这个数字，在与广告主的谈价中设定高于这个的底价。

至于直接广告的计费方式，最简单的是 CPT（按时长计算广告费用），这样可以充分保证发布商的利益，也可以使用 CPM，便于比较 eCPM。当然，也不排除其他方式，CPC 及 CPA 都是可行的，只是需要投放一段时间再计算 eCPM，确保超过投放 AdSense 的 eCPM。

6.5.3　直接广告的管理

直接广告的投放、管理可以采取以下几种方式：

（1）修改网页代码投放：如果网站不复杂，页面数量有限，就可以通过直接修改网页 HTML 代码的方式投放广告，在广告到期后再修改网页停止投放或者更换其他广告投放。

（2）修改网站模板投放：如果网站页面数量大，但结构合理，而且有专门放置广告的模板、框架或者 JavaScript 文件，就可以修改这些模板实现。

（3）通过谷歌广告管理系统投放：在网站建设中嵌入 Google DFP、Ad Manager 代码，以后的修改、管理都可以通过这个系统完成，包括定期投放、广告轮播等都可以轻松实现。

诀窍

> 对于广告更换频繁的网站来说，使用一套合适的广告管理系统是很有必要的，可以考虑谷歌广告管理系统或者百度广告管理系统，都是免费注册的。

6.5.4　应用直接广告提高网站收入

可以考虑如下办法提高网站收入：

（1）如果网站的流量相当多并且在业内知名度高，就可以考虑主要使用直接广告提高网站收入，甚至不放置 AdSense 或者其他广告联盟的广告。

（2）如果曾经因为作弊在 Google AdSense 遭到封号，就可以选择直接广告重新开始，但一定注意也不能作弊。

（3）根据网站的主题以及浏览者的类型，可以联系合适的广告主，有可能获得比 AdSense 更高的 eCPM。

（4）在点击率最高的位置放置 AdSense 广告，而在顶部 Banner 等点击率不是最高的地方可以放置直接广告作为补充。

诀窍

　　无论是自己主动找厂商投放广告，还是厂商主动找网站投放广告，网站的实力都是最重要的，需要在流量、口碑上做长期的积累。

6.6　增值服务

6.6.1　广告以外的增值服务收入

前面谈的都是网站通过放置各种广告获得收入，其实可以看看网站上投放的各式各样的广告，这些广告主愿意花钱吸引有价值的流量都是有原因的，他们可以通过这些流量获得比投放广告的花费更多的收入，这些收入往往都不是广告，而是另外的收费方式，我们的网站也可以考虑采用这些收费方式，可能使用这些办法可以得到比放置广告更多的收入。

通过以下增值服务也可以获得收入：

（1）电子商务：在自己网站上销售商品及服务获得收入，如在查询电话区号的网站上销售电话卡。

（2）收费会员：给予付费的网站会员更多的权限和服务项目，如需要付费才能进行下载、查看详细资料、发布信息。

（3）中介收费：提供网上买卖双方的交易平台，收取中介费用，如加盟创业网站、威客竞标网站。

（4）小额收费：提供的服务通过支付宝、微信等收费方式获得收入，如收费信息查询服务等。

（5）建站收费：通过自己的网站发布网站建设、宣传推广、搜索优化等服务项目，向服务对象收取费用。

6.6.2 应用增值服务提高网站收入

可以考虑如下办法提高网站收入：

（1）如果网站有相当多的流量且用户忠诚，就可以考虑主要使用收费会员制提高网站收入，甚至不放置 AdSense 或者其他广告联盟的广告。

（2）如果曾经因为作弊在 Google AdSense 遭到封号，就可以选择做增值服务重新开始。

（3）根据网站的主题以及浏览者的类型，可以提供销售产品，有可能获得比 AdSense 更高的 eCPM。

（4）在点击率最高的位置放置 AdSense 广告，而在顶部 Banner 等点击率不是最高的地方可以放置增值服务信息作为补充。

诀窍

以前销售商品比较麻烦，现在使用阿里妈妈淘宝客以及其他一些网站联盟提供的网店系统，可以很简单地生成一套产品销售系统。

6.7 内部广告

6.7.1 站内广告

我们从一些网站上可以看到部分广告位除了放置外部广告之外，也可以放置网站内部的广告，这样可以起到以下作用：

（1）吸引网民浏览更多站内网页。

（2）增加网站页面浏览数。

（3）强调网站重点推荐信息。

（4）宣传附加值高的服务项目。

如图 6.9 所示，页面中部和下部放置的是百度广告和 Google AdSense 广告，而顶部放置的是站内广告。屏幕顶部的网站内部广告可以吸引网友浏览站内更多内容。

图 6.9

6.7.2　站间广告

如果你有多个网站，那么还可以在各个网站之间互相放置链接，做站间广告，有以下好处：

（1）为网友提供更多关联服务。

（2）提高目标网站的浏览量。

（3）提高目标页面的搜索权重。

如图 6.10 所示，页面中部和下部放置的是百度广告和 Google AdSense 广告，而顶部放置的是站间广告。屏幕顶部的站间广告可以吸引网友使用我们的其他服务。

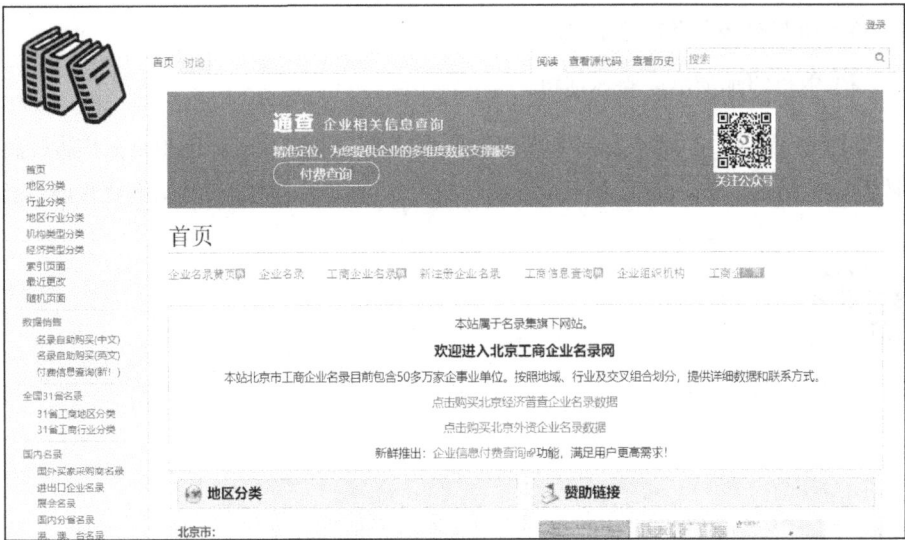

图 6.10

6.7.3　运用内部广告提高网站收入

可以采用以下内部广告的方式提高网站收入：

（1）增加网站浏览量，从而增加广告展示次数及收入。

（2）将用户引导到广告收入高的页面增加网站收入。

（3）将用户引导到收费服务、产品销售等页面。

（4）在广告点击率高的位置放置 AdSense 广告，而在点击率低的位置放置内部广告作为补充。

诀窍

> 我所在公司的网站通过放置吸引人的内部广告链接，让每位浏览者平均浏览的页面从不到 2 页提高到 4 页，在展示页面数量翻番的同时 AdSense 收入也实现了翻番。

6.7.4　内部广告的投放及管理

一个成熟的网站往往会使用较多的内部广告，可以采取 Google Ad Manager 管理内部广告的投放，其优势有以下几个：

（1）在一次性对网站广告位设置后，方便以后投放各种广告，包括内部广告。

（2）在 Google Ad Manager 中有专门的"内部广告"选项，进行了预先的特征设置。

（3）方便内部广告内容修改、投放时间管理、投放地域管理、与外部广告的切换。

（4）可以为内部广告设置 eCPM，与包括 AdSense 在内的其他外部广告竞价投放。

Google Ad Manager 中有订单的概念，外部广告、内部广告的投放和管理都是通过菜单项设置的。图 6.11 为 Google Ad Manager 中"订单项"设置的界面。

图 6.11

第 7 章

汇总常见热点，
解答相关问题

本章要点：

■ 关于网站建设的问答

■ 关于 AdSense 知识的问答

■ 关于 AdSense 优化的问答

■ 关于 AdSense 政策的问答

■ 关于 AdSense 资源的问答

■ 关于广告赚钱的其他问答

我在一些 AdSense 方面的论坛上常看到很多提问，但认真回答的人并不多，我专门收集整理了热点和常见的问题，结合自己在 AdSense 运用中碰到的问题，对问题进行了系统分类和仔细解答，其中包含关于网站建设的问答、关于 AdSense 知识的问答、关于 AdSense 优化的问答、关于 AdSense 政策的问答、关于 AdSense 资源的问答、关于广告赚钱的其他问答，每节中又分为若干小节，也就是具体问题，这些问答中还包含着不少提高 AdSense 赚钱的秘籍，读者可以在本书的配套网站中提出自己的问题，与我和其他读者一起交流，共同提高。

7.1　关于网站建设的问答

7.1.1　做网站投放 AdSense 真的可以赚到钱吗

我经常看到在一些论坛中有人发帖询问做 Google AdSense 真的能赚到钱吗？应该是有不少人带有怀疑的。在这里我以自己亲身经历回答：

（1）AdSense 真的可以赚到钱，做得好还可以赚大钱。

（2）肯定可以收到款，不存在无故停止账号的情况。

我认为怀疑 AdSense 能否赚钱的人可以分为两类：

（1）做过 AdSense 但是没有赚到钱甚至被封账号的人。

（2）没有做过网站或者没有申请加入 AdSense 的人。

第一类人首先需要提高自己网站的内容质量，被浏览者喜欢就有价值，没有人来看当然就赚不到钱了，由于作弊被停止账号也很正常。

我建议第二类人不妨试一试，不要犹豫，也不要受一些论坛上抱怨 AdSense 赚不到钱的帖子影响，每个人的情况都不同，只有行动后才能得出是否适合自己的结论。

做 AdSense 赚钱的前提是有优质网站供浏览者使用，没有做网站、做垃圾网站、靠作弊骗钱当然都是赚不到钱的。

真正要通过 AdSense 赚钱、赚大钱都是需要时间积累的，不可能暴富。

📋 **诀窍**

付出总有回报，无论网上、网下都是一个道理。

7.1.2 做一个网站需要投资多少

这个问题通常是由还没有网站而希望通过网站赚钱、创业的朋友提出的。具体投资额度没有一定标准，从几乎零投入到低投入到烧钱式的投入方式都有，下面简单列出几种开支：

（1）域名费用：虽然可以使用免费的二级域名，但是要想长期发展，需要注册自己的独立域名，价格为每年几十元。

（2）购买空间：如果感觉免费系统或者免费空间不能适应要求，就可以购买虚拟主机空间或者 VPS，以及托管、租用专门服务器、使用云服务器等，价格从每年几十元到数千元不等。

（3）开发程序：如果可以找到能满足需要的现成的网站系统，就尽量采用现成的，国内外有很多免费的开源建站系统，如果需要定制开发程序，就可以找有相关经验的公司或者个人委托开发，需要提出详细需求并签订合同，合同条款应包含完成后验收并带有一定的维护期，价格根据功能需求和开发投入商定。

（4）美工装修：随着网站竞争加强，特别是网店之间竞争激烈，一些外观漂亮的网站更容易得到关注，所以需要专业美工人员"装修"，可以使用数十元的现成皮肤，也可以专门制作带动画的页面。

（5）网站推广：在网站建成后，如何让别人知道你的网站并常来访问是很大的挑战，宣传推广自然不可缺少，免费的办法一般为靠搜索引擎优化，花钱的办法一般为投放广告。

（6）招聘人员：如果网站发展大了，个人往往没有足够的时间和精力对网站内容添加和维护，这时就需要增加人手，同时招聘的人员还可以做网站的客户服务工作。

按照规模可以把网站划分为以下几种：

（1）零投入网站：除了自己的时间和精力之外，几乎不需要其他方式的投入。可以采用网上的免费服务（如免费博客系统、免费网站空间、免费开源程序）搭建网站，然后自己投入时间和精力添加和更新内容及服务。其优点是投入低，缺点是网站的功能、性能可能受到一些限制，难以适应特殊要求。这种方式适合尝试。

（2）小型网站：可以采取独立域名、虚拟主机的方式，使用免费程序，个人进行内容建设和维护，一年只需要投入数百元。这种方式适合个人建站。

（3）中型网站：可以采取独立域名（或者多个域名）、服务器托管或租用的方式，委托专业程序员、美工师开发设计，由工作小组共同建设、维护，每年的投入从数万元到数十万元。这种方式适合团队运营。

（4）大型网站：可以采取独立域名（或者多个域名）、多台服务器架构的方式，有专门的技术开发和维护团队、网站策划人员、网站编辑人员、网站客服人员、市场和销售人员、搜索引擎优化人员等，每年的投入从数十万元到数百万元。这种方式适合公司化正规操作。

这里就不讨论再大规模的网站了。

⚠ 提醒

建议采取循序渐进的办法投入，没有实力和把握不要玩"烧"钱的游戏。

7.1.3　我的网站投放 AdSense 广告可以带来多少收入

前面谈了投入问题，当然投资者会同时考虑收入问题。在 Google AdSense 帮助中心中，"我可以通过此计划获得多少收入？"就排在常见问题中，Google 官方的回答是收入可能按每次点击计算广告费用（CPC）或者按每千次展示计算广告费用（CPM），Google 给发布商的内容广告分成是 68%。Google 建议弄清能赚多少钱的最好办法是马上注册、发布广告试一试，从后台就可以看到实际收入了。

不过我想有很多没有用过 AdSense 的人希望知道已有发布商大概的收入情况，已有发布商也希望了解其他发布商的收入情况。在网上公布自己收入情况的发布商很少，下面我以自己的例子来说说。

虽然 AdSense 目前有内容广告、搜索广告等多种方式，但是实际上一般发布商的广告收入都是以内容广告为主的，少数网址类网站除外（有些以搜索广告为主），而在内容广告中又以按每次点击计算广告费用（CPC）类的收入为主，我自己的例子是点击付费广告占到总收入的 90% 以上，如图 7.1 所示。

在广告计算中，可以列一个简单的公式：总收入=浏览量×每千次展示收入，其中每千次展示收入在 Google 后台中显示为 eCPM，目前一般是 0.1 ~ 1 美元，如果广告设置不当，那么 eCPM 有可能比 0.1 美元更低。如果优化得好，那么 eCPM 可以到 0.5 美元以上。广告针对性强的网站或者内容质量好的英文网站的 eCPM 有可能超过 1 美元。

图 7.1

一般水平的简体中文网站总收入可以用 0.3 美元乘以浏览量估算，见表 7.1。

表 7.1

每日页面展示次数	每日页面展示算成千次	每千次展示收入（eCPM）估算值	每日收入，按美元计算，等于前两列相乘	每日收入，换算成人民币，按 6.6 元/美元计算	每月收入，以 30 天计算
100 次	0.1 千次	0.3 美元/千次	0.03 美元	0.2 元	6 元
1 000 次	1 千次	0.3 美元/千次	0.3 美元	2 元	60 元
10 000 次	10 千次	0.3 美元/千次	3 美元	20 元	600 元
100 000 次	100 千次	0.3 美元/千次	30 美元	200 元	6 000 元
1 000 000 次	1 000 千次	0.3 美元/千次	300 美元	2 000 元	60 000 元
10 000 000 次	10 000 千次	0.3 美元/千次	3 000 美元	20 000 元	600 000 元

可以看出，你的收入与页面展示次数成正比，所以做好网站内容质量和宣传工作，提高浏览量是提高收入的关键。当每日页面展示次数在 1 万次以下时，每个月的收入只有 600 元，难以支付网站的各种成本。如果由团队运营网站，那么人员工资、服务器购置及托管等费用开销大，一般需要做到每日页面展示次数至少在数十万次才行。

0.3 美元/千次是一般的估算，实际上根据各个网站的情况，有可能相差很多倍。

以上只是估算，实际上没有考虑其他类型广告、Smart 出价等很多因素，所以仅供粗略参考。

📄 **诀窍**

网站的流量是关键，所以有"流量为王"的说法。

7.1.4　可以用翻译软件建外文网站吗

有网友咨询我是否可以用翻译软件建外文网站？这种做法是否属于原创？我的回答是可以用翻译软件辅助建外文网站，但不能完全依靠翻译软件。这种做法可以算原创，但质量不高。

其实可以从用户的角度来看这个问题，当使用外文的浏览者看到你的外文网站时，如果能给他需要的信息就是不错的内容，如果他在看了以后感觉不知所云那就是糟糕的自动翻译内容。

当前机器翻译的水平比前些年有了很大的进步，低级错误在减少，准确率提高了很多，确实可以作为编辑外文网站的辅助工具，甚至是重要工具。但要完全依靠机器翻译建站还不现实，需要人工校对保证翻译质量。

另外，建外文站除了要让网站的外文通顺流畅之外，还要符合外国人的阅读习惯和内容需求，如果自己对外文一点也不懂，那么是很难做好的。要想写出外国人喜欢的内容，需要外文有相当的水平，并且了解外国人的浏览习惯甚至生活习惯、民族文化等。

当然，人无完人，不可能自己样样精通，除了借助自动翻译之外，还可以找人合作，如果工作量大、内容复杂，那么可以招收外文人才组成团队长期一起配合工作，临时性工作可以外包，可以找翻译公司、外语专业学生以及外国网上写手，费用随行就市。

举一个例子，我数年前购买的某国邮政编码数据，数据质量很高，但在搭建成网站后流量一直不高，经过检查分析发现，我们对该国街道号码的排列方式不了解，做成的网站呈现内容与外国人常见的格式不同，网站的站内搜索不能让外国人快速找到对应的内容。在经过一番改造之后，搜索引擎收录数量大幅增加，网站流量和收入也逐步增加。

7.1.5　网站需要 HTTPS 改造吗

在 2010 年，很少有网站使用 HTTPS 访问，只有像银行、在线购物等涉及资金交易的网站才采用，而且相关证书、SSL 加速设备等都非常昂贵，加密、解密的过程对于网站服务器和浏览者电脑的资源消耗也不能忽略。因此，那个时候普通网站都是使用 HTTP 访问的。

最近几年，Google、百度等搜索引擎率先进行了 HTTPS 改造，并提倡其他网站也改为 HTTPS 访问，增加对 HTTPS 访问网站的全站支持，让大家开始重视 HTTPS 改造的问题。

HTTPS（Hyper Text Transfer Protocol over Secure Socket Layer）是以安全为目标的 HTTP 通道，简单地讲是 HTTP 的安全版。大家可以在网上搜索了解具体技术工作原理，下面几点为 HTTPS 在安全性方面的优势：

（1）使用 HTTPS 协议可认证用户和服务器，确保数据发送到正确的客户机和服务器。

（2）HTTPS 协议是由 SSL+HTTP 协议构建的，可进行加密传输、身份认证的网络协议，比 HTTP 协议安全，可防止数据在传输过程中被窃取、改变，确保数据的完整性。

（3）HTTPS 是现行架构下最安全的解决方案，虽然不是绝对安全的，但是它大幅增加了中间人攻击的成本。

对于普通网站来说，HTTPS 有以下 3 点优势：

（1）在搜索引擎优化方面获得搜索引擎的优待，在其他条件相同的情况下，HTTPS 网站可以比 HTTP 网站有更高的权重和排名。

（2）防止运营商劫持，以前我们在 HTTP 网站曾经看到的电信运营商夹带的弹窗广告，在改用 HTTPS 后就不会再出现。

（3）HTTPS 网站在浏览器地址栏会显示绿色的小锁，最新 Chrome 浏览器还会加上绿色的"安全"字样，增强用户信任感。

Chrome 浏览器对 HTTPS 网站的显示如图 7.2 所示。

Chrome 浏览器地址栏对 HTTPS 网站显示绿色的小锁及文字"安全 https"，点击小锁图标可以查看证书等详细内容。

图 7.2

当然，现阶段 HTTPS 改造也有一堆麻烦。例如，访问速度比 HTTP 要慢、对服务器的要求更高、不能完全解决安全问题、SSL 证书需要费用、改造需要技术投入等。所以，国内多数网站还在观望。

从长远来看，采用 HTTPS 访问是趋势，国外已经有 80% 以上的网站采用了 HTTPS 访问，Chrome 浏览器会把 HTTP 网站在地址栏标注为红色的"不安全"，服务器开销、SSL 证书成本也在降低，甚至免费，所以有能力的网站尽早进行 HTTPS 改造为好。

7.1.6　如何获得免费 SSL 证书

我是在 2016 年开始关注 HTTPS 改造的，当时在网上搜索免费 SSL 证书，找到一家叫 StartCom 的公司，按照网站提示一步一步操作可以获取其免费提供的 SSL 证书，但一两个月后这家公司被爆出自身有作弊行为，证书不被 Chrome、Firefox、Safari 认可。

另外，其他一些提供 SSL 证书的公司本身也有问题，导致其颁发的证书失效，选择 SSL 证书服务商需要谨慎，不管是免费的还是收费的，都要考察其背景是否可靠。

后来，我在网上找到 Let's Encrypt（https://letsencrypt.org/）可以提供免费证书，这是一家非营利机构，由电子前哨基金会、Mozilla 基金会、密歇根大学于 2014 年发起，属于互联网安全研究小组的一个项目，其目标是要让所有 Web 网站都实现 HTTPS 化，这个项目还有 Google、Cisco、Facebook、Ford Foundation、HP 等知名公司和机构赞助支持，可信度很高。

其官方网站上介绍 SSL 证书是通过服务器上运行脚本来获取的，我也是这样尝试成功的，不过确实有点麻烦。还有一个办法，第一次可以通过一个叫 SSL for Free 的网站（https://www.sslforfree.com/）获取 SSL 证书，按照提示一步一步地操作，这个过程中的帮助就看得明显一些，类似从其他收费的证书服务商那里购买、下载的流程，建议新手试一试。

对于拥有服务器 Shell 权限的用户，官方推荐使用 Certbot（https://ccrtbot.eff.org/）验证、下载、更新证书；对于用 CentOS 6 和 Apache 的用户，官方推荐使用 certbot-auto 软件，可以自动进行运行环境检查升级、配置修改、域名验证、记录日志、下载证书、更新证书等工作，详细介绍请看 Certbot 文档。

这个从 Let's Encrypt 获取 SSL 证书的办法的优点如下：

（1）免费。免费自然是最大的优点，开始时只提供单域名证书，现在也提供通配符域名证书。

（2）可信。基本不用担心根证书被废等问题，可以长期使用。

（3）便捷。只提供域名验证，如果熟悉该系统的使用办法，几分钟就可以搞定一张证书。

这个办法的缺点如下：

（1）目前只有英文官方网站，文档也是英文的，提供的软件需要自己摸索，不像商业 SSL 证书服务商一样有客服服务，有一定的技术门槛。

（2）不提供个人认证、企业认证、扩展认证等，但现在的多数网站只需要 HTTPS 实现加密以及符合搜索引擎优化需要，不进行那些认证是可以的。

（3）每张证书只有 90 天有效期，需要到期前续期，官方推荐设置成自动运行命令来进行续期（在 Linux 的 crontab 中设置每天两次定期运行./certbot-auto renew --post-hook "service httpd restart"程序自动检查已经生成的证书，如果距离到期还早就跳过更新）。

本书配套网站 https://adsensebook.cn 申请的免费 SSL 证书如图 7.3 所示。

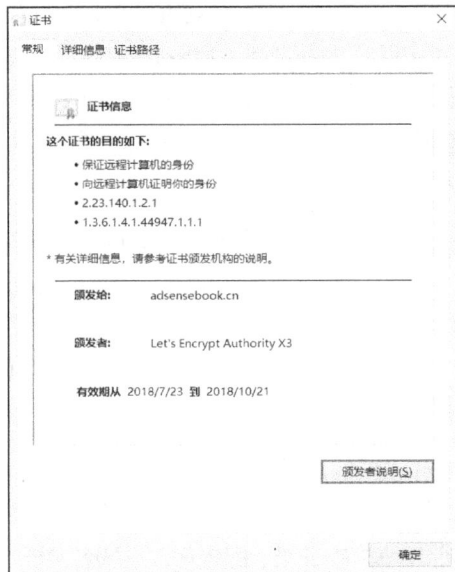

图 7.3

具体安装办法由于篇幅限制就不在本书中详细介绍了，可以直接看官方网站或者在网上搜索教程，我记录了博客文章《尝试 Let's Encrypt 的免费 SSL 证书》

（https://jamesqi.com/node/639），记录了获取证书的过程及遇到的问题、解决办法，可以供大家参考。

7.1.7　如何吸引网友主动进行社交媒体分享

在本书第 1 版面世的时候，搜索引擎是互联网的绝对热点和流量入口，但在移动互联网来临以后，微博、微信等社交媒体兴起，超级 App 占用了用户大量时间，搜索引擎的使用率在下降，网站的来源如果完全依赖搜索引擎，那么流量的下降是不可避免的。

我知道有很多站长都坚持不下去，转到 App 开发、自媒体运营、微商和电商销售等行业了。坚持下来的网站需要顺应时代发展，不要拒绝社交媒体，而要积极拥抱新机会，这样才能获得新的发展。

有一定知名度的网站可以建立自己的微博账号、微信公众号，与网站形成互补、与用户形成互动，给网站带来流量。

另外，让网友主动进行社交媒体分享也是需要做的一个重要工作。我们常常看到其他网站中有"分享到微博""分享到微信""分享到 QQ"等按钮，国外网站中则有"Share to Twitter""Share to Facebook""Share to Google+"等。

其实这个过程很简单，只要在网页源代码中加一小段分享按钮的 JavaScript 代码就可以实现。

国内以前有多个这种分享代码项目。例如，百度分享，网址为 http://share.baidu.com/；bShare 分享，网址为 http://www.bshare.cn/。

这几个项目包括百度分享在 2012 年以后基本上都停止更新了，勉强还可以使用，但是没有后续开发。

图 7.4 方框中即为中文网站放置社交媒体分享按钮的例子。

国外的分享按钮网站主要有 AddToAny，网址为 https://www.addtoany.com/；AddThis，网址为 https://www.addthis.com/；ShareThis，网址为 https://www.sharethis.com/。

图 7.4

这几个国外的分享按钮网站都维持得不错，除了定制分享按钮的基本功能之外，还有统计分析等功能。

图 7.5 方框中即为外文网站放置社交媒体分享按钮的例子。

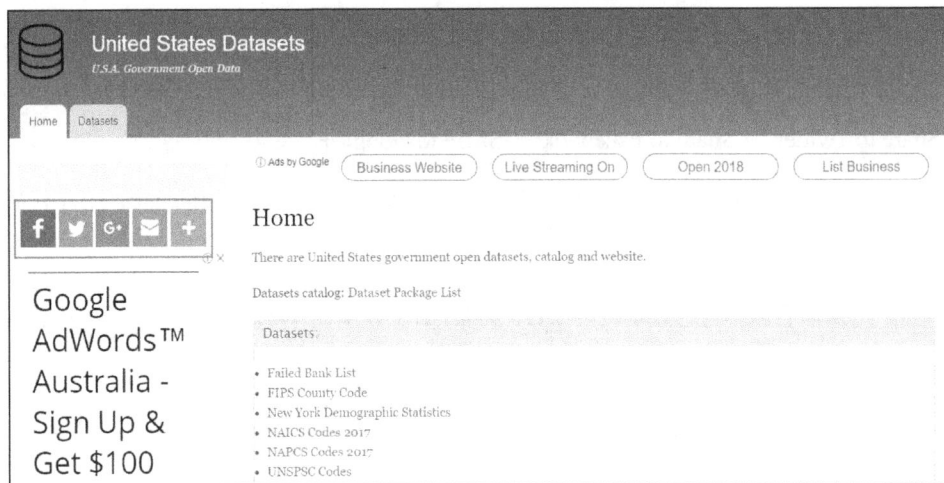

图 7.5

我们在网站上放置社交媒体分享按钮之前，可以从流量分析中看到极少的用户分享数据，而在放置之后的几个星期、几个月内，就超过了以前数年的分享数量和回访数量，效果十分明显，所以这应该成为每个网站的标准配置。

7.1.8　爬虫太多导致服务器资源消耗过多怎么办

一般中小型网站为了节约成本，采用的虚拟主机或者服务器的配置不高，承受正常的访问和正常的搜索引擎抓取没有问题，但当遇到设计不好的搜索爬虫或者快速内容采集甚至恶意攻击的时候，很容易让服务器过载，导致网站访问缓慢甚至报错。

这时需要对访问来源进行排查，针对不同的问题采取不同的策略。

Google Analytics 或者百度统计之类的网站统计分析系统采用了嵌入 JavaScript 脚本，而这种爬虫只获取 HTML 内容，不继续访问 JavaScript，所以是无法留下记录的。以下办法可以获取访问来源的数据：

（1）一些比较完善的虚拟主机系统在控制面板中可以获得 Web 服务器访问日志。

（2）在有服务器 shell 权限的情况下，可以直接访问服务器上日志文件获取信息。

（3）在网站程序中对访问进行记录，放置到数据库或者磁盘文件中。

访问日志类似这样：

220.181.108.109 - - [15/Jul/2018:11:31:28 +0800] port:443 "cantonfair108.mingluji.com" "GET /inquiry_5/overstock_1 HTTP/1.1" 200 16607 "-" "Mozilla/5.0 (compatible; 百度 spider/2.0; +http://www.baidu.com/search/spider.html)"

45.56.152.64 - - [15/Jul/2018:11:31:28 +0800] port:443 "foreign.mingluji.com" "GET /.,LTD. HTTP/1.1" 403 208 "-" "Mozilla/5.0 (Windows NT 6.1; WOW64) AppleWebKit/537.36 (KHTML, like Gecko) Chrome/55.0.2883.87 Safari/537.36"

220.181.51.76 - - [15/Jul/2018:11:31:28 +0800] port:443 "jiangsu.mingluji.com" "GET /%E5%8F%A5%E5%AE%B9%E5%B8%82%E9%99%88%E6%AD%A6%E9%95%87%E4%BA%BA%E6%B0%91%E6%94%BF%E5%BA%9C HTTP/1.1" 200 40512 "-" "Mozilla/5.0 (Windows NT 6.1; WOW64) AppleWebKit/537.36 (KHTML, like Gecko) Chrome/55.0.2883.87 Safari/537.36"

123.125.71.20 - - [15/Jul/2018:11:31:28 +0800] port:443 "m.pucha.mingluji.com" "GET /%E6%B1%9F%E9%83%BD%E5%B8%82%E5%BF%AB%E9%B9%BF%E9%9E%8B%E4%B8%9A%E6%9C%89%E9%99%90%E5%85%AC%E5%8F%B8 HTTP/1.1" 200 43847 "-" "Mozilla/5.0 (compatible; 百度 spider/2.0; +http://www.baidu.com/search/spider.html)"

每段是一次访问记录，包括来访 IP、日期、时间、端口、域名、网址、协议、状态码、内容大小、来源、用户代理等字段信息。

在获取到访问日志后，可以人工查看在某段时间内访问特别多的情况，或者编写程序进行归类统计，针对下面列出的情况采取相应措施：

（1）如果用户代理说明来自搜索引擎，就可以利用 Linux 命令 host 123.123.123.123 这样的 IP 反向查找域名来验证是否真的是搜索引擎爬虫，对于冒充搜索引擎的爬虫要果断屏蔽。

（2）对于真的来自百度、Google 等搜索引擎的爬虫一般是不宜屏蔽的，除非你的网站流量来源不依靠搜索引擎。

（3）对于不入流的搜索引擎爬虫或者不相关的外文搜索引擎爬虫也可以屏蔽，我们就遇到过带来极少流量的搜索引擎却抓取非常多网页或者来自俄罗斯的搜索引擎爬虫抓取我们中文内容的情况，这些都可以屏蔽。

（4）不属于搜索引擎的 IP 爬取非常快的情况，明显超过普通人的访问速度，并且是顺着一定规律遍历爬取的，可以断定是来采集复制内容的，可以进行屏蔽。

（5）网站的有些目录和文件是不需要搜索引擎爬取的，可以在 robots.txt 中申明不允许爬取，但如果依然被爬取，就可以屏蔽这些不遵守 robots.txt 规则的爬虫。

（6）对于尝试不存在网址、不断 POST 垃圾内容、专门访问同一个网址、有意访问高消耗的搜索页等情况，也应该屏蔽。

7.1.9 在 Apache Web 服务器上如何屏蔽爬虫

Linux+Apache+MySQL+PHP 依然是网站的主流架构，我们在遇到需要屏蔽爬虫的时候就是用 Apache 的 ReWrite 规则屏蔽的，可以在 httpd.conf 中设置（效率更高，但修改后需要重启 Apache），也可以修改.htaccess 实现（随时修改随时生效，但因为要读取文件所以效率稍低）。

下面举例说明多种屏蔽的情况。

1．根据 IP 或者 IP 段屏蔽爬虫

RewriteCond %{REMOTE_ADDR} ^(45\.56\.152\.196|47\.98\.189\..*|106\.14\..*\..*)$

RewriteRule .* - [F,L]

2．根据 User Agent 屏蔽一些典型的爬虫

RewriteCond %{HTTP_USER_AGENT} ^(.*)(DTS\sAgent|Creative\sAutoUpdate|HTTrack|YisouSpider|SemrushBot)(.*)$

RewriteRule .* - [F,L]

3．屏蔽 Referer 和 User Agent 都为空的代码

RewriteCond %{HTTP_REFERER} ^$ [NC]

RewriteCond %{HTTP_USER_AGENT} ^$ [NC]

RewriteRule .* - [F]

4．结合 User Agent 屏蔽反复 POST 提交留言的情况

RewriteCond %{REQUEST_METHOD} POST

RewriteCond %{HTTP_USER_AGENT} ^(.*)(Firefox\/44\.0|Safari\/537\.36)(.*)$

RewriteCond %{REQUEST_URI} ^(.*)\/comment\/reply\/(.*)$

RewriteRule .* - [F,L]

5．临时屏蔽（返回 503 错误），而不长期屏蔽的代码

RewriteCond %{HTTP_USER_AGENT} ^.*(bot|crawl|spider).*$ [NC]

RewriteCond %{REQUEST_URI} !^/robots\.txt$

RewriteRule .* - [R=503,L]

延伸：更多 Apache ReWrite 规则可以参考 Apache 官方文档（http://httpd.apache.org/docs/current/rewrite/ ）。

7.2 关于 AdSense 知识的问答

7.2.1 一个人可以申请多个 AdSense 账号吗

在申请 AdSense 账号的时候需要提供个人或者机构的身份证明，同一个个人或者机构只能申请一个 AdSense 账号。

有人使用多个身份证明申请到多个 AdSense 账号，Google 允许这种情况，但会将这些账号划为关联账号，如果其中某个账号有作弊情况，就可能牵连所有关联账号。

从我个人的经验来看，除非有特别的需要，一般用一个 AdSense 账号比较方便，没有投放不同网站的审核和限制，在一个账号中可以用渠道区分统计，调整广告代码、取款也方便。

有的人为了安全起见设法申请多个 AdSense 账号，怕万一某个账号被封，还有其他账号可用。这个担心可以理解，但却是没有必要的，只要没有作弊，Google 是不会随意封号的，即使有恶意点击，Google 的技术也能正确识别。我自己的账号用了 10 多年都没有问题。

我的个别网站曾经遇到过恶意点击的情况，持续了大约 2 周时间，结果在第二个月 AdSense 结算的时候扣除了比平时更多的无效流量扣款，其他没有特别影响。而同期网站上的百度联盟广告也被恶意点击，造成百度联盟直接封号，后来不得不申请解封。

7.2.2 可以把广告代码投放到申请时填写的网站以外的地方吗

可以。

AdSense 在这方面很便利，不像国内其他一些广告联盟那样需要事先申请新的投放网址，百度联盟、阿里妈妈都要对新添加的网站申请进行审核，在批准后才能有效投放。

我在最开始申请 AdSense 账号的时候只有 1 个域名、2 个子域名网站，后来扩展到 10 多个域名、数百个子域名网站，都在同一个 AdSense 账号下投放广告，在新域名新站建成后，直接在网页代码中嵌入自己的 AdSense 广告单元代码就可以了。

7.2.3 如何设置选择广告的语言

AdSense 自动判断网页中的语言，然后投放相对应的语言种类广告，所以不需要进行特别的设置。

以前有一些网站，内容是中文的，但是通过 iframe 等方式投放英文广告，以为这样赚钱会多一些。因为相关性的问题，所以这类英文广告的点击率并不高，一般国内看中文网站内容的人很少点击英文广告链接。另外，这种投放方式有作弊的嫌疑，不建议采用。

📋 **诀窍**

　　如果希望通过投放单价高的英文广告获得收入，那么正确的办法是做出有原创内容的英文网站。

7.2.4　添加了 AdSense 代码以后为什么看不到广告显示

　　这是刚加入 AdSense 项目的人常遇到的问题，有以下几种可能：

　　（1）可能因为已经访问过的网页的缓存使得广告不显示，可以先删除自己浏览器的缓存并删除 Cookie，然后再次尝试访问网站。

　　（2）使用 Google AdSense 后台的"管理广告"功能新增或者修改的广告，需要等待 10 分钟以上才能正确显示广告，等待时可以用"管理广告"中的"预览"功能。

　　（3）使用 Google Ad Manager 方式投放广告，后台中的新增或者修改都需要等待 10 分钟以上才能正确显示广告，等待时也可以使用"预览"功能。

　　（4）某些浏览器或者软件可以拦截广告，遇到这种情况网页中也不显示广告。

　　（5）在某些违反 AdSense 项目政策的页面上投放广告也会遇到不显示广告的情况。

　　（6）如果自行修改 AdSense 代码进行广告投放，那么也可能会遇到广告无法显示甚至页面出错的情况。

　　（7）如果因为违规账号被停，当然也就无法看到广告显示了。

7.2.5　我一直收不到 PIN 码（个人识别号码）进行验证怎么办

　　PIN 码（Personal Identification Number，个人识别号码）的作用是帮助 Google 验证发布商的地址并有效保护个人信息。

　　当发布商的收入超过 10 美元时，在 3 ~ 5 天 Google 会从美国用平信向中国发布商账号中的中文收款人地址寄出带有 PIN 码的信件。

　　发布商在收到 Google 从美国寄来的信件后，将其中的 PIN 码输入 AdSense 账号后台管理页面后才能收到付款。

上面写的收取 PIN 码流程很清晰，我收到 PIN 码的过程很顺利。在 AdSense 相关的论坛上，有很多站长反映无法收到 PIN 码，可以检查以下情况：

（1）检查在账号中填写的收款人地址是否填写正确、是否具体，要确保填写的是可以收到平信的详细地址。

（2）邮政编码也很重要，如果地址的详细邮政编码错误，那么也可能收不到或者延长收到时间。

一般 4～6 周可以收到 PIN 码，如果超过太长时间没有收到 PIN 码，就可以申请重发 PIN 码。

如果第一次没有收到 PIN 码，还有两次机会可以自己申请重发 PIN 码，在第一次 PIN 码寄出的 3 周后可以申请重发，在重发前一定要详细检查地址，可以在"我的账号"标签下"收款人信息"部分中的"修改"更新付款地址。

如果已经发了 3 次 PIN 码却依然没有收到，可以在最后一次发出 PIN 码后的 4 周后通过在线表单与 Google 联系，AdSense 部门的人员会提供相应的解决办法。

如果超过 4 个月还没有输入正确的 PIN 码，系统会自动在网站上显示公益广告，这时可以通过在线表单与 Google 工作人员联系。

在多次发出 PIN 码的情况下，任意一次的 PIN 码都是有效的。

⚠️ **提醒**

如果没有收到 PIN 码，就不要在后台随便输入其他号码，否则账号可能被停用。

7.2.6　如何进行 Google AdSense 的电话确认

和 PIN 码验证类似，在接收付款之前发布商需要完成的另外一项工作是完成电话确认。电话确认是通过自动中文语音系统向发布商提供一个 6 位数字的验证码，操作步骤如下：

（1）在 AdSense 后台中输入收款人的联系电话，手机和座机都可以，但不能用分机号码。

（2）选择系统拨打电话的日期和时间，也可以选择马上拨打。

（3）在接到电话后，按照语音提示，用电话按键输入账号中显示的 6 位数字。

（4）在电话语音提示确认完成后，账号中就取消了电话确认的付款保留。

7.2.7　如何更改 AdSense 账号中的收款人信息

关于付款的一个常见问题是站长希望修改收款人信息，说明如下：

Google 不允许 AdSense 转让账号所有权，但允许大多数国家的 AdSense 发布商修改账号中的收款人姓名，原来位于中国、巴西、印度、印度尼西亚、越南、马来西亚、菲律宾、新加坡或泰国境内的发布商不能更新账号内的收款人姓名。但这个规定后来修改了，中国的发布商可以直接在后台更改收款人姓名。

我以前因为西联汇款年度收款总额超过了国家规定的个人年度结汇总额 5 万美元的限制而需要更改收款人，与 AdSense 支持人员联系，需要填写申请表，等待 AdSense 支持人员审核后由他们帮助修改。

现在很简单了，自己在后台随时都可以修改。西联汇款的收款人或者支票的收款地址是可以自己在 AdSense 管理后台直接修改的，请注意，只有在每月 15 日之前更改付款方式才会在当月的付款中见效。

有部分发布商在领取西联汇款的时候遇到邮局或者银行说姓名拼音写反了而无法取款的问题，我曾在中国农业银行也遇到这个问题，但在邮局却可以顺利取出，如果当地机构实在不能办理，就只有在后台修改姓名拼音了。

7.2.8　如何通过西联汇款接收 AdSense 付款

目前，国内 AdSense 个人发布商使用西联汇款收款是最合适的，下面进行操作说明。

（1）手续费：目前由 Google 支付，发布商不需要支付任何费用。

（2）使用对象：在中国大陆目前只针对个人账号，不能用于公司账号。

（3）金额限制：当月汇款金额超过 10 000 美元时，以前自动转为安全支票方式，后来改为用多次西联汇款完成。

（4）取款网点：在国内，中国邮政储蓄银行、中国农业银行、中国光大银行是西联汇款的代理机构，可以拨打西联汇款的免费热线 8008208668 咨询离自己最近、最方便的取款地址。

（5）取款步骤：看到"付款已签发"后点击"详情"，记下 10 位数字的付款监控号（MTCN）、详细付款金额、发汇人详细信息，然后携带本人身份证前往代理机构领取，或者通过网上银行办理。

（6）有效期限：签发日期后的 35 天以内，后改为 60 天以内，如果超过 60 天没有领取，款项就会被退回，并设置状态为付款保留，需要联系 Google 工作人员解除。

（7）付款币种：在西联汇款的代理机构，可以要求直接用美元或者换成人民币收款。

（8）结汇限额：目前中国实行的《个人外汇管理办法》对于个人结汇有每年 5 万美元的上限，如果 AdSense 收入超过这个数字，就无法兑换为人民币，可以领取美元，让亲朋好友兑换。

我以前每个月去银行取西联汇款，花费一些时间在柜台办理，后来中国邮政储蓄银行、中国光大银行都推出了网上取西联汇款以及结汇的服务，就再也没有去柜台办理了。

7.2.9　电子转账方式的劳务报酬税款是如何计算的

对于电子支付中的扣税问题，不少发布商都不明白，下面进行介绍。

劳务报酬，是指个人从事设计、装潢、安装、制图、化验、测试、医疗、法律、会计、咨询、讲学、新闻、广播、翻译、审稿、书画、雕刻、影视、录音、录像、演出、表演、广告、展览、技术服务、介绍服务、经纪服务、代办服务以及其他劳务取得的收入。

个人通过 AdSense 获得的收入应该缴纳劳务报酬类型的个人所得税，而不是缴纳工资类型的个人所得税。

劳务报酬的应纳税所得额：每次劳务报酬收入不足 4000 元的，用收入减去 800 元的费用后的金额；每次劳务报酬收入超过 4000 元的，用收入减去收入额的 20%后的金额。

劳务报酬适用 20%的税率。

劳务报酬应纳税额的计算公式为应纳个人所得税税额=应纳税所得额×20%。

对劳务报酬所得一次收入畸高（应纳税所得额超过 20 000 元）的，要实行加成征收办法，具体为一次取得劳务报酬收入，减除费用后的余额（即应纳税所得额）超过 20 000 元小于 50 000 元的部分，按照税法规定计算的应纳税额，加征五成；超过 50 000 元的部分，加征十成。

例如，如果月收入为 500 元，那么纳税=0 元；如果月收入为 2 000 元，那么纳税 = (2 000–800)×20%=1 200×20%=240 元；如果月收入为 10 000 元，那么纳税=10 000 ×(1–20%)×20%=8 000×20%=1 600 元；如果月收入为 40 000 元，那么纳税=40 000 ×(1–20%)×20%+[40 000×(1–20%)–20 000]×20%×50%=7600 元；如果月收入为 100 000 元，那么纳税 =100 000×(1–20%)×20%+(50 000–20 000)×20%×50%+ [100 000×(1–20%)–50 000]×20%×100%=25 000 元。

可以看出，电子转账方式虽然方便，但目前税负过重，广告收入需要全额纳税，不扣除服务器空间、对外宣传推广、聘用人员工资等费用，所以一些收入大户并没有转为该方式。

诀窍

AdSense 月收入在 1000 元以下的网站建议选用电子支付方式，月收入在 1000 元以上的网站建议选用西联汇款方式。

7.3　关于 AdSense 优化的问答

7.3.1　什么是 AdWords 质量得分

质量得分是 AdWords 中的概念，而不是 AdSense 中的概念，但因为在 AdWords 中广告主投放在"内容联盟网络"的广告就是在 AdSense 发布商网站上发布的广告，所以解释如下。

AdWords 系统会为广告主的广告组中的每个关键字计算出一个"质量得分"。其计算依据涉及多种因素，目的是衡量关键字与广告文字和用户搜索查询之间的相关性。关键字的质量得分经常发生变化，与其效果有着紧密的联系。一般来说，如果质量得分较高，关键字就会以较高的排名和较低的每次点击费用触发广告展示。

每当关键字与搜索查询相符时（换句话说，就是每当广告主的关键字有可能会触发广告展示时），AdWords 就会计算出一个质量得分。质量得分具有以下几种不同的用途：

（1）影响关键字的每次实际点击费用。

（2）估算广告主在账号中看到的首页出价。

（3）决定关键字在用户输入搜索查询时是否可以参与广告竞价。

（4）影响广告评级。

（5）一般来说，质量得分越高，广告费用就越低，而广告排名就越高。

质量得分有助于确保用户在 Google 和 Google 联盟网络中只会看到最相关的广告。只要展示的广告能够尽可能符合用户的需求，AdWords 系统就可以发挥出最佳效果，让包括广告主、用户、发布商和 Google 在内的每一方都能从中受益。具有相关性的广告往往能够吸引更多的点击次数、赢得更高的排名并为广告主带来更理想的广告效果。

如果要将质量得分用于计算广告是否可以在特定内容联盟网络网站上展示以及广告在该网站上的排名，则需要考虑以下几个因素：

（1）广告在该网站及类似网站上的既往效果。

（2）广告组中的广告和关键字与网站的相关性。

（3）目标网页的质量。

（4）其他相关因素。

在确定展示位置定位广告是否会在特定网站上展示时，质量得分取决于广告系列的出价选项。

如果该广告系列使用每千次展示费用出价，则质量得分将取决于目标网页的质量。

如果该广告系列使用每次点击费用出价，则质量得分将取决于广告在该网站和类似网站上的历史点击率、目标网页的质量。

上面的文字比较拗口，主要意思是 Google 让相关性好、点击率高、转换率高的广告优先显示，可以很好地保护 AdSense 发布商。

7.3.2　什么是 AdSense 的 Smart 定价

AdSense 收入的组成公式为

AdSense 收入=广告展示次数×点击率×点击单价×智能定价因素（Smart Pricing）

其中的广告展示次数、点击率、点击单价都好理解，但 Google 官方并没有给出智能定价因素非常明确的解释。下面我们进行一些说明：

Smart Pricing 是于 2004 年 4 月引入 AdSense 的，在此之前广告主为从发布商网站得到的每次点击支付广告的费用，而无论这些点击是否带来了销售业绩。其结果可能是一些广告主得到了大量点击（也意味着付出大量费用），却看到非常低的投入回报率。

这样，他们可能会转到其他的 CPS 或 CPA 广告，只有实现销售或引导行动后才支付费用。

为了改善广告主的投入回报率，Google 降低了那种带来很多点击却很少销售的广告价格。这意味着同样的广告放在不同的网站上，可能会花费不同的广告费用，与此同时，对于同样的广告，不同的发布商可能获得不同的收入。

在引入智能定价之前，发布商单纯专注于获得更多的点击，而在有了智能定价系统后，点击率高的网站有可能比点击率低的网站获得的收入要少。

Goolge 如何测量广告主的销售转化率呢？发布商又需要做什么来增加转换率以便获得更高收入呢？

Google 官方对于智能定价的说法如下：

（1）一个广告的价格受到很多因素的影响，包括广告主竞价、广告质量、同一广告位竞争情况、广告组中某一广告的位置等。

（2）广告价格不受点击率的影响，给广告主大量点击并不会带来成比例的收入增加，这意味着点击率并不重要。

（3）内容为王：Google 强调"为感兴趣的用户提供优质的内容"，只有这样做的网站才能从 AdSense 获得最大的收益。Google 还强调吸引目标用户浏览这些内容的重要性。只有这两种因素结合，才能做出一个有忠实用户的好网站。

另外，还有一些关于 AdSense 智能定价的非官方传说：

（1）智能定价是针对整个 AdSense 账号的。如果有很多网站，其中有些网站上广告主的投入回报率很低，就可能导致其他网站上的智能定价也降低。

（2）智能定价每周都进行评估。如果某个广告的投入回报率很低，可以从网站上删除该广告，这样在下周评估时就不会计算了。

（3）智能定价跟踪 30 天的 Cookie。浏览用户不需要马上进行购买等转换行为，一个月内都会跟踪计算。

（4）图像广告也受到智能定价的影响。

（5）广告价格可能会比广告主的最低出价更低。查找目标关键词的竞拍价格没有很大的作用，如果投入回报率很低，网站的收入就会低于广告主的最低出价。

（6）广告主在 AdWords 中的转化率会被跟踪。

从上面的一些说法中可以看出，智能定价就是要让发布商网站把尽量可能产生消费的浏览者带到目标网站。因此发布商可以注意以下几个方面：

（1）如果发现一些页面的广告投入回报率太低，就可以去掉这些页面中的广告代码，并跟踪观察收入变化情况。

（2）可以将一个内容繁杂的网站分成多个独立的网站，以便广告更有针对性，使用户更容易点击和产生购买行为。

（3）如果有必要，就可以申请多个 AdSense 账号对应不同的网站，以避免低价广告的网站拖累整个账号。

7.3.3 我的网站上的广告价格为什么特别低

我常常在论坛或群中看到有人说 AdSense 价格越来越低，而 Google 官方帮助中心介绍有两个原因可能造成价格波动：① 谷歌 AdSense 在不断进行完善调整；② 广告主的广告投放发生了变动。从我自己的经验来看，以下因素可能导致 AdSense 价格变低：

（1）网站上广告的变动：例如，在调整广告的位置后，以为广告收入会增加，实际上却发现降低了，在这种情况下需要还原，然后尝试其他优化办法。

（2）网站的流量减少：例如，搜索引擎的收录量减少、排名下降等都会引起流量下降，从而使收入减少。

（3）季节性流量影响：例如，周末或者长假期间与平时不同，典型的是除夕和春节的前 3 天，人们都去与家人团聚、吃年饭、看电视，上网人数大量减少。

（4）季节性价格变动：例如，有些广告商主要选择平时工作时间投放广告而取消周末投放，有些只在夜间时段投放等，长假期间也相对是广告投放减少的时段。

导致 AdSense 价格变低的原因太多了，需要自己仔细查看 AdSense 后台以及网站分析服务（如 Google Analytics）报告，从中找到可能的原因，有针对性地进行调整，并观察效果。

⚠ **提醒**

> 在论坛或者群里抱怨没有任何益处，要把时间用在分析原因、改善网站上。

7.3.4 如何快速提高 AdSense 收入

在前面的章节中已经有优化 AdSense 广告、提高收入的内容了，这里再简单列出几个主要的办法帮助发布商快速提高 AdSense 收入：

（1）调整广告位置，让广告更显眼，把广告放在不需要浏览者滚动下拉屏幕就可以看到的浏览器第一屏窗口上，也可以放置在点击操作频繁、论坛第一帖下方等引人注目的地方。

（2）调整广告颜色，让广告更协调，与整个网站的风格一致，可以去掉广告边框，广告背景色可以与网页背景色一样，让浏览者觉得广告也是网站提供的一部分信息，这样更容易被点击。

（3）调整网站内容，使之与相应的广告更匹配，这样发布的广告竞争性更强，单价也会上升，并有意识地增加与广告匹配的内容页面，也就有了更多的广告发布位置。

（4）使用更多广告，在不影响用户正常使用的前提下，同一个页面可以布置多个广告单元，增加广告展示数量和点击概率，将链接广告这种方式利用好，小位置也可以创造大收益。

（5）跟踪广告效果，在每次广告及网站调整后都要详细记录，一般观察一周左右可以看出对比效果，对于效果好的广告调整保留并推广应用，对于效果不好的广告调整并还原。

以上是能快速收到实效的调整办法，我曾经帮一位朋友分析他们的网站并给出几条简单的建议，他们进行相应调整后，效果很明显，网站的 AdSense 广告点击率马上就提升了一倍。

诀窍

提高 AdSense 收入其实不难，简单地说就是在优化广告、改进网站、跟踪效果 3 个方面反复做工作。

7.3.5　广告与网站内容匹配不好是什么原因

总体来说，Google AdSense 提供的广告与网站内容的匹配还是比较好的，目前公认超过百度联盟、阿里妈妈等其他提供关键词搜索广告的相关性。不过也有一些网站反映展示的广告相关性不高，可能有以下几个原因：

（1）对于最近 48 小时以内新建的网页或者向网页中新添加的广告代码，Google 的抓取工具可能还没有来得及访问网页，需要等待抓取、分析后提供匹配的广告。

（2）如果对网站进行了更新，那么 Google 的抓取工具可能需要 1～2 周的时间回访后，才会发现内容变更，并更换更合适的广告。

（3）如果网页中的文字内容过少，如全 Flash 页面、以图片为主的页面等，那么 Google 的抓取工具有可能无法确定页面包含的内容信息，因而无法展示有针对性的广告。

（4）在网站本身内容确实没有合适的广告匹配时，也会出现相关性不强的情况，如与历史人物相关的页面本身就不好匹配广告。

除了需要时间等待 Google 更新 AdSense 广告的情况之外，建议网站运营者通过补充网站和调整主题获得匹配更好的广告，以便提高收入。

7.3.6　网站怎么总是显示公益广告

一般来说，在网页中加入了 AdSense 代码后，在 48 小时内就会展示相关广告。但在 Google 还未抓取网站内容并纳入 Google 的索引之前，会展示一段时间的公益广告，这些公益广告是不会为发布商带来任何收入的。

如果发现自己的网站总显示公益广告，就需要检查以下可能存在的问题：

（1）网站要求用户有登录名和密码才能浏览，导致 Google 爬虫无法抓取网站内容。

（2）网站包含了框架，而且广告代码没有加入包含内容的框架中。

（3）网站的 robots.txt 文件禁止了访问某些目录或者页面。

（4）网站利用 Flash 动画、图像等动态内容将广告定位到网页。

需要有针对性地进行调整来消除只显示公益广告的现象，办法如下：

（1）采用 AdSense 后台的"网站验证"让 Google 抓取需要用户名、密码查看的内容。

（2）调整网站结构，尽量避免框架形式。

（3）修改 robots.txt 文件，允许 AdSense 机器人访问相应的目录或者页面。

（4）在网站中多采用文字性描述与 Flash 动画、图片等配合，让 AdSense 明白页面含义。

2010 年，在不展示正常广告的时候常会出现上面说的公益广告，而现在已经很少出现公益广告了，但在不展示正常广告的时候常会出现空白块，原因也可以从上面的说法中去找。

7.3.7　在一个页面中可以放置多少个广告？放多少个广告合适

Google AdSense 项目政策规定在一个页面中最多可以放置 3 个广告单元、3 个链接单元和 2 个搜索框，这只是 AdSense 广告的上限，如果网站也放置其他广告，那么页面上总的广告数量是没有限制的，只需要注意其他广告容易与 AdSense 广告区别。

一般来说，在页面上放置更多的广告意味着更容易让浏览者看到和点击，从而获得更多的收入。这也是我在前面推荐的优化办法之一，适当地增加广告数量是合理的、有效的，至于在一个页面中放置多少个广告合适不能一概而论，需要结合网站的流量、用户黏性、页面信息丰富程度、页面长度、页面布局等情况分析和决定。

从我运营网站的经验来看，AdSense 规定的最多 3 个广告单元、3 个链接单元、2 个搜索框加起来一共有 8 个广告位，如果再加上其他广告，一个页面最多的广告位在 10 个左右。当然可以不到 10 个，有时只放置 2、3 个广告就能获得 90% 的收入，剩下的 7、8 个广告加起来只有 10% 的收入，这种情况还不如减少广告位，让浏览者有更好的体验。

我们也看到有一些网站的内容质量一般，页面却从上到下、从左到右堆满了花花绿绿的各种广告，包括各种联盟的广告、漂浮广告、低俗广告、欺骗性广告，当浏览者遇到这样的网站时第一反应就是尽快离开，堆放再多的广告也无效。

放多少个广告合适？这是一个没有标准答案的问题，但有一个可靠的评价办法，就是使用渠道跟踪，反复调整页面上广告的数量、位置、演示等因素，通过一段时间的数据统计，可以找出一个相对满意的方案。

补充：现在 Google 已经取消了在一个页面中 AdSense 广告数量的限制，改为广告所占篇幅不要超过网页提供内容占的篇幅。

7.3.8　网站域名下的 ads.txt 有什么作用

以前，在网站域名下有一个 robots.txt，用于申明哪些网址可以被抓取，哪些网址不可以被抓取，以及 XML 网站地图的位置。2017 年，Google 在 AdSense 帮助中心写明可以在网站域名下放置一个 ads.txt 文件。2018 年，Google 再次强调需要放置这个文件以免广告收益受损。

AdSense 发布商一般不会太关注是否有人假冒自己网站的名义对外销售广告资源，但确实有这样的情况，一些不良的广告代理机构向广告主销售不属于他们管理的网站广告资源，让广告主白白浪费预算投放，而真正的网站也无法获得收入。

这样的情况就会出现授权数字卖方（详细介绍请看 https://iabtechlab.com/ads-txt/ ）这样一项 IAB（国际广告技术实验室）计划，让网站在自己的域名下放置一个 ads.txt 文件，说明自己通过什么渠道销售广告资源，除了 ads.txt 里面申明之外的机构是不能销售该网站广告的，这样广告主就可以识别出广告代理机构销售资源的真伪。

例如，在 https://example.com/ads.txt 网址展示的 ads.txt 文件里面放置下面内容：

Google.com, pub-0000000000000000, DIRECT, f08c47fec0942fa0

pub-ID 需要替换成 AdSense 发布商自己的 ID。发布商 ID 以外的其他部分，包括 f08c47fec0942fa0 都不要改动。

在一个域名下投放两个 AdSense 账号的广告也是允许的，这时在 ads.txt 中列出两条不同 pub-ID 的 AdSense 账号信息，每行一条，例如：

Google.com, pub-0000000000000001, DIRECT, f08c47fec0942fa0

Google.com, pub-0000000000000002, DIRECT, f08c47fec0942fa0

目前只检测在根域名下放置的 ads.txt，以后也会扩展到检测子域名下放置 ads.txt。

Google 也支持 ads.txt 的重定向放置，在原域名、子域名或者其他根域名之间都可以重定向，例如：

example1.com/ads.txt 重定向到 example2.com/ads.txt

example.com/ads.txt 重定向到 www.example.com/ads.txt

example.com/ads.txt 重定向到 subdomain.example.com/ads.txt

example.com/ads.txt 重定向到 example.com/page/ads.txt

需要说明的是，这个 ads.txt 不是必需的，但 Google 强烈建议发布商放置，而且 ads.txt 不能有错，否则广告资源就无法展示了。

7.4　关于 AdSense 政策的问答

7.4.1　什么是成人内容

在 AdSense 项目政策中不允许广告代码投放到带有成人内容的网页中，裸体和性行为显然是属于成人内容的，除这之外，Google 官方说明还需要避免以下内容：淫秽或挑逗图片、粗俗或下流的语言（包括成人故事）、性秘诀或性建议、性恋物网站（例如，恋足内容）、成人玩具或产品、宣传包含成人内容的外部网站的广告或者指向这些网站的链接。

有一个简单的识别办法，不适于在工作时浏览或与家人共同观看的不健康内容就算成人内容，该网站可能不适合投放 Google 广告。

Google 一旦发现在网站中有成人内容，会停止相关页面的广告投放，并发邮件进行警告，在警告邮件中会带有一个包含成人内容的网址例子。如果发现严重违规，Google 就会马上停止该发布商的账号，永久 K 掉。

不过 Google 在实际操作中执行得并不是非常严格的，常常可以看到一些网页中包含成人内容，但依然有 Google 提供的广告出现，甚至出现的 AdSense 广告本身就有成人用品。

另外，国家相关部门从 2009 年开始整治网络低俗之风，加大了对淫秽、打擦边球网站的打击力度，并且最高人民法院、最高人民检察院 2010 年 1 月出台了《关于办理利用互联网、移动通讯终端、声讯台制作、复制、出版、贩卖、传播淫秽电子信息刑事案件具体应用法律若干问题的解释（二）》，美女图片都可能产生严重后果，所以各个网站都要尽量避免成人内容。

⚠ **提醒**

> 为了网站的长远发展，必须严格遵守国家相关法律法规和 Google AdSense 项目政策，否则一旦受到处罚就可能带来灾难性后果。

7.4.2　什么是版权材料

Google 指出，版权材料是指在未经版权所有者授权的情况下使用的材料，包括电影、电视剧、电视节目、音乐和歌曲（mp3、铃声、flash）、漫画、书籍、软件等。

Google 不允许发布商直接或间接利用非法版权材料赚取 AdSense 广告收益。

如果在网站上使用的这些材料有明确的版权所有人（公司或个人），而发布商在没有该版权所有人正式授权（具有法律效力的授权书）的情况下使用这些材料，该网站内容就属于版权材料。

下面是在没有出版公司或者发行公司正式授权的情况下，版权材料的具体例子：

（1）电影或电视剧的在线观看或下载网站。

（2）音乐在线视听或下载网站，或使用歌曲做手机铃声下载的网站。

（3）使用有明确的版权所有人内容的漫画网站。

（4）在线书籍或小说网站，书籍或小说已经正式发表并有明确的版权所有人。

（5）软件下载网站，提供下载以及任何其他形式，如破解版、绿色版、汉化版。

如果在网站服务器上没有版权材料，并且不提供这些材料的直接下载，而只提供下载链接，这样仍然属于版权材料。

请注意，AdSense 所有的广告都不可以展示在版权材料的网站上，包括 AdSense

内容广告、AdSense 搜索广告等。同时，发布商也不可以在版权材料的网页上做导向放有广告或推介页面的链接、图片或 Flash，这同样是违反 AdSense 项目政策的。

⚠ **提醒**

> 我们常常可以看到，有些网站自己做了一个版权声明（例如，"本站所有内容均搜集自网络，如果侵犯了你的版权请立即通知我们，我们会立即删除"），Google 强调这是没有任何法律效力的。

7.4.3　看到其他网站有作弊行为该怎么办

作为 AdSense 的发布商，在浏览其他网站的时候可能会发现作弊的情况，当遇到这种情况时不应该不管不问，而应该将这种作弊行为向 Google 举报，以便将害群之马驱逐出去，维护广大诚实做站发布商的利益和形象。

举报的链接为 https://www.google.com/adsense/support/bin/request.py?contact=violation_report。

需要填写举报者自己的 AdSense 账号的中文名、邮件地址、违规网址及违规情况，违规情况可以直接选择以下内容。

1．网站内容

（1）色情或成人内容。

（2）黑客或破解的内容。

（3）销售或促销违禁药品、处方药、毒品用具的内容。

（4）与赌博或赌场相关的内容。

（5）暴力内容。

（6）带有种族偏见或抨击任何个人、团体或组织的内容。

（7）销售或促销武器的内容。

（8）销售或促销酒类的内容。

（9）销售或促销烟草以及与烟草相关产品的内容。

（10）其他违规内容（如下所述）。

2．受版权保护的内容

此网站分发他人的受版权保护材料，可能未经许可。

3．广告代码、展示位置或行为

（1）此网站鼓励用户点击广告。

（2）此网站的广告代码已被修改。

（3）此网站通过大量垃圾电子邮件进行促销。

（4）此网站在具体广告旁边放置误导性图片。

（5）很难将广告与此网站的内容区分开。

（6）该网站在搜索框中预先填写了搜索字词。

（7）该网站中的一些链接直接将我引入 Google 搜索结果页。

（8）该网站承诺为我或第三方搜索或点击广告的行为提供报酬。

（9）在本网站中看到不适当的或定位错误的广告。

（10）其他展示位置或行为违规情况（如下所述）。

4．其他

（1）此网站试图在我的计算机上安装什么东西。

（2）此网站没有遵守网站管理员质量指南。

（3）其他违规情况（如下所述）。

违规情况详细信息：（填写）

⚠ **提醒**

那些投机取巧的网站即使没有人举报，Google 也会定期检查是否符合 AdSense 项目政策，作弊的行为都无法长期获利。我们即使看到别人作弊，也千万不能抱着侥幸心理学着作弊。

7.4.4 其他联盟的代码可以和 AdSense 放在同一个页面吗

2005 年，Google 的政策是不允许在投放 AdSense 广告代码的页面上投放其他与上下文相关的广告，不过这项规定后来取消了，新的规定是"为避免误导用户，如果一个网站上包含的其他广告（或服务采用）与相应的 Google 广告或搜索框布局和颜色相同，我们就不允许在该网站上发布 Google 广告或搜索框。尽管你可以在自己的网站上直接销售广告，但你有责任确保这些广告不会与 Google 广告混淆。"

这样，在同一个页面中可以放入其他联盟的代码，例如百度联盟、阿里妈妈等的广告，可以放置在不同的位置、使用不同的配色方案，以便与 AdSense 区别开。

另外，我们也看到一些发布商在一个网页中放置了大量不同联盟的广告代码，如放置了 3 个 AdSense 内容广告、3 个百度联盟广告、3 个阿里妈妈 CPC 广告，虽然不违反 AdSense 项目政策，但是给用户的感受很不好。在网页中大量堆砌广告，用户真正需要的内容要很费细才能在广告包围中找到，在这种情况下用户一般都会尽快离开，广告点击率反而降低。

对于多个广告联盟代码在同一个页面中混用的情况，我有以下建议：

（1）其他联盟同样形式的点击付费广告一般单价都比 AdSense 低，具体需要对比投放其他联盟和 AdSense 产生的收入来决定是否投放其他广告。

（2）百度联盟中的主题悬浮、新产品推广等形式是 AdSense 没有的，可以互补放在同一个页面中。

（3）阿里妈妈中的淘宝客、按时长计费等形式是 AdSense 没有的，可以互补放在同一个页面中。

（4）如果一些中小网站联盟提供的 CPS/CPA 广告与自己网站的内容结合得比较好，就可以互补放在同一个页面中。

（5）网页顶部 Banner 广告的点击率一般低于正文附近的 AdSense 广告，而 Banner 广告出现的代码往往在 HTML 中位于正文广告代码的前面，这时如果都用 AdSense 广告，就会对总体收益不利，可以将 Banner 广告换为其他联盟的代码。

7.4.5　可以使用 iframe 方式投放广告吗

Google 官方的回答是可以，但是不建议这么做。为了获得最好的效果，建议发布商不要通过 iframe 展示广告，而将广告代码直接置入内容网页的源代码中。如果发布商决定用 iframe 展示广告，就要注意只能用 iframe 展示一个广告单元，并且不得对广告定位进行任何干扰。

下面几种方式是违规的：

（1）在网页中使用隐藏或无关关键词人为影响广告定位。

（2）在一个网页中使用 iframe 投放多个广告单元。

（3）使用 iframe 将广告定位到其他网页或网站。

（4）使用 2 层或多层 iframe 投放广告，人为影响广告定位。

曾经有作弊者利用 iframe 方式在中文网站中展示英文广告，在短期内这可能会带来高收入，但明显是违反 AdSense 项目政策的，有账号被封的风险。

7.4.6　可以通过 JavaScript 调用广告代码吗

可以。Google 允许将 AdSense 广告代码置入.js 文件中，不过请不要因任何原因修改代码或手动影响广告的定位。

我的公司以前的一个网站就是采用网页外置专门的.js 文件的方式投放 AdSense 广告以及其他联盟广告、内部广告的，只需要修改对应的.js 文件就可以方便地切换投放的内容。

另外，通过 Google Ad Manager 的 JavaScript 代码投放广告是一种允许的方式，在 Ad Manager 中可以直接启用 AdSense 的内容单元广告，但没有链接单元，可以将 AdSense 中的链接广告代码放在 Ad Manager 中投放。

7.4.7　我的 AdSense 代码被人恶意放置或者点击怎么办

在 AdSense 相关论坛中我常见到有人反映自己的代码被别人恶意放置或者点击，很担心会被 Google 认为作弊而被封账号，可以采取以下几种方法避免：

（1）经常查看 AdSense 后台数据，如果流量、点击率突然有很大幅度的变化，就需要引起注意。

（2）发现异常后与 Google 人员联系并说明情况，网址为 https://www.google.com/adsense/support/bin/request.py?hl=cn&contact_type=invalid_clicks_contact。

（3）在 AdSense 后台中启用"允许的网站"功能，建立一份允许投放广告代码的白名单，该列表以外的网站上放置的广告代码都无效。

（4）从网站访问统计、访问日志中查到恶意放置的网站和恶意点击的 IP，用技术手段屏蔽对方。

另外，Google 本身就有识别恶意点击的技术，对于非发布商自己的恶意点击行为会忽略，所以不用太担心。

在 2018 年 4 月底到 5 月初我遇到过明显的恶意点击，2018 年 5 月 AdSense 收入数据中无效流量扣款达到上千美元，创下新高，好在 Google 对这些恶意点击都识别出来了，只是扣除收入而已，不会对账号造成影响。

7.4.8　什么样的无效点击会导致 AdSense 账号被停

在 AdSense 相关论坛上我常看到网站站长贴出来的 AdSense 通知账号被停的邮件，多数情况都是由无效点击引起的，被关掉账号的站长对此往往有些疑问，下面进行一些说明：

Google 为了保护其专有的检测系统，不向发布商提供详细情况，包括可能涉及的网址、用户或者第三方服务。

我认为以下情况可能会被 AdSense 认作无效点击而关停账号：

（1）发布商自己的机器点击了广告。

（2）与发布商机器在同一个 IP 的其他机器点击了广告。

（3）大量点击都只在目标页面停留了很短暂的时间。

（4）大量点击来源于有限的 IP 地址和同样 Cookie 的机器。

（5）短时间内点击率非正常大幅增加。

（6）大量点击给广告主带去的 AdWords 转化率几乎为零。

（7）广告点击都来自代理服务器 IP 地址。

（8）英文广告的点击都来源于中国大陆。

（9）点击广告的机器专门点击少数广告，没有正常的浏览行为。

（10）其他各种可能的作弊行为，Google 都纳入了作弊判断模型。

Google 对于停止账号还是很慎重的，一般先使用机器自动通过各种参数判断有嫌疑的账号，再人工重点检查，只有确信某个 AdSense 账号会对 AdWords 客户产生风险时，才会停止该 AdSense 账号以保护广告主的利益。

⚠ **提醒**

按照加入 AdSense 项目时的条款，Google 在处理无效点击活动时享有单方面的决定权。因此，那些威胁要到法院告 Google 的人很难获得支持。

📄 **诀窍**

有些人不是把心思放在正规做站上，而是想方设法作弊，包括建立 QQ 群互相点击等，这些都会被识别出来。只有踏踏实实做好网站，正规优化 AdSense 的投放，才能保证账号安全、长远发展。

7.4.9　不小心点击了自己网站上的广告怎么办

在 AdSense 相关论坛上我常看到有人问自己在管理网站的过程中不小心点击了自己网站上的广告，是否会被停止账号，应该如何处理。下面解答：

（1）不用太在意偶然的不小心操作造成一次自己网站上的广告点击，Google 的系统会自动分析，把这种比例极少的行为判断为误操作，不会被认为作弊而关停账号，也不会按正常点击计费，而会忽略掉，在这样的情况下网站管理员不用对 Google 特别说明。

（2）短期内有数次不小心点击到自己网站上的广告，当遇到这样的情况时可以填写反馈表单，说明情况，也应该会被 Google 的人员看到、不会被判为作弊。

（3）当接到 Google 发来邮件表示由于无效点击而关停账号时，如果确实不是作弊，那么可以与 Google 联系进行说明、申诉。

📄 **诀窍**

如果对自己网站上出现的广告感兴趣，不要直接点击查看，要在浏览器地址栏中输入广告下方显示的网址查看，或者使用 AdSense 预览工具（可以自己搜索下载安装）查看。

7.4.10　网站内容被人采集复制怎么办

我们不去采集复制别人的网站，但是没办法让别人不来采集复制自己的网站，只要我们的网站是对外开放的，遇到别人复制也是正常的，可以采取以下方式反制：

（1）在对方网站上留下的联系方式、域名注册信息、网站备案信息等地方获取其电话、邮箱、QQ等联系方式，直接与其联系要求停止侵权、删除复制内容。

（2）向搜索引擎（百度、Google 等）投诉侵权行为，让搜索引擎给对方网站降权、使之无法获取流量。

（3）如果对方在复制的网站中投放自己的联盟广告，那么可以向广告联盟（百度联盟、Google AdSense 等）投诉，让其受到警告或者封号，无法获得收入。

（4）如果对方给自己造成重大损失，那么可以聘请律师，发律师函，公证取证，进行诉讼，要求停止侵权及赔偿损失。

（5）从技术上采取措施，如果对方实时采集自己的网站，在自己的网站更新后对方的网站也马上更新，这是采用了某种小偷程序进行的，可以从网站日志中设法查出对方的 IP，进行屏蔽。

（6）如果对方先整站采集，然后生成静态页面到其域名下展示，那么可以采取屏蔽措施让其无法采集，或者通过水印、随机字符等给对方采集造成麻烦。

（7）如果对方用手工复制、粘贴，在技术上还难以防止，并且联系起来麻烦的话，那么也可以不用理睬，一般来说不会对自己的网站造成大的影响。

我的网站因为都是公开的，甚至作为 AdSense 案例讲述，所以多年来存在大量采集、复制者，不过也没见谁取得成功，搜索引擎现在已经足够智能到区分谁是原创者、谁是复制者，所以只要采集不对网站服务器造成特别的影响，不用在意。

7.4.11　如何查找恶意点击的来源

少量的广告恶意点击不会对网站造成影响，AdSense 只把这些判断处理、扣除无效流量收入，发布商也无须在意。但如果持续恶意点击就要引起重视了，我曾经遇到连续 1～2 周的恶意点击，用下面的办法可以找到其来源并屏蔽，步骤如下：

（1）确认恶意点击的网站、广告位。这一般可以在 AdSense 后台查到，例如我们当时有两三个子网站的收入突然很高，而且不明显的广告位的点击率增加异常，所以可以通过网址渠道、广告单元确定。通过 AdSense 后台查看到收入明显异常的广告单元，如图 7.6 所示。

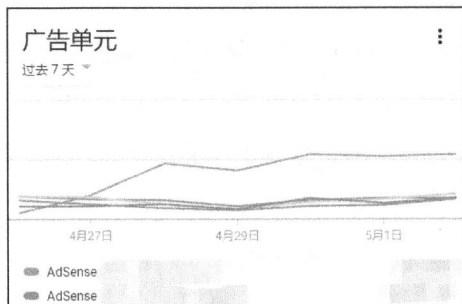

图 7.6

（2）在 Google Analytics 中找到来源特征。这是关键的一步，在网上还没有相关资料，我也是自行尝试出来的。首先需要网站已经安装了 Google Analytics，才能获取数据。在 Analytics 后台菜单中选择"发布商网页数据"就是查看 AdSense 相关数据，加上各种其他维度，在加上"城市"纬度并按照页面收入从高到低排列后，如图 7.7 所示。

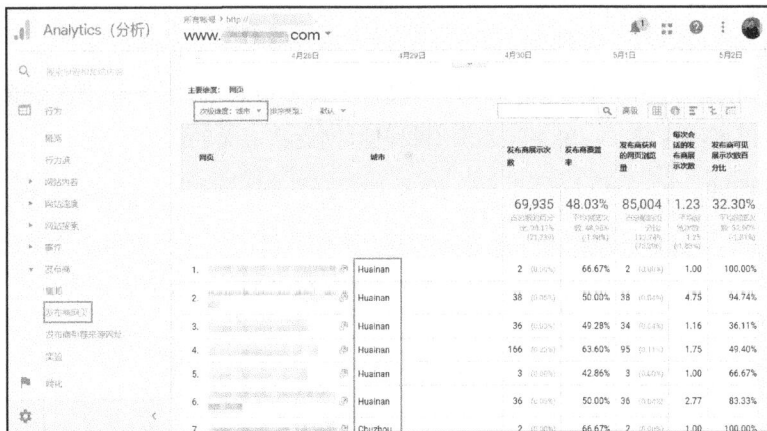

图 7.7

"滁州""淮南"的访问特别多，再换成其他的维度来看：①"运营商"是安徽电信。②"来源"是百度。③"访问时长"要么是 0，要么特别长。④"浏览器"全部都是 Maxthon。

这样看来更像恶意点击了，也就确定了来源特征。

（3）在网站服务器上，从访问日志查到具体来源。例如，我们查看 Apache 的访问日志，用正则表达式过滤包含有网站域名、Referer 包含百度和 User Agent 包含 Maxthon 的访问，很快就可以看到有一些 IP 每隔一两分钟就来访问我们的网站，再查询该 IP 的归属地，果然很多是滁州、淮南，这就找到了根源。

（4）进行屏蔽。可以使用 Apache ReWrite 规则进行组合条件的屏蔽。

7.5　关于 AdSense 资源的问答

7.5.1　在哪里可以获取来自 AdSense 官方的信息

AdSense 中文官方博客由 Google AdSense 团队维护，是最权威的中文 AdSense 信息来源，包含了各种 AdSense 方面的官方消息，该博客的内容分类标签包括 AdSense 政策、发布商经验谈、付款、AdSense 服务、AdSense 产品、AdSense 优化、关于 AdSense 博客、新发布商专题、Google 广告管理系统。

AdSense 简体中文官方博客的网址为 http://blog.sina.com.cn/adsensechinablog。

如果你希望了解更多的 AdSense 官方消息，那么还可以查看其他语言版本的 AdSense 官方博客，例如繁体中文和英文的官方博客：

（1）AdSense 繁体中文官方博客的网址为 https://zht-adsense.blogspot.com/。

（2）AdSense 英文官方博客的网址为 https://adsense.blogspot.com/。

从目前来看，英文的官方博客的内容在持续更新，但简体中文、繁体中文的官方博客最新文章还停留在几年以前。

另外，还有几个不是 AdSense，但与 AdSense 相关的 Google 官方博客：

Google Analytics 英文的官方博客网址为 http://analytics.blogspot.com/。

诀窍

该博客内容可以直接通过 Web 方式访问，也可以用邮件方式订阅新内容。

2018 年，Google AdSense 和 AdMob 为了给中国发布商提供信息，又推出了"谷歌广告联盟"微信公众号，可以通过微信获取最新信息、提交问题。谷歌广告联盟的二维码如图 7.8 所示。

图 7.8

7.5.2　有哪些 AdSense 论坛可以互相交流

论坛是与其他发布商交流的很好的平台，论坛有官方的和非官方的，通过官方的论坛还可以与 Google AdSense 团队交流，讨论类别包括收入与付款、政策咨询与账号申诉、技术疑难解答、站长交流、身份证验证、电子转账测试、发布商见面会。

AdSense 中文官方论坛的网址为 https://productforums.google.com/forum/#!forum/adsense-zh-cn。

本书第 1 版记录的"广告街论坛 Google AdSense""中国站长论坛 Google AdSense""中文 Google 论坛 AdSense"等与 AdSense 相关的中文非官方论坛全部都关闭了，现在只有"落伍者站长交流平台 Google adsense"（http://www.im286.net/forum-69-1.html）还在。

与 AdSense 相关的其他 Google 服务官方论坛有谷歌网站管理员论坛（https://productforums.google.com/forum/#!forum/webmaster-zh-cn）。

另外，发布商还可以搜索与 AdSense 有关的 QQ 群、微信群参与交流。

诀窍

新加入 AdSense 项目的发布商可以多看看各个论坛中其他人的讨论内容，便于快速了解，自己有问题也可以在论坛中求助。

7.5.3　是否有 AdSense 培训机会

我曾经在上海、武汉、北京参加过 Google 组织的 AdSense 培训、讲座和峰会，也有专门的 AdSense 客服经理负责与我沟通，但有时仍然觉得联系不多，希望获得更多的培训和学习机会。普通的 AdSense 发布商可能与 AdSense 团队联系的机会更少，主要靠自己摸索，其实还有一个很好的学习、沟通方式就是在线研讨会。

这种在线研讨会是 Google AdSense 中国团队为发布商提供的免费学习和培训的机会，已经举办过的在线研讨课程如下。

课程名称：注意力效应，内容类网站优化攻略

课程时间：2009 年 12 月 9 日（星期三）下午 2:00

内容类网站如何根据自身网站布局进行广告优化配置，通过区段代码进行广告匹配度的提升，分享国内外优质案例。

（1）内容类网站最佳实施案例。

（2）区段定位实施及格式设置技巧。

（3）其他实战广告优化小贴士。

课程名称：Google 广告管理系统助你全面提高网站盈利能力

课程时间：2009 年 12 月 23 日（星期三）下午 2:00

如果你的网站在投放 AdSense 广告的同时也在投放直销广告、内部广告或者其他联盟的广告，那么现在你可以用 Google 广告管理系统一站式销售、管理、投放和跟踪你所有的广告。

（1）用 AdSense 广告直接补充你的直销广告的空档或者未售出的广告资源。

（2）在广告管理系统中设置 AdSense。

（3）启用定位广告。

（4）运行 AdSense 报告。

在线研讨会参加的步骤如下：

（1）在 AdSense 在线培训网站上选择自己感兴趣的内容，预先注册，稍后会收到来自 Google 的确认邮件。

（2）Google 在培训的前一天和当天都会通过邮件或者短信提醒，并告诉你参加培训的具体办法、网址、密码等。

（3）比预定时间提前 20 分钟以上点击相应的培训链接就可以接入会议，注意下载好软件、调试好耳机和麦克风。

（4）在参与会议期间如果网络效果不好，那么还可以拨打培训提供的免费 800 或者 400 电话号码参与。

（5）在培训完毕后，Google 一般都会把培训课程制作成可以下载查看的资料，供已经参加者回顾或者没有参加者查看。

在 2010 年以后，这种在线研讨会活动就很少了，但在 2017 年、2018 年又开展起来了，具体情况可以通过关注"谷歌广告联盟"公众号了解。

诀窍

> 强烈推荐发布商尽可能参加 Google 提供的在线培训课程，这是非常难得的学习和沟通机会，非常直观和方便！

7.5.4 帮助中心有什么信息

Google AdSense 官方帮助中心是发布商得到支持的必看部分，网址为https://www.google.com/adsense/support/。

帮助中心包括以下几个大的部分。

（1）"开始使用"部分，包括 AdSense 基本知识、资格、注册和启动、开始使用AdSense 界面、我的 AdSense 网页、词汇表。

（2）"账号管理"部分，包括账号设置、用户管理、网站管理、管理网站、广告资源管理、隐私权与安全性。

（3）"管理广告"部分，包括广告的工作原理、广告代码实施、广告自定义、优化您网站上的广告平衡功能、允许/屏蔽广告、产品与合作伙伴关系。

（4）"付款"部分，包括付款常见问题解答、付款流程、付款最低限额、付款方式、付款资料、付款明细与验证、纳税信息。

（5）"收入优化"部分，包括 AdSense 优化概览、"优化"标签、跨屏指南、优化提示、搜索引擎优化提示、用户体验指南、优质广告标准。

（6）"合作规范"部分，包括 AdSense 合作规范常见问题解答、入门指南、合作规范、合作规范强制措施、点击次数和展示次数、报告或申请审核违规问题、合作规范回顾、欧盟地区用户意见征求政策。

（7）"报告"部分，包括效果报告、收入报告所用币种、渠道、Google 发布商工具栏、将 Google Analytics（分析）与 AdSense 结合使用。

（8）"进行问题排查并解决常见问题"部分，包括简介、排查申请问题、登录问题、广告问题排查、账号管理、付款、报告和收入、报告违规行为或进行申诉、Google Analytics（分析）、与 AdSense 联系。

AdSense 帮助中心里面还有关于"申请账号""优化 AdSense""获得付款""遵守合作规范"等方面的指导视频。

诀窍

帮助中心集中了发布商需要的几乎所有信息，新手应该全部认真查看一遍。

7.5.5　有哪些演示材料与指南

Google 为 AdSense 发布商准备了充足的在线演示材料及指南，具体请查看链接 https://support.google.com/adsense/answer/3180977?hl=zh-Hans 及 https://support.google.com/adsense/answer/6242112?hl=zh-Hans&ref_topic=3136173，其中包括以下一些视频内容，网址为 https://www.youtube.com/user/InsideAdSense。

（1）AdSense 广告格式及相关问题视频。

（2）AdSense 政策视频。

（3）AdSense 申请及启用视频。

（4）AdSense 付款视频。

（5）遇到 AdSense 发布商。

诀窍

Google 提供的演示材料能帮助发布商直观了解相关信息，值得在线观看或者下载保存。

7.5.6　遇到疑难问题可以在哪里寻找解答

Google 为解决已经实施代码的新发布商面临的常见问题，推出了 AdSense 问题排查工具，网址为 https://support.google.com/adsense/answer/1208336?hl=zh-Hans，主要涉及以下内容。

（1）看不到我的 AdSense 内容广告。

（2）如何检查广告代码是否被修改。

（3）网页上展示不相关的广告。

（4）网页上重复展示相同的广告。

（5）广告单元没有全部展示广告。

（6）搜索框不起作用。

（7）视频广告不显示。

（8）广告网址不显示的原因。

（9）浏览器和计算机问题。

通过回答系统一步步地提示，系统会给出故障原因及解决办法。

7.5.7　官方有哪些优化技巧

Google 官方支持中心包含了优化技巧方面的内容，网址为 https://www.google.com/adsense/support/bin/static.py?page=tips.html，包含的内容如下。

1．开始使用：优化要点

（1）用渠道测试你的成功程度。

（2）创建报告模板，简化程序并节省时间。

2．设计成功的广告

（1）我应该使用哪种广告格式？

（2）哪些调色板最成功？

（3）图片广告可增强多样性和竞争力。

3．透析广告的位置

（1）我应该将 Google 广告放在网页的何处？

（2）用多个广告单元最大化广告空间。

4．针对特殊网站的广告策略

（1）使 AdSense 与论坛相称。

（2）"博"而广之——优化博客中的广告。

5．广告单元之外的想法

（1）链接单元有助于你最大限度地利用有限的空间。

（2）AdSense 搜索广告——为你的网站设置自定义搜索。

（3）利用其他 Google 产品获得最大成功。

6．巧妙地使用特色

（1）保持较小的过滤列表。

（2）通过区段定位突出重要内容。

诀窍

Google 官方提供的 AdSense 优化办法很简单、很清晰，发布商只有在自己的网站上不断尝试、运用，才能收到效果。

7.5.8　官方有哪些成功案例

AdSense 帮助中心提供了一些成功案例，网址为 https://www.google.com/intl/zh-CN_cn/adsense/start/success-stories/#/。

目前，主要有几个国外网站运用 AdSense 提高广告收入的案例。

在第 1 章里有一些摘录和点评，请参看。

7.5.9　官方提供了哪些发布商工具

AdSense 帮助中心提供了一系列发布商工具，让发布商将主要精力集中在内容制作方面，而 Google 提供了网站分析、提高访问量等工具，网址为 https://www.google.com/adsense/static/zh_CN/Publishertools.html，包括的工具如下。

1．提高网站的访问量

（1）通过 Google Search Console（谷歌搜索控制台）帮助人们找到网站的更多网页。Google Search Console 是帮助改善你的网站在 Google 索引中的覆盖面的一个便捷工具。这是一个能够让你直接与 Google 交流的协助式抓取系统。你可以向 Google 提供有关你所有网页的具体信息，如网页的最新修改时间或网页的更改频率，而获得更为智能的抓取。

（2）使用 Google Analytics Web 分析了解访问量趋势。你可以简便地访问直观的图表，准确显示你的网站所发生的任何变化。 你可以精确地确定你的网站上的哪些链接和网页颇受用户青睐，以及哪些链接和网页不受用户欢迎。 或者，你可以精确地了解你网站的用户来自哪个网站、国家 / 地区、州 / 省和城市。

（3）通过 Google AdWords 提高网站的访问量。通过 Google AdWords，你可以自行制作广告，选择关键字，并帮助 Google 将你的广告与你的受众匹配。收费原则是点击付费，不点击不付费。 也就是说，只有当你的广告产生效果后，你才需要付费。

（4）在你的内容更新时使用"添加到 Google"按钮及时通知用户。Google 的个性化主页 iGoogle 拥有数百万个用户。使用"添加到 Google"按钮，你的用户可以轻松将你的供稿或小工具添加到他们的 iGoogle 页面，提醒他们每次访问 iGoogle 时都返回浏览你的网站。你只需先填写一些基本信息，然后将一小段 HTML 代码插入你的网站就可以了。

2．在网站上添加互动功能和社区

（1）通过 Blogger 与用户互动。使用博客轻松地向用户提供新闻、照片和视频，并鼓励用户通过用户评论反馈和互动。

（2）利用 Google 企业应用套件让你的组织更加有效地协作。使用 Google 企业应用套件，你和同事可以利用 Google 极富创新的沟通和协作应用程序节省 IT 成本和提高工作效率。Google 企业应用套件包括自有品牌的 Gmail、Google 日历、Google 文档、Google Talk 以及初始页等，你可以使用自己的品牌和内容对其进行自定义。而且，这些服务全部由 Google 托管，因此，你无须安装或维护任何硬件或软件。

（3）使用 Google 文档共享文档和电子表格。即使位于不同的位置，你和你的同事也可以展开实时协作，并且所有人始终都可以看到最新的版本。AdSense 发布商可以使用 Google 文档创建和共享网站内容、编辑 HTML 或文本格式的网页模型，或者管理营销计划、合同、建议方案和预算。

（4）通过 Google 网上论坛与你的成员进行合作。创建可自定义的论坛，上传并共享文档（包括图片），建立电子邮件列表，还能一起讨论。

3. 利用 AdSense 的其他功能获取更多收益

（1）利用 AdSense for Search 结合 Google 搜索以及 AdSense 获取更多收益。将 Google 搜索框加入你的网站不但可以让你获利于更多网页，同时也可以为你的用户提供更好的网站体验。因为访客可以直接从你的网站上搜寻，所以会在你的网站上逗留更长时间。AdSense 会在搜索结果页面上显示相关的广告，你也可以透过 Google 搜索框赚取更多利润。如果你不是 AdSense 发布商，那么你需要先申请才能使用 AdSense for Search。

（2）利用 AdSense 视频广告和 AdSens 游戏广告获得收入。通过在视频或游戏中投放插播广告和重叠式广告获取收益，向为数众多且规模仍在不断壮大的视频或者游戏广告客户推广网站资源。这两种形式的广告需要单独申请。

⚠ **提醒**

Google 提供的部分互动功能在中国大陆有可能无法访问。目前 AdSense、Firefox 等推介广告在中国大陆暂停使用。

7.5.10 官方提供的网站管理员中心在哪里

官方提供的网站管理员中心可以帮助发布商详细了解 Google 如何抓取网站并为其编制索引，现在的名称改为 Google 搜索控制台。旧版网址为 https://www.google.com/webmasters/tools/home?hl=zh-cn，新版网址为 https://search.google.com/search-console?hl=zh-cn。

在前面的章节中已经介绍过这个工具。

7.5.11 官方提供了哪些网站管理员指南

AdSense 帮助中心有指向网站管理员中心帮助内容的链接，网址为 http://

support.google.com/webmasters/ answer/35769。

这其中包含以下内容。

（1）网站站长指南。网址为 http://support.google.com/webmasters/answer/35769#。

（2）内容准则。网址为 https:// support.google.com/webmasters/topic/4598733?hl=zh-Hans&ref topic=6001987。

（3）质量指南。网址为 https://support.google.com/webmasters/topic/6001971?hl=zh-Hans&ref topic=6001987。

以上链接都包含了丰富的内容，值得站长仔细研读。

7.5.12 官方提供了哪些广告格式

查看所有的广告格式的网址为 https:// support.google.com/adsense/answer/185665，包括文字广告示例、展示广告示例、链接单元示例、视频广告示例、移动广告示例等内容。

7.5.13 在哪里可以找一些词汇的含义

AdSense 帮助中心有一个词汇表，网址为 https://support.google.com/adsense/topic/19363 (新版)，包含了以下内容，我对其中部分内容进行了补充。

1. AdSense 单元

AdSense 单元是一个保存的广告单元，其中包含你在账号中自定义的一组特定广告设置。创建 AdSense 单元并将该单元的代码粘贴到网页后，你可以在账号中更新 AdSense 单元设置，随后即可看到显示该 AdSense 单元代码的所有网页都发生变化。

2. AdWords 投放渠道首选项

AdWords 广告主通过投放渠道首选项选择在 Google 联网中的搜索网站、内容网站或者 Google 相关产品上是否展示自己的广告，并不是所有的 Google 广告都会出现在 AdSense 网页上。

3. API

应用程序编程界面（API）是可供计算机应用程序或系统访问一系列第三方功能或程序的界面。更具体地讲，AdSense API 是一项免费服务（测试版），可以让网站开发人员将 AdSense 集成到自己的网站产品或服务中。

目前只能以英语提供 AdSense API 支持。有关详细信息，请访问 https://developers.google.com/adsense/。

4. Blogger

Blogger 是一款网络工具，利用它，用户可以快速、简单地在 Weblog 或博客中创建和发布内容。

5. Cookie

对于互联网，Cookie 是下载到用户计算机中的小文本文件，可用来存储用户信息和首选项。许多网站利用 Cookie 对网站的重复访问功能进行自定义和改进。

6. Google AdSense

网站发布商能够借助 AdSense 项目投放与用户在网页上阅读内容相关的 Google 广告，提高网站获得收入的潜力。

7. Google AdSense 个人识别码申请过程

（1）什么是个人识别码？

为了能够获得 AdSense 账号的付款，所有发布商都需要输入个人识别码。该号码打印在 4.5 英寸×6 英寸（11.4 厘米×15.2 厘米）的白色明信片上，并通过平邮方式邮递。

（2）为什么需要个人识别码？

为了确认你的联系信息是否正确，并确保你能够收到付款，个人识别码必不可少。

（3）我何时会收到个人识别码？

在你的账号余额首次达到验证最低限额后的几天内，Google 会打印你的个人识别码，并通过平邮方式邮寄给你。该号码通常在 2 ~ 4 周寄达，但根据你所在的位置可能需要更长时间。

（4）我应该在多长时间之内输入个人识别码？

从最初发放个人识别码之日算起，你有 6 个月的时间输入该号码。如果你在 4 个月后没有输入该号码，那么 Google 将用免费的公益广告替代你网站的付费广告。如果 6 个月后你仍未输入该号码，那么你的账号将被停用，未支付给你的收入也将退还给相应的广告主。

（5）如果没有收到个人识别码该怎么办？

如果你没有收到第一个个人识别码，那么还可以再申请两个替代号码。

如果在 90 天内，你已经申请完了 3 个个人识别码，但是一个也没有收到，那么请登录你的账号。你会在报告概述页上看到相应的说明，提示你接下来该怎么办。

8. Google AdSense 搜索广告

AdSense 搜索广告是 Google AdSense 的功能之一，让你可以在自己的网站上直接为用户提供 Google 搜索。你可以查看用户利用你的搜索框执行的热门查询，并且在用户点击搜索结果页上的广告时，你还会获得收入。

9. Google AdWords

Google 推出的基于每次点击费用定价的广告计划。

10. Google Analytics

Google Analytics 是 Google 的网站分析产品，可以为网站所有者提供关于访问者如何找到其网站以及如何与网站交互的信息。要了解有关 Google Analytics 的详情，请访问 Google Analytics 帮助中心。

现在，发布商可以将自己的 AdSense 账号和 Google Analytics 账号关联起来，以便获取更详细的报告。要了解有关整合账号的详情，请访问帮助中心的 Google Analytics 账号中的 AdSense 报告部分。

11. Google 账号

Google 账号可以作为 Google 主登录账号，它是由单个电子邮件地址和密码组成的。Google 账号支持中心提供了有关 Google 账号的详细信息。

12. Google 广告联盟网络

Google AdWords 广告可在 Google 以及 Google 广告联盟网络中展示。该联盟网络包括以下网站和产品：

（1）搜索网络网站：America Online、CompuServe、Netscape、AT&T Worldnet、EarthLink、Sympatico 等。

（2）内容联盟网络网站：New York Post Online Edition、Mac Publishing（包括 Macworld.com、JavaWorld、LinuxWorld）、HowStuffWorks 等。

（3）来自 DoubleClick Ad Exchange 发布商的广告资源。

13．HTML

文本标记语言（HTML）是用来制作网页的编码语言。如果要参与 AdSense 项目，就需要能够访问你的网页的 HTML 代码。

14．iframe

iframe 是网站设计中使用的一种 HTML 标记，可以将某个网页展示在其他网页内的框架中。

15．IP 地址

每一台接入互联网的计算机都分配有一个唯一编号，称为互联网协议（IP）地址。由于这些编号通常按国家/地区分配，因此，IP 地址常常用于识别接入互联网的计算机所在的国家/地区。

16．JavaScript

JavaScript 是常用于网页中的脚本语言。用于向你的网站加入 Google 广告的广告代码即采用 JavaScript 编写，你只有在浏览器中启用 JavaScript，才能查看网站上的 Google 广告。

17．Orkut

Orkut 是 Google 运营的社交和讨论网站。有关 Orkut 的详情，请访问 Orkut 帮助中心。

18．网址渠道

网址渠道是一款工具，你可利用它查看特定域上的广告效果的更详细报告。Google AdSense 帮助中心里面的《利用渠道进行优化指南》就如何有效地使用网址渠道提供了完善而详细的说明。

19. AdSense for Feeds

AdSense for Feeds 可以让网络发布商通过在其供稿中投放针对性较强的 Google 广告获得收入。与其他 AdSense 项目一样，AdSense for Feeds 通过提供与你的内容和用户相关的广告为你服务。

同时，与其他 AdSense 广告一样，供稿广告可以通过两种方式获得收入：点击次数或展示次数。供稿广告的定位方式也有两种：

（1）针对你供稿的内容进行内容相关定位。

（2）在你设置广告展示位置时，可由广告商定位于你的特定供稿。

你可对 Google 广告在你供稿中出现的频率、外观和位置加以控制。广告的大小会根据你供稿的显示位置自动确定。

如果已经有供稿了，那么可以了解如何开始使用 AdSense for Feeds。如果不熟悉供稿，那么可以先了解什么是供稿。

20. AdSense 域名广告

通过 AdSense 域名广告，拥有未使用域名的发布商可以在其域名上显示内容，以便帮助用户获取相关信息。

用户经常会在地址栏中输入域名或访问过期链接，然后被带到没有任何内容的网站。凭借 AdSense 域名广告，用户可以看到链接、搜索结果、广告以及其他内容，而不再是"正在建设中"页面或 404 错误。为实现这一效果，Google 使用了专门针对域名进行定位的语义技术。当用户与你网站上的广告进行互动时，你就会获得收益。

如果你的网站已经包含内容（如文章、评论、论坛、博客帖子或其他文字），那么 AdSense 内容广告更适合你的网站。如果某个网页还没有任何内容，那么你可以使用 AdSense 域名广告为你的用户提供便利。要开始使用 AdSense 域名广告，请阅读 Google 的设置说明；你也可以在 Google 的 AdSense 帮助论坛中搜索或浏览，以便了解相关详情。

21. AdSense 移动广告

凭借 AdSense 移动广告，发布商可以利用有针对性的 Google 广告通过自己的移动服务网页获取收益。与 AdSense 内容广告一样，在使用 AdSense 移动广告时，Google 会根据发布商网站（在此情况下即为你的移动服务网站）的内容提供广告。每当访问你的移动服务网站的用户点击广告时，你就会获得收入。

对于移动服务网站，AdSense 会自动检测对其进行浏览的手机类型，然后投放与之相匹配的广告。例如，如果用户通过 iPhone 浏览你的网站，Google 就会投放专门针对高端手机设计的广告。

如果你已经是 AdSense 发布商，并希望在自己的移动服务网站上投放广告，请参阅获取移动广告代码的方法。如果你还不是 AdSense 发布商，请先注册。

22. 广告查看中心

"广告查看中心"是你的账号中的一个工具。借助此工具，你可以查看可能会在你网页上展示的展示位置定位广告。如果你想要更好地了解和控制投放到自己网站上的展示位置定位广告，该工具就正好可以满足你的需求。你可以允许或拒绝特定的广告组和广告主，也可以按类型（即文字广告或图片广告）过滤广告。

如果你选择在"广告查看中心"内拒登广告，那么需要提供拒绝广告组或广告主的理由。

详细了解如何选择加入"广告查看中心"，你可以选择哪些广告查看选项，以及你在"广告查看中心"内所做的选择对你的收入有何影响。

23. 有效的每千次展示费用

有效的每千次展示费用称为 eCPM，是广告计划中常用的数字。利用它，你可以通过对比不同网页和网站的收入跟踪你的广告效果。从本质上来讲，eCPM 表示你收到的每一千次展示的估算收入。然后，可以将此数字同其他广告形式的收入进行比较，这类比较不能使用"每次点击费用"等直接可比数字。

eCPM 并不表示你的收入，而是你的收入除以网页展示次数后乘以 1000 所得的数字。例如，你通过 25 次网页展示所获得的收入为 0.15 美元，则你的 eCPM 为 $(0.15/25) \times 1000$，即 6.00 美元。如果你通过 45 000 次网页展示获得的收入为 180 美元，则你的 eCPM 为 $(180/45\ 000) \times 1000$，即 4.00 美元。

该数值还可以用来比较各个渠道的收入。这些渠道的点击量差异可能非常大，在计算出每千次展示的收入后，就可以很容易看出哪些渠道效果更好。在上例中，可以认为获得 25 次网页展示的网站或渠道效果更好，因为其 eCPM 较高。

24. 付款

在"付款历史"页上"付款"列中显示的金额代表 Google 通过支票或电子转账

方式向你发送的付款。你可以点击任意付款对应的"详情"链接，了解有关相应付款的日期、金额等额外信息，以及跟踪信息和汇率（如果适用）。

25. 公益广告

公益广告是当服务器找不到有针对性的广告或者 Google 无法收集网页内容时投放到网页的非营利组织广告。发布商不能从公益广告的点击次数中获得收入。

26. 内容相关广告

Google 利用屡获殊荣的搜索技术在 Google 联网中（包括 AdSense 网站）网站的内容网页和产品上投放相关的广告。借助于 Google 对搜索索引中数十亿网页的内容的理解以及网页抓取能力，Google 的技术可以明确哪些关键字能够将用户引至相关网页。然后，Google 根据这些关键字匹配广告与网页。

27. 区段定位

利用 Google 的区段定位功能，你可以突出特定区段的 HTML 和文本内容，以便让 Google 的抓取工具进行强调或忽略，从而改进你的广告定位。

28. 发布商

经过审核并被批准参加 AdSense 项目的参与者。

29. 可通过电子邮件发送的报告

可通过电子邮件发送的报告是一种已保存报告模板，你可以使用账号中的报告管理页设置日程，让报告通过电子邮件发送给你。

30. 图片广告

图片广告是以 7 种广告格式提供的图形广告。你可以在广告格式页查看图片广告的示例。

31. 地理定位

AdWords 广告主可以选择针对特定的地区和不同的语言投放自己的广告。由此，在 AdSense 网站上投放的 AdWords 广告将取决于广告主的地理定位和用户的设置。

32. 多媒体广告

多媒体广告包括所有基于图片的广告，例如横幅广告、富媒体广告以及视频广告。要想在网页上展示多媒体广告，你必须为自己的广告空间选择显示图片广告。

33．客户端软件

客户端软件用于访问互联网或者更好地使用互联网并且安装在用户机器上的任何软件应用程序，如浏览器、电子邮件客户端以及互联网消息传递程序等。其中经常有隐蔽下载的软件或者干扰其他应用程序的软件。

34．展示位置定位

广告主可以使用此功能将广告定位到要投放广告的 AdSense 网络中的单个展示位置。广告展示位置可以是整个网站，也可以是相应网站内特定的广告单元组合，如仅为体育网页上的广告单元或网页顶部的所有广告单元。

35．账号创建

如果你的 Google AdSense 项目的申请获得批准，那么 Google 会为你创建 AdSense 账号。然后，你就能够登录并启动此账号了。

36．账号启动

在你提交了 AdSense 申请并确认了你的电子邮件地址后，AdSense 小组会在一两天内评估你的申请，并向你发送一封是否批准申请的电子邮件。如果你获准参与此项目，就可以登录到自己的新账号，并将 AdSense 广告代码复制并粘贴到网页中，从而开始投放广告。此操作会启动你的 AdSense 账号。

37．账号电子邮件

账号电子邮件是你用来登录 AdSense 账号的电子邮件地址。Google 会把所有发送给你的关于 AdSense 的邮件发送到该地址。

38．账号类型

如果你的企业有 20 名或更多员工，那么一般应该申请企业账号。个人发布商或企业员工少于 20 名则应该申请个人账号。个人账号与企业账号在服务或付款结构方面没有任何差别。企业账号的付款将支付到公司名下，而个人账号的付款则支付到账号持有者的收款人名下。

39．广告单元

广告单元是由一段 AdSense 广告代码所显示的一组广告。

40．广告单元展示

每当用户浏览你的网页上的广告单元时，就会生成广告单元展示。例如，如果你的某个网页展示了 3 个广告单元，该网页被浏览了 2 次，那么你会获得 6 次广告单元展示和 2 次网页展示。

41. 广告展示次数

只要有单个广告展示在你的网站上，就报告为一次广告展示。显示的广告数量因广告格式而异。例如，竖幅广告在你的网站上每显示一次，报告就会生成两次广告展示次数。另外请注意，根据广告单元中显示的是标准文字广告、扩展文字广告还是图片广告，广告单元中的广告数量可能不同。

42. 广告布局

广告布局是广告在发布商网站上的显示方式。你可以选择与自己网站最匹配的格式。例如，横幅广告布局可以横跨整个网页，在水平方向上最多显示 2 个广告，而摩天大楼广告布局可以在竖直方向上最多显示 4 个广告。

43. 广告布局代码（AdSense 广告代码）

广告布局代码是由经营已获准网站的发布商在此网站任意网页上添加的 HTML 代码，能够以特定的广告布局格式在此网页上显示广告。

44. 广告排名

一个广告在网页上的排名由它的最高每次点击费用（价格）和点击率（效果）共同决定。

45. 广告软件

广告软件是在用户不知情的情况下，通过他们的互联网连接设备收集用户信息的软件。此信息通常用于通过弹出式窗口或其他方式显示广告。与广告软件有关系的网站不允许运行 AdSense 广告代码。

46. 恶意抢注域名

恶意抢注域名的网站不允许运行 AdSense 广告代码。域名抢注是指对域名的使用带有不良企图，要从他人商标的商誉中获利。蓄意错误拼写（Typosquatting）是域名抢注的一种形式，有一定数量的互联网用户在网上浏览时会拼错某一网址的名称，而"蓄意错误拼写"这种行为依赖的正是这一概率。

47. 抓取工具

抓取工具又称为 Spider 或 Bot，是 Google 用于对网页内容处理和编制索引的软件。AdSense 抓取工具会通过访问你的网站确定其内容，从而提供相关的广告。

48．报告模板

报告模板是一种高级报告，其中包含你为了便于今后快速访问而命名并保存的设置。已保存报告模板将显示在"概述"页上，只需点击一下即可访问。所有报告模板都可以通过电子邮件发送给你。

49．收入

AdSense 收入是你从所有 AdSense 产品中获得的收入，其中包括 Google 广告的用户点击次数、展示次数以及成功的推介转换的收入。

50．收入份额

各个 AdSense 发布商会获得广告主对其广告的用户点击次数或展示次数所付费用的某一百分数。该百分数称为收入份额。Google 不会透露 AdSense 的收入份额。

51．无效点击或展示

无效点击或展示通过 Google 所禁止的方式产生，目的是人为地增加发布商账号上的点击或展示次数。Google 使用自己的专有技术分析所有广告点击与展示次数，以确定是否发生了任何无效点击行为，防止人为地增加广告主的点击次数或发布商的收益。被 Google 判为无效的点击不会算入你的收益。

52．显示网址

显示网址是广告中显示的网址，目的是便于用户了解广告主的网站。

53．替代广告

替代广告可以在 Google 不能向你的网页投放相关广告的情况下，保证你依然能够通过广告空间获得收入。通过指定图像或者所选广告服务器，可以确保广告空间始终得到有效的利用，要么用于投放有针对性的 AdSense 广告，要么用于投放你自己选择的内容。如果指定了替代广告，当你的网页没有可用的相关广告时，就会展示替代广告。这时，广告空间不会被标记为"Google 提供的广告"。

54．月末余额

"付款历史"页会在每个月末显示你 AdSense 账号中的余额。此金额反映的是在相应月末时的已确认收入。如果你账号的月末余额大于 100 美元，且账号中没有保留付款，Google 就会安排在下个月向你付款。

55. 有效邮寄地址

有效邮寄地址是完整的实际地址。参与 AdSense 需要提供有效邮寄地址，以接收个人识别号码（PIN 码）。

56. 框架

网页可以带有框架，从而将一个网页划分成采用独立 HTML 代码的多个部分。放置 AdSense 广告代码的框架应该包含你希望据以定位广告的文本内容。

57. 每次点击费用

每次点击费用是每次用户点击广告时其所属广告主要支付的费用。Google AdWords 拥有一个以每次点击费用为依据的定价系统。

58. 浏览器缓存

浏览器缓存是你的互联网活动（包括图片、声音和下载内容）的临时记录，暂时存储在计算机中的某个文件内。在清除缓存后，可以更简单或更快速地访问某些 AdSense 功能。

59. 渠道

发布商为生成报告而指定的一组网页。发布商可以建立渠道，以便跨网页、网站和域跟踪具体数据。

60. 激励措施

网页不能包含任何激励用户点击广告的措施。这些措施包括鼓励用户点击广告或访问广告主的网站，以及采用任何不恰当的方式引起用户对广告的注意。有关更多详细信息，请查看 Google 的项目政策。

61. 热门查询

AdSense 搜索广告发布商可以查看用户使用其 AdSense 搜索广告框搜索的最热门的 25 个字词。只有执行过一次以上的查询才会显示。

62. 电子转账

电子转账（EFT）是将你的 AdSense 收入直接存入你的银行账号的付款方式。

许多地点的用户都可以采用这种方式接收付款。

63．登录信息

AdSense 登录信息指账号电子邮件。它是你用来登录 Google AdSense 账号的电子邮件地址。

64．目标网址

目标网址是广告所链接到的网址。当用户通过点击广告访问广告主的网站时，他们将看到此网页。如果你希望将某一网址添加到自己的网址过滤列表，以阻止广告主的广告出现在你的网站上，就需要知道此网址。

65．竞争性广告

竞争性广告是指网站上模仿 Google 文字广告或看起来与 Google 文字广告相关的以网页内容定位的广告或文字广告。根据 AdSense 项目政策的规定，竞争性广告不得与 Google 广告展示在同一网页或网站上。不过，Google 允许联属链接及文字数量有限的链接。

66．编辑指南

所有 AdWords 广告主如果要在 Google 上以及不断扩大的 Google 联网中的搜索网站、内容网站或者 Google 相关产品上投放 AdWords 广告，就一定要遵循这些指南。

67．网址

统一资源定位地址常称为"网址"（URL），是网页或文件在互联网上的地址或位置。例如，Google 的网址为 http://www.google.cn。

68．网址过滤列表

网址过滤列表是 AdSense 发布商在自己的账号中创建并存储的列表，用于防止在自己的网站上投放来自某些网址的广告。在发布商将某一网址添加到此列表后，此网站列表的广告就不会投放到发布商的网站上。

69．网页展示次数

每当用户浏览展示了 Google 广告的网页时，就会生成一次网页展示。这时Google 不考虑网页上展示的广告数量，仅计为一次网页展示。例如，如果你的某个网页上展示了 3 个广告单元，该网页被浏览了 2 次，你就会获得 2 次网页展示和 6次广告单元展示。

70．自定义渠道

自定义渠道是一款工具，你可以利用它查看有关特定页面和广告单元效果的更详细的报告。Google AdSense 帮助中心里的《利用渠道进行优化指南》就如何有效地使用自定义渠道提供了完善而详细的说明。

71．调整项

你的收入可能会包含因多种原因而产生的借记项或贷记项，所有此类项目都会在"付款历史"页列出。可能的调整项如下：

（1）AdSense 搜索广告费用：正如 Google AdSense 条款所述，你的 AdSense 搜索广告收入可能会与相关费用相抵。只有少数发布商会出现这种情况。

（2）支票费用：与特殊的支票递送方式或停止付款申请相关的费用。

（3）无效点击：如果 Google 发现无效点击，那么发布商不会获得这些点击次数的付款。如果目前在你报告中已显示的点击被认定为无效，那么 Google 会调整相关收入，并向广告主退还费用。

（4）条款更新（适用于俄罗斯、以色列、土耳其、沙特阿拉伯、埃及的发布商）：因与你签约的实体由 Google Inc. 更改为 Google Ireland Limited，需要更新。这一变化需要对你的账号进行一定的内部会计修改，但它不会影响你的整体账号余额。

（5）其他：包括无法归入其他类别的借记项或贷记项，如与收入、转账或安全、快递相关的费用。有些 AdSense 发布商同时也是 AdWords 广告主，如果其有拖欠付款，如条款的"付款"部分所述，此类别偶尔还可能会加入对其的 AdSense 收入进行的扣款。

72．调色板

调色板是 AdSense 为发布商提供的对出现在自己网站上的广告颜色进行自定义的功能。调色板有助于确保广告的文字、背景以及边框颜色能够与网站的外观相配。为了增强多样性和新颖性，你甚至可以选择每次轮流使用最多 4 个不同的调色板。

73．链接单元

链接单元是一种广告格式，可显示一系列与某网页内容相关的链接。用户在点击链接后，便进入一个相关广告的网页。在 Google 的广告格式页中，你可以查看所有可用链接单元格式的示例。

74．链接展示次数

链接展示次数是指在链接单元报告中链接单元被浏览的次数，无论链接是否被点击。

75．链接有效每千次展示费用

每千次链接单元展示费用等于收入与链接单元展示次数之比乘以 1000，链接有效每千次展示费用类似于文字广告和展示广告的有效每千次展示费用，从本质上说，它大概反映了向用户展示每千个链接你所赚取的收入。

76．链接点击次数

链接点击次数是指链接单元中链接的点击次数。

77．链接点击率

链接点击率是指链接点击次数与链接展示次数之比。

78．预览工具

Google AdSense 预览工具是一个针对 Windows 用户的工具，利用它可以预览展示在任一网页的广告。你可以查看要添加到过滤列表的广告的目标网址，查看位于其他地区的用户会看到的广告，或者查看不同广告格式和颜色的示例。

以上与 AdSense 相关的词汇表都放置在本书的配套网站（https://adsensebook.cn/）中，并会进行后续的补充和完善。

7.6　关于广告赚钱的其他问答

7.6.1　做网络广告能成为长期的事业吗

很多个人网站的站长以前都是从兴趣爱好开始的，并没有想到网站能赚到很多钱，后来投放 AdSense 广告也有了一些收入，但不足以取代正常工作的薪资，所以面临是保持业余爱好还是全力投入创业的抉择问题。

从收入角度来说，我建议不要在没有把握的情况下先抛弃目前的正常工作，可以在业余时间不断学习、完善网站，当广告收入远超过薪资所获，而且稳定发展时，再考虑全职投入网站的运营，以便有更多的时间、精力把网站的运营和收入提高到新的水平。

从事业角度来说，我认为网络广告是一个全新的朝阳行业，在传统行业竞争越来越激烈的情况下，当金融、制造等行业陷入衰退时，全球网络广告的收入却在不断增长，未来的发展趋势非常明确，所以很适合年轻人创业，完全有可能成为自己的长期事业。只要看准方向、善于学习、坚持努力，做好网站、盈利创业就可以达到。

以我自己为例，网站从零收入起步，经过几年的持续努力，仅仅凭借 AdSense 就可以年收入几十万美元，足够维持一个小团队继续发展。

在我周围的业内朋友中有很多人通过网络广告创业成功，下面说两个例子：

（1）专注于手机领域的友人网，在开始几年完全没有收入，但他们一直坚持做好网站内容和网友服务，后来每年的广告收入有数百万元，都是知名手机品牌的广告主主动找到他们要求投放。创始人王燕军说，一开始家人都反对其放弃以前的手机实体店转做看不到"钱途"的网站，后来在看到成效后再也没有人反对了。

（2）国内知名网站天空下载，刚开始从个人兴趣起家，维持一个小型团队运营多年，把每个细节做好，获得网友的信任，在有了大量流量后广告收入自然不愁，后来被百度以 3000 万元的价格收购，创始人张鹤收获不菲，可以投入新一轮的创业发展中。

📋 **诀窍**

网络广告发展趋势无须怀疑，是否能把握机会要看每个人的行动。

补充：上面的两个例子，友人网和天空下载现在发展都不太好了，这也说明需要根据市场环境、技术发展和用户需求的变化不断调整。

7.6.2　Adsense 中是否有 CPA 广告或 CPS 广告

以前在 AdSense 中有一项"推介广告"业务，就包含 CPA 广告或者 CPS 广告，最开始是 AdSense 注册、Firefox 下载、Picasa 下载等 Google 自身的宣传广告，后台曾经加入过其他广告主自行设定的按效果计费广告，但后来都暂停了。我自己的经验是这类推介广告效果不好，难以产生较大收益，而在网站中还看到另外的说法，就是有一些发布商专门钻空子作弊，让 Google 不胜其烦，干脆暂时都关闭了。

从网上广告的发展趋势来看，按时长计费的广告和按展示计费的广告所占的比例在下降，目前按点击计费是主流的，而按效果计费的广告所占比例在不断增加，数年以后会发展得更加成熟。估计到一定阶段，Google 还会恢复此类型广告。

7.6.3　百度熊掌号需要跟随加入吗

我在 2018 年 6 月接到百度工作人员打来的电话，邀请名下网站加入熊掌号。我以前也听说过熊掌号，但是没有详细了解，在受到邀请后，我看了新闻报道、相关文档和培训视频，下面是记录的一些要点：

（1）微信公众号抢去了太多优质资源，让使用百度的用户减少，熊掌号是百度的反击措施，用其流量拉拢资源。

（2）今日头条、头条号等信息流也让百度用户减少，百度推出过百家号，但效果一般，现在整合到熊掌号里。

（3）百度说这几年要拿出 50%~80%的流量给熊掌号，其中还是有流量红利的，有能力的网站可以抢占。

（4）百度熊掌号提倡的 HTTPS、MIP、移动端落地页体验、LD+JSON 结构化数据、原创保护、粉丝关注、留言互动等还是不错的。

（5）熊掌号的后台与微信公众号、小程序的后台很相似，甚至资质审核也一样是300 元。

基于上面这些了解，我觉得做中文网站，还是有必要加入熊掌号的。即使不做百度联盟广告，加入熊掌号也可以从百度获得更多流量，投放 AdSense 也能获得更多广告收入。

7.6.4　阅读本书一定可以帮助自己赚到钱吗

需要说明的是，本书是一本网络广告技术指导书，不是一本赚钱励志书、不是一本致富信息书，尽管我做出了各方面的努力使本书中的内容能给予读者尽量大的帮助，但并不能保证每位读者都能赚到钱。

网站的成功运营需要长期的坚持、要不断努力改善网站内容，还与各人的知识基础、学习能力、综合素质相关，你可能会比本书中的例子赚得更多，也可能赚得更少，购买本书不会得到赚钱的保障。

在实施本书中一些广告优化办法的时候需要根据自己网站的实际情况尝试，对网站或者广告改动后应该密切观察流量和收入的变化，避免出现广告收入不升反降的情况。

7.6.5　如何与我以及其他 AdSense 发布商取得联系

我在撰写本书过程中就已经设立了一个配套的网站，网址为 https://adsensebook.cn，该网站主要包含以下几个方面的信息：

（1）书籍内容：该网站包括本书的大纲、目录、部分精彩章节、常见问答等内容。

（2）代码案例：部分纸质书籍中无法很好演示的代码和案例可以在网站中查看。

（3）读者互动：开辟一个读者与作者互动交流的窗口，解答读者的个性化问题。

（4）最新动态：出书后的 AdSense 新信息、新发现、新经验不断在网站上更新。

本书在第 2 版出版、发行之际开通了配套的微信公众号，内容和栏目与配套网站类似，方便用户在微信中获得帮助信息。

微信公众号名称为 AdSense 实战宝典。

公众号二维码（如图 7.9 所示）如下：

QQ 群是很早就创建的一个交流方式，供网友讨论、互相学习，QQ 群号为 106483616。

我非常希望听到来自各方的反馈信息，以便日后持续改进完善内容，再版时进行更新、补充。反馈的信息可以包括以下几个方面：

图 7.9

（1）正面评价：如果你认为本书对你有帮助，那么我欢迎写出你的评语和自身的受益故事。

（2）负面评价：如果你认为本书缺点多多，那么我希望听到你的中肯评价和批评。

（3）意见建议：如果你对本书、配套网站有好的意见和建议，那么我非常希望知道你的想法。

你可以通过下面的联系方式与作者祁劲松取得联系：

（1）个人网站（https://jamesqi.com/ ）。

（2）电子邮件（webmaster@adsensebook.cn ）。

（3）配套网站（https://adsensebook.cn ）。

后记

我从 2005 年接触 AdSense 到现在已经有 13 年时间了，在 AdSense 的支持下，我可以专注提高网站质量和扩展新的内容。随着网站不断发展，更多的同事加入我的团队中。在这个过程中，我们将只有一种语言的一个网站逐步发展成 8 个系列网站，覆盖数十种语言，收入从一天几美元发展到一天几百美元。

AdSense 不仅改变了我的事业，在某种程度上也给我的家人带来了积极的影响，在我儿子小的时候，我就带他去参观过 Google 在北京的办公室和美国的山景城总部，和他分享了网络的奥妙和 Google 的各种产品，这增强了我儿子后来学习计算机科学的兴趣，他今年夏天在 Google 的山景城总部实习，现在刚刚获得 Google 全职工作的录取通知。作为一个父亲，我感到非常自豪！

就在前两个月，Google 大中华区客户经理鲍珍娜告诉我，在她的推荐下，我的故事入选了 AdSense/AdMob 成功故事，而且在评委投票中比其他国家和地区入选的发布商得票更多，获得的票数位居全球第一，这真是一个大大的惊喜！其中一个重要的原因就是在中国出版了《Google AdSense 实战宝典——用谷歌广告联盟出海赚美元》，并即将出版第 2 版，为促进 AdSense 的发展做出贡献。

2018 年 10 月，Juliana Bao 和 Van Vuong 专程从新加坡飞来武汉，拍摄了我和团队的宣传视频，并且组织了一次武汉 AdSense 发布商的研讨活动，我准备了名为《用心去做，你就赢了！》的演讲稿。作为嘉宾，我做了现场分享，PPT 的内容都放在了我的博客和 "AdSense 实战宝典" 微信公众号里面。

在本书的写作过程中，我在网上保持了与一些发布商朋友的交流，我把多年积攒的经验分享给其他的发布商朋友们，有许多的发布商给了我很多的积极的评价，并且提出了很多好的建议，这也激励着我保持一个不断学习的心态。

作为一个已经有 13 年经验的 AdSense 发布商，在本书的写作过程中我重新梳理了相关知识，再次审视了自己的网站，又发现了很多改进的地方，与同事密切配合，居然在几个月内取得了新的突破，将网站的广告收入提高到历史最高水平。所以，我觉得无论是新站长还是老发布商都还有很大的发展空间。

最近从美国媒体报道的 Google 消息以及中国政府的表态来看，Google 很有可能在时隔多年以后回归中国市场，只是回归的具体时间、产品和方式暂未确定，无论如何这对于做 AdSense 的发布商来说都是好消息。

最后说一点，知识获得相对容易，难的是付诸行动，希望读者能在本书中获得对自己有帮助的部分，落实到网站改善、广告优化的实际工作中。帮读者赚到钱是本书唯一的目的。AdSense 改变了我的生活，我希望 AdSense 也能改变您的生活。

祁劲松

2018 年 11 月